Consumo de Drogas

REFLEXÕES SOBRE O QUADRO LEGAL

Consumo de Drogas

REFLEXÕES SOBRE O QUADRO LEGAL

2019 • 7ª Edição
Revista e Actualizada

Manuel Monteiro Guedes Valente

ALMEDINA

CONSUMO DE DROGAS
AUTOR
Manuel Monteiro Guedes Valente
1.ª Edição, Setembro, 2002
EDITOR
EDIÇÕES ALMEDINA, S.A.
Rua Fernandes Tomás, n.ºs 76, 78 e 80
3000-167 Coimbra
Tel.: 239 851 904 · Fax: 239 851 901
www.almedina.net · editora@almedina.net
DESIGN DE CAPA
FBA.
PRÉ-IMPRESSÃO
EDIÇÕES ALMEDINA, S.A.
IMPRESSÃO E ACABAMENTO
ACD Print, S.A.

Janeiro, 2019
DEPÓSITO LEGAL
450460/18

ALMEDINA | GRUPOALMEDINA

BIBLIOTECA NACIONAL DE PORTUGAL – CATALOGAÇÃO NA PUBLICAÇÃO
VALENTE, Manuel Monteiro Guedes, 1970-
Consumo de drogas: reflexões sobre o quadro legal.
– 7ªed. rev. e actual. – (Monografias)
ISBN 978-972-40-7804-5
CDU 343

A todos os meus alunos, em especial os da Universidade Autónoma de Lisboa Luís de Camões, razão da contínua investigação/pesquisa e escrita científico-jurídica.

NOTA À 7ª EDIÇÃO

A 6.ª Edição esgotou. Pequenas alterações e algumas decisões jurisprudenciais impuseram pequenos ajustes de atualização. Dotar os alunos de bibliografia atualizada é razão mais do que suficiente para trazer a lume esta nova edição.

Mantivemos a sistemática, fazendo apenas retoques de escrita e de esclarecimentos pontuais, que ajudam a entender o que queremos afirmar nesta dialética constante das ciências jurídicas. Assim os nossos alunos de licenciatura, mestrado e doutoramento têm mais um elemento de estudo no aprofundar da ciência jurídico-criminal.

Votos de boa leitura e de bons estudos.

Lisboa, 14 de dezembro de 2018

NOTA À 6ª EDIÇÃO

A 5.ª Edição do nosso livro *Consumo de Drogas – Reflexões sobre o Quadro Legal* esgotou. Havia a opção de uma reimpressão, mas o dever de atualização e de clarificação de alguns pontos concretos obrigou-nos a rever o texto para que os nossos leitores e os cultores do Direito, em geral, e do Direito penal e da mera ordenação social, em especial, possam ter uma nova edição com um contínuo olhar assertivo sobre uma matéria de elevada discussão científico-jurídica.

Mantemos a mesma sistemática e demos-lhe uma mais profícua abordagem jurídica sem perdermos a humildade de sermos servidores da humanidade e, por essa razão, devermos transmitir o nosso contínuo conhecimento. Do mesmo modo pretendemos continuar a crescer com todos os nossos leitores, dos quais destacamos os nossos alunos dos cursos de Licenciatura, Mestrado e Doutoramento em Direito, em Portugal e no Brasil, e de Mestrado em Ciências Policiais, na especialização em Criminologia e Investigação Criminal, em Portugal, que são a razão de ser da nossa pesquisa e investigação científico-jurídica.

O regime jurídico do consumo de estupefacientes e de substâncias psicotrópicas – *drogas* –, conjugado com os vários tópicos jurídicos da legislação em causa, é um objecto de estudo interdisciplinar, multidisciplinar e transdisciplinar, cujo saber das várias ciências devemos avocar para densificarmos a metodologia das ciências jurídicas num quadro societário assente em desafios contínuos, incertos e líquidos. Seguimos o equilíbrio que se exige a um tema não consensual, que, por essa razão, nos obriga a proceder a uma investigação dogmaticamente mais exigente.

Boa leitura e bons estudos.

Pinhal Novo, 15 de Outubro de 2017

NOTA À 5ª EDIÇÃO

Esgotada a 4.ª Edição do nosso livro Consumo de Drogas – Reflexões sobre o Quadro Legal, em tão curto espaço de tempo, exige-se que tragamos aos nossos leitores e cultores do Direito, em geral, e do Direito penal e da mera ordenação social, em especial, uma nova edição com um olhar mais assertivo em uma matéria de elevada discussão cientifico-jurídica.

Temos a certeza de que conseguir tratar todas as questões atinentes a este tema é uma total impossibilidade humana: primeiro, o tempo urge que coloquemos nas livrarias mais uma edição com pequenas e pertinentes actualizações sobre a temática de estudo; segundo, o tempo dos nossos dias assenta na velocidade e voracidade veloz dos segundos disponíveis para podermos apresentar uma total e esgotada construção dogmática do objecto em estudo. O nosso tempo não nos permite esta façanha, mas exige que estejamos presentes.

A humildade impõe-nos e dita-nos que devemos optar por sermos servidores da humanidade e transmitir o nosso contínuo conhecimento sobre esta matéria com as actualizações que se exigem por razões de alteração legislativa e de uma ou outra posição jurisprudencial. Do mesmo modo pretendemos crescer com os nossos leitores, em especial alunos dos cursos de Licenciatura, de Mestrado e Doutoramento em Direito, em Portugal e no Brasil, e de Mestrado em Ciências Policiais, na especialização em Criminologia e Investigação Criminal, em Portugal, face aos desafios concretos do dia-a-dia colocados à ciência jurídica.

Damos-vos, mais uma vez, a conhecer um objecto de estudo interdisciplinar e transdisciplinar, seguindo a metodologia das ciências jurídicas, com uma nova sistematização – apresentada em três partes e uma nova organização dos capítulos –, actualizações jurisprudenciais e doutrinárias, e pequenos ajustes que fomos registando ao longo dos últimos 18 meses e que mereceram a nossa reflexão.

Pinhal Novo, 26 de Junho de 2016

NOTA À 4ª EDIÇÃO

Esgotada há três anos a 3.ª Edição do *Consumo de Drogas – Reflexões sobre o Quadro Legal*, impõe-se uma nova edição actualizada – o mais possível, tendo em conta a marca legiferante dos nossos dias – e, no plano de conteúdo, aprofundada e aumentada.

Esta nossa reflexão teve como base as alterações legislativas, o apuramento de pensamento e de ideias sobre um fenómeno – flagelo –, que está longe de ser prevenido e abolido da esfera planetária, e a evolução da discussão doutrinal, que temos promovido, e da jurisprudência. Mantivemos a estrutura da última edição com retoques nos títulos dos capítulos e das epígrafes dos parágrafos, assim como actualizámos a bibliografia sobre este tema. Fizemos ajustes que se impunham, mas é uma obra em evolução face à «ditadura» da legiferação e, por conseguinte, face à necessária e exigível evolução doutrinária e jurisprudencial.

É um livro que faz uma breve (brevíssima) viagem aos princípios regentes da política criminal e da intervenção penal, que continua a discutir a evolução histórica, as questões dogmáticas e as questões operativo-jurídicas mais prementes: *v. g.*, o princípio da legalidade penal e a tendência para manter os espaços normativo-criminais em branco; os princípios regentes da descriminalização em sentido técnico do consumo de drogas; as conflitualidades normativas entre o consumo e o pequeno tráfico e o traficante-consumidor; o consumo, o abandono de seringas e o concurso de normas; o consumo em lugares públicos e de reunião e o concurso de infracções; os direitos dos indiciados em um processo especial de natureza administrativa sancionatória; os procedimentos por parte das autoridades policiais [que ganham um estatuto de maior intervenção com a extinção dos governos civis] e a questão da interpretação da quantidade diária de consumo; os procedimentos quanto a menores, interditos e inabilitados; a actividade das Comissões para a Dissuasão da Toxicodependência; e, ainda, as sanções aplicadas, sua execução e o tratamento dos consumidores.

Pretendemos, com esta publicação, apresentar aos nossos alunos, e demais estudiosos do direito penal, um instrumento de debate e reflexão de modo a contribuirmos com o nosso trabalho de investigação para um melhor pensamento jurídico-criminal, centrado no Ser Humano.

Lisboa, 12 de Agosto de 2014

NOTA À 3ª EDIÇÃO

O espaço do direito da droga, em especial o punitivo, impõe que se promova uma 3.ª Edição deste nosso estudo que se vai actualizando face à jurisprudência e à doutrina que tem dedicado um labor especial quer ao direito material quer ao direito processual sancionador – penal ou administrativo.

A opção por uma nova edição permite-nos actualizar as posições doutrinais e jurisprudenciais e, também, actualizar e aumentar algumas notas de rodapé e bibliográficas que facilitem aos estudiosos do tema – Consumo de Drogas e Condutas Colaterais [tais como consumidor-traficante, tráfico de menor gravidade ou consumo agravado, consumo em lugares públicos e abandono de seringas], assim como o funcionamento das Comissões para a Dissuasão da Toxicodependência e os princípios que norteiam a política da droga – a consulta de um instrumento contribuinte na prossecução de uma defesa dos consumidores – toxicodependentes ou não – e de uma visão humanista de um fenómeno que afecta a Comunidade Mundial.

Pinhal Novo, 29 de Fevereiro de 2006

ABREVIATURAS

AA	Autor(es) Anónimo(s)
Ac. STJ	Acórdão do Supremo Tribunal de Justiça
Ac. TC	Acórdão do Tribunal Constitucional
AJ	Autoridade Judiciária
AP	Autoridade Policial
CC	Código Civil
CDC	Convenção sobre os Direitos das Crianças
CDT	Comissão para a Dissuasão da Toxicodependência
CEDH	Convenção Europeia dos Direitos do Homem
CEJ	Centro de Estudos Judiciários
CG	Comandante Geral
CP	Código Penal
CPA	Código de Procedimento Administrativo
CPP	Código de Processo Penal
CRP	Constituição da República Portuguesa
CSM	Conselho Superior de Magistratura
DN	Director Nacional
DL	Decreto-Lei
DR	Diário da República
DUDH	Declaração Universal dos Direitos do Homem
EMP	Estatuto do Ministério Público
ENLCD	Estratégia Nacional de Luta Contra a Droga
GNR	Guarda Nacional Republicana
IDT	Instituto da Droga e Toxicodependência
IGAI	Inspecção Geral da Administração Interna
INCM	Imprensa Nacional Casa da Moeda

JIC	Juiz de Instrução Criminal
LOGNR	Lei Orgânica da Guarda Nacional Republicana
LOIC	Lei Orgânica da Investigação Criminal
LOPJ	Lei Orgânica da Polícia Judiciária
LOPSP	Lei Orgânica da Polícia de Segurança Pública
LPCJP	Lei de Protecção de Crianças e Jovens em Perigo
LTFP	Lei Geral do Trabalho em Funções Públicas
MP	Ministério Público
OA	Ordem dos Advogados
OPC	Órgão de Polícia Criminal
PCM	Presidência do Conselho de Ministros
PIDCP	Pacto Internacional sobre Direitos Civis e Políticos
PJ	Polícia Judiciária
PSP	Polícia de Segurança Pública
PGR	Procurador-Geral da República
RCM	Resolução do Conselho de Ministros
RGCO	Regime Geral das Contra-Ordenações
SEF	Serviços de Estrangeiros e Fronteiras
SICAD	Serviço de Intervenção nos Comportamentos Aditivos e nas Dependências
STA	Supremo Tribunal Administrativo
STJ	Supremo Tribunal de Justiça
TC	Tribunal Constitucional
TIC	Tribunal de Instrução Criminal

INTRODUÇÃO

1. O fenómeno da droga[1] e da toxicodependência tem sido e continua a ser, apesar de todo esforço de prevenção primária e secundária e de repressão criminal do tráfico e dos tipos criminais inerentes a este fenómeno, uma constatação real e consciente de todos os cidadãos, que levantam questões quanto a "ensinamentos da *experiência* destes anos, à consciência das fragilidades e das capacidades existentes, ao *conhecimento científico* entretanto produzido sobre as mais diversas vertentes do fenómeno da droga, à notícia de *experiências inovadoras* que se vão fazendo noutros países, à noção dos *novos desafios* lançados pela própria evolução do fenómeno do consumo"[2].

Portugal, ao longo dos últimos *anos*, procurou criar e ajustar "estruturas institucionais vocacionadas para enfrentar o problema da droga e da toxicodependência"[3], sendo que a 26 de Maio de 1999, após proposta da Comissão Constituída pelo Despacho n.º 3229/98 (2.ª Série) do Ministro Adjunto do Primeiro Ministro, o Conselho de Ministros aprovou a

[1] Problema à escala mundial, pois atravessa o globo desde a sua origem até ao ponto de venda e consumo. A Heroína provém principalmente da Tailândia, [cfr. "Droga – Sumários de Informação Estatística – 1997", *in* GPCCD, Lisboa, 1998, p. 15], o Haxixe de Marrocos, outras de África Negra, do Brasil, da Venezuela, da Colômbia, de vários países da América Central e Latina [cfr. Estratégia Nacional de Luta Contra a Droga, Presidência do Conselho de Ministros, Lisboa: INCM, 1999, p. 15]. O tráfico de droga continua a ocupar um dos lugares do pódio do mundo criminógeno, compartilhado com o tráfico de armas e tráfico de seres humanos, e, como fenómenos criminais mundiais, geram biliões de dólares que são posteriormente branqueados no sistema económico-financeiro.

[2] Cfr. ENLCD, p. 7. Itálico nosso.

[3] *Ibidem.*

Resolução n.º 46/99 sobre a Estratégia Nacional de Luta Contra a Droga (ENLCD), que "pretende ser um *instrumento orientador* das diversas políticas sectoriais relativas à droga e à toxicodependência, vocacionado para *nortear a actividade* dos diferentes organismos da Administração Pública com competência nesta área e *servir de referência* para a sociedade portuguesa"[4].

A estratégia assentou em uma abordagem nova quanto ao fenómeno da droga e apresentou-se como resultado da participação de um leque diversificado de intervenientes, desde entidades públicas e privadas com intervenção na área da toxicodependência até a cidadãos de forma individual[5], os quais podiam através da internet pronunciar-se sobre as propostas em discussão.

A Universidade do Porto promoveu um colóquio, o Supremo Tribunal de Justiça realizou um seminário, a Comissão Eventual da Assembleia da República para o Acompanhamento e Avaliação da Situação da Toxicodependência, do Consumo e do Tráfico da Droga elaborou um relatório[6], do qual constam propostas de alteração legislativa, relatórios ao consumo e ao tráfico de droga[7] provenientes dos vários quadrantes políticos, e realizou um seminário (1999) sobre a mesma temática, sendo

[4] *Ibidem.* Itálico nosso.

[5] Quanto ao problema da droga, realizou-se uma das tarefas fundamentais do Estado: "assegurar e incentivar a participação democrática dos cidadãos na resolução dos problemas nacionais", al. *c)* do artigo 9º da CRP. Os cidadãos assumem o seu direito ao esclarecimento e à informação sobre assuntos públicos, ao participar na discussão pública promovida pelo poder político, consagrados no artigo 48º da CRP. Gomes Canotilho e Vital Moreira, afirmam que estamos perante um direito que respeita ao cidadão não como particular, mas "como membro da Comunidade interessado na *res pública*" e que procura "combater o princípio da *arcana praxis* ou o princípio do segredo, que, sendo característico do «Estado de polícia», continua a ter manifestações encapuçadas nos domínios da burocracia e tecnocracia do Estado e entidades públicas", «democratizar» a vida pública "e tornar" mais «transparente» o funcionamento do poder", fornecendo-lhe "uma certa quota de legitimação e legitimidade". Gomes Canotilho e Vital Moreira, *Constituição da República Portuguesa Anotada*, Vol. I, 4.ª Edição, Coimbra: Coimbra Editora, 2007, pp. 663-667, anotações ao artigo 48º CRP e anotações XIII ao artigo 2º da CRP p. 212.

[6] Publicado pela Assembleia da República em 1998, sob o título *Situação e Avaliação do Problema da Droga em Portugal*, INCM.

[7] *Idem*, pp. 136 e ss..

ainda ouvido o então designado Conselho Nacional de Toxicodependência (Órgão de Consulta do Primeiro Ministro)[8].

2. A Estratégia Nacional de Luta Contra a Droga, que se apresentou como "um documento essencialmente voltado para o futuro, que pressupõe a apreciação do passado", continua a orientar-se pelas cinco convicções profundas iniciais que norteam a estratégia a seguir e que correspondem aos princípios que fundamentam a alteração legislativa. Pela sua importância, destacamos as cinco convicções:

α. **Um reconhecimento da dimensão mundial do problema da droga** – "que reclama respostas à escala internacional e continental, impõe um reforço da cooperação internacional e determina a articulação da estratégia nacional com as estratégias e políticas supranacionais"[9] – o que impõe e corresponde ao princípio da cooperação internacional[10];

β. **Uma convicção humanista** – "que leva em conta a complexidade dos dramas humanos que tantas vezes se traduzem no consumo de drogas e na dependência, que considera o toxicodependente, no essencial, como um doente, exige a garantia de acesso a meios de tratamento a todos os toxicodependentes que se desejem tratar, incluindo os que por qualquer motivo se encontrem nos estabelecimentos prisionais, e implica a promoção de condições para

[8] Hoje, designa-se por Conselho Nacional da Droga e da Toxicodependência, cuja estrutura, organização e funcionamento está prescrito no capítulo IV – artigos 11º a 14º – DL n.º 1/2003, de 6 de Janeiro, que revogou o DL n.º 89/2000, de 18 de Maio. Lamentamos, como na 1.ª edição, que não tenham no novo diploma, sido integrados neste Conselho um representante da Polícia Judiciária, um representante da Polícia de Segurança Pública e um representante da Guarda Nacional Republicana, dos serviços públicos mais dotados em conhecimentos quanto ao fenómeno droga, como se depreende do artigo 12º.
A necessidade da existência de estruturas de coordenação que definam e executem a política de luta contra a droga, ou seja, que assegurem "a coordenação da política do governo em todas as matérias em que se divide a Estratégia: prevenção, combate ao tráfico e criminalidade conexa, tratamento e reinserção dos consumidores. (...) E ainda a coordenação da representação do Estado português em matéria de luta à droga e à toxicodependência", conduziu à criação do Conselho Coordenador da Estratégia Nacional de Luta Contra a Droga e da Toxicodependência, que se rege pelo DL n.º 88/2000 de 18 de Maio, que também foi revogado pelo DL n.º 1/2003, de 6 de Janeiro.

[9] Cfr. ENLCD, Lisboa: INCM, p. 9.

[10] Cfr. *infra* § 26.º O princípio da cooperação internacional.

uma efectiva reinserção social, bem como a adopção de um enquadramento legal adequado, justo e proporcionado, respeitador dos princípios humanistas em que assenta o nosso sistema jurídico"[11] – corresponde ao princípio humanista[12];

γ. **Uma atitude pragmática** – capaz de permitir uma "abertura, sem dogmas, à inovação e aos resultados cientificamente comprovados das novas experiências, admitindo soluções que possam, ao menos, reduzir efectivamente os danos para os próprios toxicodependentes, para a saúde pública e para a segurança da comunidade"[13] – o que impõe e corresponde ao princípio do pragmatismo[14];

δ. **Uma maior prevenção** – se não houver melhor prevenção do que a promoção de um verdadeiro e solidário desenvolvimento, importa, sem dúvida, apostar em adequadas políticas específicas de prevenção da droga, que saibam mobilizar as diferentes instituições da sociedade civil, e sobretudo, os próprios jovens"[15] – o que impõe e corresponde ao princípio da prevenção[16];

η. **Uma maior segurança** – o reforço da prevenção do consumo e da repressão do tráfico de drogas e ao branqueamento de capitais "constitui um imperativo para o Estado de direito que somos, a bem da segurança, da saúde pública e da própria estabilidade das instituições"[17] – o que impõe e corresponde ao princípio da segurança[18].

3. Nesta perspectiva de mudança, a Resolução n.º 46/99 resulta da necessidade de rever o quadro legal do consumo de droga, sendo que a sua descriminalização e a sua proibição como ilícito de mera ordenação social aparece no n.º 2, do ponto 10, do Capítulo II – Estratégia Nacional: Princípios, Objectivos Gerais e Opções Estratégicas[19] e, ainda,

[11] *Idem*, p. 10. Mas impõe-se que se distinga a doença da dependência da capacidade ou não que existe dem decidir ou não por uma ação típica ilícita.

[12] Cfr. *infra* § 28º O princípio humanista.

[13] *Ibidem*.

[14] Cfr. *infra* § 29º O princípio do pragmatismo.

[15] *Ibidem*.

[16] Cfr. *infra* § 27º O princípio da prevenção.

[17] *Ibidem*.

[18] Cfr. *infra* § 30º O princípio da segurança.

[19] Cfr. *Estratégia Nacional de Luta Contra a Droga*, Presidência do Conselho de Ministros, Lisboa: INCM, 1999, p. 55.

a necessidade de estudar a aplicação técnica da "lei da droga", destinada a promover os mecanismos necessários para viabilizar a eficácia das soluções previstas na lei, nomeadamente no que se refere à realização de exames e perícias médicas a toxicodependentes, exames laboratoriais e tratamento em alternativa à pena de prisão.

A descriminalização da *aquisição*, da *detenção* e da *posse* de estupefacientes e substâncias psicotrópicas [drogas] para consumo e a descriminalização do *consumo* privado de drogas, regimes consagrados pela Lei n.º 30/2000, de 29 de Novembro, e pelo Decreto-Lei n.º 130-A/2001, de 23 de Abril, diplomas alterados pelo Decreto-Lei n.º 114/2011, de 30 de Novembro é o fruto da proposta constante do relatório final da Comissão para a Estratégia Nacional de Combate à Droga (CENCD), que excluiu a liberalização e a regulação do comércio de drogas[20].

A CENCD apoiou a sua proposta no parecer de José de Faria Costa que indica como "a única alternativa à criminalização da detenção para consumo que pode ser considerada compatível com as convenções internacionais é, justamente, a sua proibição por meio do ilícito de mera ordenação social – argumento que levaria a excluir, liminarmente, o modelo de mera legalização do consumo"[21].

Daniel Sampaio, membro da Comissão, esclareceu, posteriormente, que "a comissão propõe *descriminalizar* o consumo privado, assim como a posse ou aquisição para esse consumo. Isto significa simplesmente que ninguém deverá ser preso por consumir drogas (...). É preciso esclarecer que **não se está a propor a *legalização* das drogas**, nem a sua difusão liberal, nem se está a diminuir a luta contra o tráfico. Descriminalizar não significa despenalizar"[22].

De realçar que a CENCD, no seu relatório final, declarou que "não defende o isolamento de Portugal nas organizações internacionais ou qualquer atitude de ruptura com as convenções internacionais, embora o parecer solicitado a um professor de Direito sugira que tal confronto não é líquido", pelo que "o Governo, na hipótese de partilhar a opinião maioritária da Comissão, deveria sim procurar apoios conducentes a uma progressiva evolução das posições das instâncias internacionais na

[20] *Idem*, p. 81.

[21] *Idem*, pp. 81/82.

[22] *Ibidem*. Negrito nosso.

direcção desejada"[23], para que não se verifique esse isolamento ou essa ruptura e Portugal se transforme em um «santuário» do consumo de estupefacientes e substâncias psicotrópicas.

4. O novo quadro legal do consumo de estupefacientes e substâncias psicotrópicas surge como uma alternativa à proibição criminal do consumo, da aquisição e de posse para consumo, prevista e punida como crime pelo artigo 40º do DL n.º 15/93, de 22 de Janeiro. Alternativa possível face às convenções internacionais, que, como afirma FARIA COSTA, proíbe o consumo, excluindo-se a alternativa da legalização do consumo, mas não impõe a sua criminalização.

Um quadro legal relativo ao fenómeno, que toca no íntimo de cada um de nós, provocou-nos uma necessidade de levantar certas questões de procedimentabilidade, técnicas e teleológicas, que procuraremos escalpelizar ao longo do nosso estudo, cuja indagação se prende com a alternativa aprovada pela Lei n.º 30/2000, de 29 de Novembro.

Louvamos a iniciativa de alcançar uma nova alternativa, mas interrogamo-nos se seria a única viável face aos padrões culturais de Portugal, face aos princípios actuais da luta contra a droga, face à legitimidade da intervenção penal, face aos bens jurídicos que a criminalização procurou tutelar, apesar de sabermos que a mesma é uma consequência inevitável dos movimentos de descriminalização dos crimes que põem em causa a ordem, a tranquilidade e a segurança pública[24] e do notável fracasso das políticas de Criminalização[25].

5. A Resolução do Conselho de Ministros n.º 46/99, de 26 de Maio, defende que o desenvolvimento da Estratégia Nacional de Luta Contra a Droga se deve enraizar no conhecimento quer "dos efeitos das diferentes drogas, das técnicas e circuitos que vão da produção ao tráfico", "quer da expressão concreta e diversificada do fenómeno das drogas e

[23] *Ibidem.*

[24] JORGE FIGUEIREDO DIAS, "Crimes Contra a Ordem Pública", *in Enciclopédia Polis,* Vol. I, 1983, Col. 1393.

[25] Um dos argumentos dos que defendem a tese não proibicionista. A criminalização do consumo de drogas demonstra como é um erro a opção pelo Direito Penal como primeira alternativa, como única solução e como forma de governo, o que gera a perversidade do sistema jurídico.

das toxicodependências na sociedade portuguesa" de modo que se evite "uma atitude social e política meramente reactiva, que se arrisca a degenerar em reaccionária e a ser absolutamente ineficaz, porque alheia às causas profundas do fenómeno e à própria natureza e características dos comportamentos que se exprimem pelo uso e abuso das drogas"[26].

Sabemos que se têm realizado e protagonizado muitos estudos científicos, muitos sedimentados em análise de dados aceitáveis cientificamente[27], contudo interrogamo-nos se já foram alcançadas "as causas profundas do fenómeno". O legislador, em 1993, afirmava que "uma alteração radical da política legislativa no *campo do consumo de drogas* terá de se basear, não só no conhecimento profundo das últimas aquisições científicas sobre o efeito das drogas na personalidade humana, como também na perscrutação minuciosa da sensibilidade das camadas sociais mais envolvidas (os jovens, os pais, as famílias em geral, os educadores, dada a sua influência cultural), sem o que essa medida necessariamente se transformará em uma intervenção sem reflexão posterior[28].

A ENLCD procurou, como se depreende da Resolução, conciliar o *conhecimento científico*, o *conhecimento empírico* e o *pensamento dos intervenientes sociais* através da consulta e discussão pública, sendo a internet um instrumento tecnológico sofisticado utilizado para que o "comum dos mortais" se pudesse pronunciar, o que permitiu uma participação dos cidadãos portugueses.

A ENLCD procurou ser "um processo amplamente participado, em que tiveram ocasião de intervir, também, as diferentes forças políticas, e, por outro, no facto de esta ser uma estratégia que faz apelo às iniciativas das instituições da sociedade civil e procura mobilizar a sociedade portuguesa, no seu conjunto e sobretudo os jovens, para enfrentar o grave problema da droga". Lamentamos, contudo, que não se tivesse promovido o referendo[29], que podia ajudar a demonstrar duas realidades: se a

[26] Cfr. ENLCD.

[27] Cfr. Colecção do Laboratório Permanente da Droga da Universidade do Porto, dirigido por Cândido de Agra.

[28] Cfr. Preâmbulo do DL. n.º 15/93, de 22 de Janeiro.

[29] No sentido da realização do referendo, considerando que a questão do consumo de 'drogas' "continua no topo das preocupações dos portugueses", sendo por isso "de relevante interesse nacional" [A. G. Lourenço Martins, "Droga – Nova Política Legislativa", in *RPCC,* Ano 11, Fase 3º, Julho-Setembro, 2001, pp. 426-428].

sociedade portuguesa tinha a percepção do fenómeno do consumo; e se a opinião daquela coincidia ou não com o escopo do legislador.

Mas a Lei n.º 30/2000 é o resultado daqueles indicadores pressupostos de uma nova via de intervenção legal relativa ao consumo, aquisição e posse de drogas para consumo?

6. A Estratégia Nacional de Luta Contra a Droga foi submetida a uma avaliação quanto aos fundamentos e resultados por meio da promoção de uma reflexão e um debate crítico interno, tendo-se em conta a construção de uma identidade e cultura institucional do Instituto da Droga e da Toxicodependência e com intuito de se promover uma análise, uma discussão e definição de linhas de acção prospectivas na luta contra as drogas e as toxicodependências[30].

Do Relatório Final da Avaliação, mais precisamente do exposto no texto final do Iº Congresso Nacional Instituto da Droga e Toxicodependência[31], pode aferir-se que a ENLCD não depende da prossecução de competências e atribuições próprias e deferidas do IDT, que deu lugar ao SICAD – Serviço de Intervenção nos Comportamentos Aditivos e nas Dependências por força do Decreto-Lei n.º 17/2012, de 26 de Janeiro. Impõe-se uma articulação envolvente de vários níveis:

- *institucional* – "articulação entre os serviços e as áreas de intervenção do IDT; com outros serviços do Ministério da Saúde; com entidades externas, outros ministérios, as autarquias, a sociedade civil";
- *objectivos* – a articulação deve abranger a *redução de riscos* e a *prevenção* com a *intervenção em meio escolar* para que se diminua os comportamentos de risco e se promova a saúde, o desenvolvimento integral dos jovens;
- *financiamento/competência* – que rentabilizem e maximizem a mobilização de toda a sociedade civil por meio de acções definidas pelo IDT, actual SICAD, devendo este identificar e determinar as linhas orientadoras, indicadores e instrumentos de avaliação, materiais e instrumentos de prevenção, a formação dos intervenientes, que

[30] A avaliação foi desenvolvida no Iº Congresso Nacional Instituto da Droga e Toxicodependência, que decorreu a 24 e 25 de Novembro de 2005, em Santa Maria da Feira, cujo relatório final se pode consultar em *www.drogas.pt/media/Conclusoes__ENLCD/Conclusoes__IDT/*.

[31] Cfr. *Relatório do Iº Congresso Nacional Instituto da Droga e Toxicodependência*, pp. 23-25.

possa promover um serviço de qualidade e de especificidade de intervenção.

O então IDT, actual SICAD, apresentou-se como elemento aglutinador dos serviços que, por inerência ou voluntarismo, têm promovido ou procuram prosseguir os objectivos da ENLCD, cuja acção concreta implica uma actualização legislativa[32] que legitime e legalize a actividade dos vários actores.

[32] Neste sentido o *Relatório do Iº Congresso Nacional Instituto da Droga e Toxicodependência*, p. 9.

Parte I

Política Criminal (?): Evolução Legislativa e a Terceira Via da Descriminalização

Capítulo I
A Nova Política Criminal

§ 1º Flagelo e fenómeno

7. O flagelo da droga atingiu e atinge, em muitos Estados, as famílias dos nossos dias como se de uma epidemia se tratasse, provocando desavenças, amarguras, desilusões, sofrimento psíquico e físico e, até mesmo, a morte de cidadãos. A busca de momentos de felicidade efémera produz chagas no consumidor e nos seus entes mais próximos, cujas cicatrizes jamais encontram cura verdadeira.

Como fenómeno que nos rodeia, é também um fenómeno cuja análise específica e global não pode ser encarada como problema apenas de juristas, de médicos, de políticos, de psicólogos, de polícias sob pena do fruto emergente dessa diáspora ser minimalista e fortemente redutor.

O fenómeno da droga não se confina a um pequeno e isolado país. É um fenómeno de escala mundial. Na nossa opinião, progride com a velocidade da "progressiva eliminação de fronteiras ou barreiras alfandegárias"[33], como fenómeno consequente e inevitável da globalização do comércio, da indústria, das ideias, das experiências e dos desafios[34].

[33] Cfr. *Estratégia Nacional de Luta Contra a Droga* (ENLCD) (aprovada pela Resolução do Conselho de Ministros (RCM) n.º 46/99, de 26 de Maio), Lisboa: INCM, 1999, p. 33.

[34] Quanto a este assunto o nosso estudo "A descriminalização do consumo da droga: a nova via", *in Polícia Portuguesa*, Ano LXIIV, n.º 127, Jan/Fev., 2001, pp. 9-11 e Cristina Líbano Monteiro, "O Consumo de droga na política e na técnica legislativa: Comentário à Lei n.º 30/2000", in *RPCC*, ano 11, Fase: 1º, Janeiro-Março, 2001, p. 92.

8. Uma posição isolada sobre este fenómeno que, a cada dia, se ramifica pelas famílias, pelas aldeias, pelas cidades, pelos países, podia [e pode], de forma inesperada, trazer consequências, cujos instrumentos de barreira e do tratamento se reduzem ao imediato e ao instantâneo, ficando as projecções mediatas à mercê do tempo, que é, sem dúvida, será o melhor juiz das decisões dos Homens.

Ninguém está livre de sentir a dor física e espiritual do flagelo e do fenómeno droga, que corrompe e branqueia não só as almas, mas os corpos daqueles que se alimentam deste vil veneno. Contudo, não se limita a tão pouco. Branqueia, também, ideias, princípios, ideais, valores morais e éticos e corrompe aqueles que faziam deles seus estandartes de vida.

§ 2º A mudança de política criminal

9. O consumo de drogas, até 29 de Novembro de 2000, era considerado pelo nosso ordenamento jurídico como *crime de consumo ilícito de estupefacientes*, p. e p. pelo artigo 40º do DL n.º 15/93, de 22 de Janeiro. A criminalização do consumo de estupefacientes tinha como base responsabilizar o ser humano por comportamentos individuais que lesavam ou colocavam em perigo de lesão bens jurídicos colectivos ou supra individuais[35].

A criminalização do consumo ilícito de estupefacientes assentava na filosofia penal da protecção dos bens jurídicos – saúde e segurança públicas –, bens jurídicos estes que, "quando imediatamente" ameaçados, o legislador não considerou que justificassem tutela penal "criminalizando os consumidores de drogas pelo simples facto de consumirem, deterem ou adquirirem drogas exclusivamente para o seu consumo"[36], propondo antes a sua substituição pela *proibição administrativa do consumo de estupefacientes e substâncias psicotrópicas* – sendo aquelas condutas

[35] Quanto à admissibilidade da criminalização de comportamentos individuais que lesem ou coloquem em perigo de lesão bens jurídicos colectivos, Jorge de Figueiredo Dias, *Direito Penal* – Tomo I – Parte Geral, 2.ª Edição, Coimbra: Coimbra Editora, 2007, pp. 139-141 e 154.

[36] Cfr. *ENLCD*, INCM, p. 95.

consideradas face à lei em vigor ilícitos de mera ordenação social[37] – Lei n.º 30/2000, de 29 de Novembro.

O caminho da descriminalização do consumo de estupefacientes e de substâncias psicotrópicas assenta no princípio *humanista*[38], que preconiza a exigência do "respeito pelos princípios fundamentais do nosso sistema jurídico, nomeadamente os princípios da *subsidiariedade* da *última ratio* do direito penal e da *proporcionalidade*, com os seus corolários que são os subprincípios *da necessidade, da adequação e da proibição do excesso*"[39], concluindo-se que a criminalização do consumo de drogas não é justificável "por não ser o meio absolutamente necessário ou sequer adequado para enfrentar o problema do consumo de drogas e dos seus efeitos"[40].

Fundamentando também a opção pela descriminalização, a ENLCD defende que "a opção pelo ilícito de mera ordenação social potencia, (...), uma mais profunda utilização de certas *manifestações do princípio da oportunidade*, permitindo introduzir um *sistema sancionatório mais flexível* com vista a um melhor *tratamento* processual do caso concreto"[41].

10. A nossa crítica sobre a opção da terceira via – *descriminalização em sentido técnico* – assenta na ausência de fundamentos político-constitucionais criminais próprios de uma política criminal do Ser Humano[42]. Não obstante o quadro de princípios fundantes desta opção, com a exclusão do princípio humanista ou da humanidade, a terceira via olvida uma

[37] *Ibidem.*

[38] Princípio estruturante da *Estratégia Nacional da Luta Contra a Droga*, Lisboa: INCM, pp. 49, 50 e 94. O princípio humanista ou da humanidade é um dos princípios regentes da política criminal do ser humano, que deve reger a decisão do legislador quanto a qualquer intervenção do Direito penal. Quanto a este assunto, o nosso *Do Ministério Público e da Polícia. Prevenção Criminal e Acção Penal como Execução de uma Política Criminal do Ser Humano.* Lisboa: UCE, 2013, pp. 174-181 e 216-223.

[39] *Ibidem.*

[40] *Ibidem.*

[41] *Idem*, p. 96. No sentido de que o ilícito de mera ordenação social proporciona uma maior possibilidade de aplicação do princípio de oportunidade, Eduardo Correia, "*Direito Penal e Direito de Mera Ordenação Social*", *in Direito Penal Económico e Europeu: Textos Doutrinários*, Coimbra: Coimbra Editora, 1998, Vol. I, p. 14.

[42] Quanto a este assunto o nosso *Do Ministério Público e da Polícia. Prevenção Criminal e Acção Penal como Execução de uma Política Criminal do Ser Humano*, Lisboa: UCE, 2013.

análise dos vectores e os princípios de uma política criminal dirigente do *se* e do *como* do direito penal.

Como escrevera FIGUEIREDO DIAS[43], a criminalização total, como ocorrera nas décadas de 60 a 80 do século passado por força da onda incriminadora norte-americana, em contramão do pensamento de EDWIN SCHUR, e a descriminalização total geram situações calamitosas. Toda a discussão de criminalização e de descriminalização deve assentar nos "postulados político-criminais próprios de um Estado de direito" e nos princípios regentes da intervenção do direito penal, cujo desenvolvimento destes últimos fazemos no próximo capítulo.

Queremos, neste ponto e em jeito de súmula, avocar os *vectores* e *princípios político-criminais*[44] que deviam ter regido a descriminalização das condutas humanas *consumo, posse para consumo e aquisição para consumo de drogas*. Impunha-se uma análise e fundamentação da descriminalização face aos vectores da *legitimidade* – dos *meios* a utilizar na prevenção e repressão de condutas humanas lesivas de bens jurídicos ou que colocam em perigo de lesão bens jurídicos, a par de uma exegese sobre a existência, identificação e determinação dos bens jurídicos dignos de tutela penal – e *eficácia* – dos *fins* a alcançar com esses meios, que se podem, em resumo, configurar na reintegração dos bens jurídicos lesados ou colocados em perigo de lesão, na reintegração do agente do crime e no restabelecimento da paz social e jurídica.

Nestes vectores político-criminais ancoram quatro princípios da política criminal – *legalidade, culpabilidade, humanidade* e *ressocialização* ou *tratamento* – que integram, em si mesmos, outros princípios fundamentais para a determinação do *se* e do *como* da dogmática jurídico-criminal de um Estado de direito democrático, que promove uma política criminal transistémica à dogmática e intrassistémica à arquitectura jus constitucional do próprio Estado.

Toda e qualquer criminalização e toda e qualquer descriminalização técnica ou de facto devem subordinar-se aos citados vectores e princí-

[43] Veja-se JORGE DE FIGUEIREDO DIAS, "Uma proposta alternativa ao discurso da criminalização/descriminalização das drogas", *in Droga: Situação e Novas Estratégias*. Debates, Presidência da República, Lisboa: INCM, 1998.

[44] Para melhores e mais desenvolvimentos jus filosóficos, assim como bibliografia sobre esta temática, o nosso *Do Ministério Público e da Polícia. Prevenção Criminal...*, pp. 45-245.

pios político-criminais, sob pena de promovermos opções sem legitimidade normativo-constitucional e legitimidade sociológica.

§ 3º A Terceira Via

11. O legislador, perante um quadro em que uns reclamavam a criminalização do consumo de drogas, enquanto outros defendiam a descriminalização de facto, ou seja, a despenalização da conduta consumir, liberalizando desta feita o consumo de estupefacientes[45], **em Portugal,** seguiu uma terceira via: procedeu a uma descriminalização em *sentido técnico e estrito*[46], não despenalizou a conduta consumir, não descriminalizou de facto a conduta humana em si.

O legislador português, seguindo os ventos do movimento da descriminalização, **procurou encontrar uma via que não protelasse indefinidamente a aparente criminalização**[47] e transmitir a ideia de que seria a única saída, sem que trouxesse para a mesa a discussão da real essencialidade da intervenção do direito penal quanto a condutas desviantes que provoquem "lesões insuportáveis das condições comunitárias essenciais de livre realização e desenvolvimento de cada homem"[48].

[45] No sentido da liberalização do consumo, ALMEIDA SANTOS, *Avisos à Navegação*, Notícias Editorial, Lisboa, 2000, pp. 21 e ss..

[46] Que segundo FIGUEIREDO DIAS, consiste na "desqualificação de uma conduta enquanto crime, como redução formal da competência do sistema penal em relação a certas condutas". JORGE DE FIGUEIREDO DIAS "O Movimento de Descriminalização e o Ilícito de Mera Ordenação Social", *in Direito Penal Económico e Europeu: Textos Doutrinários*, Coimbra: Coimbra Editora, 1998, Vol. I, p. 22.

[47] Afirmamos *aparente* porque não vemos um juiz a condenar um arguido por consumo ilícito de drogas quando, caso o agente aceitasse o tratamento, o mesmo poderia optar pela suspensão provisória do processo (arts. 41º e 56º do DL. n.º 15/93, de 22 de Janeiro, conjugado com o artigo 281º do CPP), ou, caso fosse condenado, pela suspensão da pena com sujeição a tratamento obrigatório (artigo 46º do DL. n.º 15/93, de 22 de Janeiro).

[48] JORGE DE FIGUEIREDO DIAS, "O movimento de descriminalização...", *in Direito Penal Económico...*, pp. 22-23.

Capítulo II
O Movimento da Descriminalização

§ 4º Os ventos de mudança

12. Os ventos de mutação permanente e de instituição de novas alternativas de acção estadual, institucional ou, mesmo, comunitária, influenciam a ordem jurídica que mais não é do que o resultado e o reflexo da estrutura cognitiva da sociedade face aos valores, morais e éticos, aos costumes e à visão abrangente ou minimalista dos problemas que a abarcam e a circundam.

O Direito, ao ordenar o carácter jurídico da vida em grupo e como corpo unitário e de coerência lógica, tem como base a protecção e tutela individual e colectiva contra o incumprimento dessas mesmas normas, em que é posto em causa quer parte, quer todo o ordenamento jurídico. O Direito não regula apenas comportamentos sociais, mas surge como conjunto de normas, que os regula com justiça, e assistidas de coercibilidade. As normas jurídicas, quando não voluntariamente, são susceptíveis de aplicação pela força organizada do próprio Estado, nomeadamente pelos tribunais[49].

Acompanhamos, assim, KARL LARENZ quando afirma que "a lei vale para todos os tempos históricos, mas em cada momento da forma como este a entende e desimplica, de acordo com a consciência jurídica"[50].

[49] No nosso estudo sobre *A Publicação da Matéria de Facto nas Condenações nos Processos Disciplinares*, Lisboa: ISCPSI, 2000, p. 9. Neste mesmo sentido se pode ler LUÍS A. CARVALHO FERNANDES, *Teoria Geral do Direito Civil* – Volume 1, 2.ª Edição, Lisboa: Lex, 1995, p. 16.

[50] Seguindo KARL LARENZ, CARLOS A. POIARES, *Análise Psicocriminal das Drogas – O Discurso do Legislador*, Porto: Almeida & Leitão, Ld.ª, 1998, p. 76. Sobre as funções das leis aconselha-se a leitura de KARL LARENZ, *Metodologia da Ciência do Direito*, (Tradução de JOSÉ LAMEGO), Lisboa: Fundação Calouste Gulbenkian, 1989, pp. 182 e ss.

A lei acompanha a natural evolução social, económica, cultural e intelectual da sociedade, que por sua vez reflecte também a ordem jurídica por si defendida e imposta. Considera-se que só assim se pode falar de Direito enquanto reflexo do pensar cultural de um povo, pensar de ser humano e pensar de Estado desse mesmo povo.

A legislação sofre a natural modificação quando a própria estrutura social a provoca ou aceita a ruptura que os seus factores de influência principais e acessórios fazem emergir do seio da comunidade em convusão no campo dos valores, no campo das ideias políticas e sociais e no campo da percepção empírica e científica da teia humana.

A defesa da liberdade individual tem comandado o fenómeno da descriminalização de condutas capazes de ofenderem a moral social[51], evitando-se que esta seja o fundamento da intervenção penal do Estado, no sentido de que **a intervenção penal apenas se justifica quando o cidadão pratique uma conduta que ponha em causa os direitos de terceiros, que lhes provoque um dano na sua esfera jurídica**.

Os fundamentos destes movimentos não são aceites por DEVLIN que defendeu que "a função do Direito Penal consiste também na salvaguarda dos valores morais aceites pela sociedade, pelo que o Direito não deve deixar de perseguir e punir os comportamentos que se apresentem desviantes em relação ao núcleo dos princípios morais"[52].

Nesta linha de raciocínio, defendemos que esses valores morais preenchem inequivocamente a essência de bens jurídicos fundamentais quer de terceiros quer da própria sociedade, mas esses valores morais não podem ser a medula legitimadora e fundante da intervenção penal.

13. O recurso ao direito de mera ordenação social[53] procurou promover funções político – criminais capazes de responder sancionatoriamente

[51] Dos grandes impulsionadores deste movimento de descriminalização de condutas humanas sem dignidade penal, destacam-se CESARE BECCARIA, FEUERBACH, RADBRUCH e STUART MILL. Quanto aos fundamentos da descriminalização do consumo e do tráfico de droga, por falta de legitimidade do Estado, EDWIN SCHUR, *Crimes without Victims: Deviant Behavior and Public Policy*, Englewood Cliffs, N.J.: Prentice-Hall, 1965.

[52] DEVLIN *apud* CARLOS A. POIARES, *Análise Psicocriminal*, p. 76.

[53] Que teve a sua origem na teorização de FEUERBACH sobre o Direito Penal Policial dos Finais do Séc. XVIII e princípios do Séc. XIX. FREDERICO DE LACERDA DA COSTA PINTO, "O Ilícito de Mera Ordenação Social e a Erosão do Princípio da Subsidiariedade de Inter-

a situações em que não se verificou uma tutela penal (ambiente, economia nacional), funcionando como uma "alternativa idónea à criminalização de condutas"[54] de forma que se racionalizasse a intervenção do Direito Penal em conteúdos, cujas ofensas seriam intoleráveis quer quanto aos valores, quer quanto aos interesses fundamentais da convivência comunitária[55].

Uma das grandes virtudes da descriminalização *em sentido técnico*, através do recurso ao ilícito de mera ordenação social, segundo EDUARDO CORREIA[56], é, sem dúvida, **a possibilidade de uma enorme amplitude de aplicabilidade do princípio da oportunidade e de simplificação processual**, cujo recurso das decisões sancionatórias administrativas deve ser para os Tribunais Administrativos.

§ 5º Outra alternativa

14. Um Estado de direito material, de cariz social e democrático, impõe necessariamente que a intervenção penal apenas se verifique quando haja "lesões insuportáveis das condições comunitárias essenciais de livre realização e desenvolvimento da personalidade de cada homem"[57].

Uma das funções do direito penal, a par das de garantia, de segurança e de coesão social, é o *equilíbrio* entre a protecção de bens jurídicos e a defesa do delinquente face ao poder do Estado legitimado para punir, mas nunca "a decisão de controvérsias morais ou a tutela de qualquer moral"[58]. Defendemos, por isso, que a criminalização ou a descrimina-

venção Penal", *in Direito Penal Económico e Europeu*, Coimbra: Coimbra Editora, 1995, Vol. I, pp. 209 e ss., cuja materialização legislativa se verifica com a intenção de criar este regime como o início da reforma do Código Penal, nos anos 60.

[54] *Idem*, p. 213.

[55] Preâmbulo do DL n.º 433/82, de 27 de Outubro.

[56] EDUARDO CORREIA *apud* FREDERICO DE LACERDA DA COSTA PINTO, "O Ilícito de Mera Ordenação Social..." *in Direito Penal Económico e Europeu*, Vol. I, p. 214.

[57] FIGUEIREDO DIAS, "O Ilícito de Mera Ordenação Social....", *in Direito Penal Económico e Europeu*, pp. 22/23.

[58] *Ibidem*. Quanto às funções de garantia, segurança, coesão social e equilíbrio do Direito penal, o nosso *Direito Penal do Inimigo e o Terrorismo. O «Progresso ao Retrocesso»*. 2.ª Edição – Versão Portuguesa. Coimbra: Almedina, 2017, pp. 123-130; e JOSÉ DE FARIA COSTA. *Noções Fundamentais de Direito penal (Fragmenta iuris poenalis)*. 4.ª Edição. Coimbra: Coimbra Editora, 2015, pp. 14-16.

lização do consumo de drogas não se deve enquadrar em um campo de reprovação moral, mas sim no campo de ofensas a bens jurídicos extra-pessoais, como a saúde pública, a segurança de todos os cidadãos, o desenvolvimento integral do Ser Humano, em especial das crianças[59].

Pensamos que estes bens jurídicos são fundamentais e essenciais para *a livre realização e desenvolvimento da personalidade de cada ser humano*, o que nos leva a levantar certas reservas quanto à forma e ao tempo como foi promovido o processo da descriminalização do consumo de drogas[60].

Defendemos sempre a procura de outras alternativas. Esta procura é o nosso lema quando um regime estrutural entrou em colapso e/ou em descrédito: p. e., *como manter a criminalização*, mas competindo *aos serviços de saúde do Estado prestarem um auxílio directo e pragmático aos consumidores que procurassem efectuar um tratamento adequado ao abandono da «escravidão»*, ou seja, aqueles serviços deviam estar preparados para fornecer as drogas de que o consumidor dependia com um acompanhamento médico capaz de realizar um diagnóstico que permitisse conduzir o consumidor a um melhor tratamento.

Se o toxicodependente é doente para aplicação de uma pena – argumento utilizado por alguns abolicionistas –, também o é para a aplicação de uma coima. Consideramos que o doente carece de tratamento e não carece de qualquer sanção, independente da sua natureza[61], mas isto não significa

[59] Entende-se por criança *todo aquele que ainda não completou 18 anos*, conforme o artigo 1º da Convenção dos Direitos das Crianças.

[60] Contudo, defendemos que era urgente tomar uma atitude para que todos pensassem neste fenómeno que nos rodeia, o que a nova lei conseguiu.

[61] Quanto a esta discussão, Rui do Carmo, "Toxicodependência e medidas alternativas à prisão", *in RMP*, Ano 35, 137, Jan.-Mar. 2014, pp. 90-96. É de realçar que existem toxicodependentes que cometem factos típicos, ilícitos e culpáveis para satisfazerem a dependência – síndrome de dependência –, em especial crimes de furto, mas essa síndrome "não anula a consciência do acto ou a liberdade de acção". Mas tendo em conta que a "culpa adiciona um novo elemento à acção ilícita-típica sem o qual nunca poderá falar-se de facto punível", isto é, tendo em conta que se impõe que o facto seja "pessoalmente censurado ao agente por aquele se revelar expressão de uma atitude interna pessoal juridicamente desaprovada e pela qual ele tem por isso de responder perante as exigências do dever ser ético comunitário", não poder-se-á "deixar de se tomar em atenção a forma como **aquela opção do recorrente pelo comportamento ilícito, ou desvalioso, foi condicionada por uma prévia sujeição a uma dependência da droga e à necessidade de satisfazer o seu vício**". Cfr. Acórdão do STJ de 08-05-2013, Processo 39/10.8PFBRG.S2.

que consideramos a dependência de estupefacientes como fonte político-criminal única para se descriminalizar as condutas *consumo, aquisição para consumo* e *posse para consumo*, e submetê-las ao ilícito de ordenação social.

§ 6º Os fundamentos da descriminalização do consumo de 'drogas'

15. O aperfeiçoamento de qualquer política criminal passa, primeiramente, pelo aperfeiçoar dos fundamentos de que nos arrogamos para defender as nossas posições doutrinárias e de política legislativa, sem que o novo diploma fique enfermo quer pelas dúvidas de exequibilidade, quer por susceptíveis violações materiais da Constituição. A mudança de política criminal impõe que nos arroguemos de fundamentos de ordem filosófica-política e de ordem material capazes de incrementarmos uma política criminal lógica e coerente com os valores defendidos e cultivados pela comunidade.

Os argumentos utilizados para fundamentar a descriminalização do consumo de «drogas» não se podem basear, exclusivamente, na *disponibilidade pessoal do próprio corpo*[62] – direito que retira a ideia de que o consumo não ofendia qualquer bem jurídico comunitário merecedor de tutela jurídico-penal – ou na defesa de que o consumidor, principalmente toxicodependente, é um *doente* – pois se é doente para a aplicação de uma pena, também o é para a aplicação de uma contra-ordenação[63] –, porque estão carentes da substancia psicotrópica.

O argumento da *eficácia* da intervenção do direito penal ter falhado é outro falso argumento, porque, como afirma Paulo Ferreira da Cunha, preocupa-nos o «tom minimalista, feito de despenalização, medidas alternativas, desregulação, descodificação e sobretudo algum laxismo ético e jurisprudencial»[64].

[62] Posição de J. Robin de Andrade, "Reflexões sumárias sobre o fundamento da descriminalização do consumo de droga", *in Forum Iustitiae – Sociedade & Direito*, Ano II, n.º 17, Dezembro 2000, p. 20.

[63] Cfr. *supra* § 5.º e nota 60.

[64] Paulo Ferreira da Cunha, *A Constituição do Crime – Da substancial constitucionalidade do Direito Penal*, Coimbra: Coimbra Editora, Colecção Argumentum, 1998, p. 31. Podemos ver na doutrina brasileira esta discussão e no mesmo sentido Carlos Roberto Bacila e Paulo Rangel, *Comentários Penais e Processuais Penais à Lei das Drogas*, Rio de Janeiro: Lumen Juris, 2007, pp. 43-45.

O ditame do *tratamento* já estava prescrito no DL n.º 15/93, de 22 de Janeiro, cuja eficácia dependia muito da sensibilidade de que era dotado o julgador – intérprete e aplicador da lei ao caso concreto – e das informações[65] de que aquele dispunha para tomar a decisão final. Os artigos 41º – *tratamento espontâneo* –, 42º – *atendimento e tratamento de consumidores* – 43º –, *suspensão da pena e obrigação de tratamento* –, 45º – *suspensão com regime de prova* –, 46º – *toxicodependente em prisão preventiva ou em cumprimento de pena de prisão* –, 47º – *tratamento no âmbito de processo pendente* – do DL n.º 15/93 estavam e estão impregnados da ideia de que o consumidor necessita de ser tratado e não devia estar sujeito à pena de prisão. Poder-se-á afirmar que estes normativos são um espaço primacial para a promoção do princípio da oportunidade processual emergente e constitucionalmente aferido do n.º 1 do artigo 219.º da CRP ao consagrar a *acção penal orientada pelo princípio da legalidade*[66].

Como referiu Cândido Agra[67], o julgador ajudou e abriu o caminho para a descriminalização do consumo de drogas ao decidir, em muitos processos, que o toxicodependente não devia ser encarcerado, mas antes tratado, seguindo o estipulado pelos artigos 41.º e 42.º do DL n.º 15/93.

Os preceitos anteriores, caso fossem aplicados como se determinava, elucidar-nos-iam a ideia de que este regime é um regime por excelência na concretização do princípio da *oportunidade*. Não duvidamos de que o regime contra-ordenacional permite dois blocos de sugestões: por um lado, afasta o infractor do estigma da sala de tribunal, do julgamento; por outro lado, pode produzir um processo mais célere e mais próximo do sujeito da decisão, quando esta depende de um órgão administrativo, desde que as sanções aplicadas sejam de índole administrativa e nunca

[65] O artigo 243º do CPP impõe que o OPC deve narrar no auto todas os actos e factos importantes quanto à infracção criminal, contudo temos vindo a defender que deve também narrar todas as informações necessárias e essenciais que respondam à pergunta: «porquê?». Só assim o juiz pode decidir com consciência de que a prevenção geral – protecção de bens jurídicos – e a prevenção especial – reinserção do delinquente na sociedade – está a ser alcançada, conforme determina o artigo 40º do CP.

[66] Quanto ao princípio da oportunidade processual penal, o nosso *Processo Penal* – Tomo I, 3.ª Edição, Coimbra: Almedina, 2010, pp. 204-234.

[67] Intervenção do dia 21 de Julho de 2003 nos Encontros da Arrábida, subordinado ao tema "A descriminação do consumo de drogas: um balanço".

(mais) restritivas da liberdade pessoal do visado com as medidas alternativas, prevista no artigo 17º da Lei n.º 30/2000.

16. A nossa posição não é de fazer a apologia da criminalização do consumo de drogas. Gostaríamos, tão-só, de levantar várias questões de extrema importância que o legislador deve ter sempre em mente quando criminaliza ou descriminaliza ou despenaliza certa conduta censurável pela comunidade por lesar ou colocar em perigo de lesão bens jurídicos «indispensáveis ao livre desenvolvimento ético da pessoa e à subsistência e funcionamento da sociedade democraticamente organizada»[68].

Complementando, a legitimidade do direito penal, como afirma ANABELA MIRANDA RODRIGUES, não pode apenas assentar "nos valores de racionalidade e eficácia, tão cara a modelos de direito penal de inspiração sociológica", nem deve ser o reflexo das "coordenadas e dos limites jurídico – constitucionais do direito penal"[69], mas antes ser a concretização dos fundamentos [pressupostos], fins e limites jurídico-constitucionais criminais. A legitimidade do Direito penal, cujos *se* e *como* são ditados pela política criminal do ser humano, deve ser sociológica e jus normativo constitucional, para que a axiologia e teleologia a si intrínseca se afirme como dimensão sistemática da própria ordem jurídica considerada no seu todo.

Negamos a admissibilidade de um direito penal simbólico e defendemos que qualquer decisão pela intervenção ou não intervenção do direito penal impõe a implementação de uma política criminal do ser humano, subordinada aos vectores da legitimidade e da eficácia e aos princípios da legalidade, culpabilidade, humanidade e ressocialização ou tratamento, e a análise dos seus princípios inspiradores[70]:

[68] MANUEL DA COSTA ANDRADE, "A 'dignidade penal' e a 'carência de tutela penal' como referência de uma doutrina teleológico – racional do crime", *in RPCC*, 2º fasc., 1992, p. 178.

[69] ANABELA MIRANDA RODRIGUES, *A Determinação da Medida...*, p. 258.

[70] Quanto aos princípios da intervenção do direito penal, *supra* pp. 23 e ss.; ANABELA MIRANDA RODRIGUES, *A Determinação da Medida...*, pp. 253 e ss.; MANUEL DA COSTA ANDRADE, "A 'dignidade penal' e a 'carência de tutela penal' como referência de uma doutrina teleológico – racional do crime", *in RPCC*, 2º fasc., 1992; JORGE DE FIGUEIREDO DIAS, *Direito Penal Português – Parte geral II – As Consequências...*, p. 39 e ss.; GERMANO MARQUES DA SILVA, *Direito Penal Português*, Lisboa/S. Paulo: Verbo, 1997, Vol. I, pp. 44 e ss.. Quanto aos

subsidiariedade – ampla ou indispensabilidade e restrita ou fragmentariedade –, *proporcionalidade em sentido amplo* – adequação, necessidade ou exigibilidade e proporcionalidade *stricto sensu* –, vinculação à certeza ou *in dubio pro libertate* – prova da danosidade social e da tutela penal indispensável – *eficácia*, e, conjuntamente, a verificação do princípio da *carência de tutela penal*, aos quais acrescentamos o princípio da *indispensabilidade* da sanção penal.

Na criminalização não era a integridade física do consumidor que estava em causa, nem a disposição do corpo, mas sim outros bens jurídicos colectivos – saúde pública, ordem e tranquilidade públicas, desenvolvimento e crescimento livre e ético da pessoa – que podiam ter sido desprotegidos pela descriminalização em sentido técnico, que o povo entendeu como sendo despenalização[71].

Fique expresso que não defendemos que ao consumidor deva ser aplicada uma sanção privativa da liberdade, mas também não somos defensores de um regime jurídico que, na busca de soluções de oportunidade, de celeridade, de humanização e de prevenção, detenha vários preceitos, cuja exequibilidade esteja enferma por ser limitativa de direitos e liberdades fundamentais sem prévia fiscalização jurisdicional, por um lado, e, por outro, por ser limitativa na acção dos que se propõem a iniciar o processo de recuperação do consumidor, *maxime* AP e CDT.

vectores e princípios da política criminal do ser humano, o nosso *Do Ministério Público e da Polícia...*, pp. 45-245.

[71] José de Faria Costa considera que não existiu qualquer descriminalização, mas antes uma despenalização. Posição novamente defendida na sua Intervenção do dia 23 de Julho de 2003 nos Encontros da Arrábida, subordinado ao tema "A Descriminalização do Consumo de Drogas: um Balanço".

Capítulo III
A Intervenção Legislativa no Séc. XX

§ 7º Súmula evolutiva da legislação

17. Os Estados, face à problemática da droga, tiveram primeiramente uma reacção de salvaguarda da saúde pública e, posteriormente, uma reacção de defesa da tranquilidade dos cidadãos, ou seja, de segurança.

A **intervenção legislativa** quanto à problemática da **droga** em Portugal evoluiu sob a **égide de diferentes vertentes**:

* **antes de 1970**, esta problemática era analisada em uma perspectiva fiscal e comercial, ou seja, a droga era vista como uma mercadoria;
* **de 1970 a 1975**, apareceu a perspectiva criminalizadora, na qual a droga simbolizava delito (o DL n.º 420/70 detinha uma racionalidade que assentava em uma "perspectiva criminal do consumo de droga", sem que colhesse qualquer "dimensão clínica e psicossocial que as leis de Macau de 1962 e 1965" tinham tido em uma perspectiva de reinserção do consumidor)[72];
* **de 1975 a 1983**, o legislador procurou "reagir com mecanismos terapêuticos e psicossociais ao recrudescimento do consumo de tóxicos", caracterizando-se esta reacção "por uma vontade de Saber sobre o indivíduo (vertente-clínica) e interacções com contextos micro e macrossocial (vertente psicossocial)"[73];

[72] Carlos Poiares, *Análise Psicocriminal...*, pp. 249/258.

[73] *Idem*, p. 587.

* **de 1983 a 1995**, surge um novo quadro cujas preocupações incidem na "compreensão científica dos actores envolvidos (Legislador, Aplicador e Transgressor), donde resulta um intuito de intervenção com carácter preventivo e ressociaizador"[74];
* **de 1995 até aos nossos dias**, há uma racionalidade que assenta em uma visão de que o consumidor é um doente sem vontade e sem culpa, logo o que precisa é de tratamento e não de prisão, o que resultou na Lei n.º 30/2000, de 29 de Novembro.

§ 8º Decreto-Lei n.º 15/93, de 21 de Janeiro, e a Lei n.º 30/2000, de 29 de Novembro

18. Temos consciência de que os **programas** de criminalização e de que tratar o toxicodependente como um criminoso no campo da prevenção e repressão do fenómeno "droga", que está longe do imaginário cinematográfico, cujo teor abarcava o consumo e o tráfico e cuja táctica policial assentava na função de vigilância e na de perseguição da circulação económica ilícita, **fracassaram**[75], melhor, não tiveram o sucesso esperado.

Reclama-se, nos nossos dias, uma nova política de intervenção que se traduza em uma nova perspectiva de abordagem jurídica [e jurídico-criminal]. Todavia, pensamos que essa nova abordagem não pode ser brusca nem radical, devendo a mesma basear-se "no conhecimento profundo das últimas aquisições científicas sobre o efeito destas drogas na personalidade humana, como também na perscrutação minuciosa da sensibilidade das camadas sociais mais envolvidas (os jovens, os pais, as famílias em geral, os educadores, dada a sua influência cultural), sem o que esta medida necessariamente se transformará numa intervenção sem reflexão posterior"[76].

Em 1993, o Parlamento português defendia que uma nova abordagem teria necessariamente de ser ponderada por dois grandes factores:

[74] Carlos Poiares, *Análise Psicocriminal...*, p. 587.

[75] Na perspectiva de que se verificou um aumento do tráfico e do próprio consumo. Mas, hoje, é mais fácil demarcar a evolução dos limites quantitativos, devido ao registo sistemático dos casos.

[76] Preâmbulo do DL n.º 15/93, de 22 de Janeiro, *in DR*, I Série – A, p. 236.

o *conhecimento científico* das consequências nefastas do consumo de drogas; e a *audição* e a *discussão* com aqueles que mais de perto sentem o problema da droga e as suas consequências desagregadoras da sociedade e da sua célula principal – a família[77].

Na nossa opinião, a Lei n.º 30/2000, de 29 de Novembro, apesar de ser fruto de um dos objectivos previsto no n.º 2 do ponto 10 da RCM n.º 46/99, de 26 de Março, que aprovou a *Estratégia Nacional da Luta contra a Droga* e de se ter realizado uma discussão pública sobre a problemática da droga[78], não é, de todo, fruto da conjugação destes dois factores. Reflecte, apenas, a preocupação de estabelecer um regime alternativo ao anterior (no qual se criminalizava o consumo, apesar de funcionar de forma simbólica, permitindo que o "contacto com o sistema de justiça *servisse* para incentivar o *consumidor* ao tratamento"[79]), em uma tentativa injustificada de "aliviar" as nossas prisões[80] ou de evitar que o sistema judicial emperre com os processos de consumo de estupefacientes.

Poder-se-á afirmar que se procurou realizar uma **cirurgia em que os resultados clínicos estão à mercê do tempo e da vontade humana.**

19. O legislador ordinário não efectivou a despenalização do consumo de drogas. A Lei n.º 30/2000 é um exemplo **da descriminalização *em sentido técnico ou estrito*,** ou seja, **desqualificou a conduta enquanto crime, reduzindo formalmente a competência de intervenção penal quanto à conduta consumo de droga, que passa a ser um ilícito de mera ordenação social.**

[77] *Ibidem.*

[78] Promovida pela Comissão Eventual da Assembleia da República para o Acompanhamento e Avaliação da Situação da Toxicodependência, do Consumo e do Tráfico de Droga, constituída a 16 de Fevereiro de 1998 por Despacho do Ministro Adjunto do Primeiro-Ministro (Despacho n.º 3229/98 – 2.ª Série).

[79] *Ibidem.* Itálico nosso.

[80] Pensamos que nenhum juiz, hoje, condenaria a pena de prisão um cidadão indiciado por consumo de droga. Muitos dos nossos presos toxicodependentes foram condenados por terem praticado crimes contra o património como forma de adquirirem dinheiro para a compra da sua dose diária.

A conduta «consumo» de droga deixou de consignar a prática de um crime[81] para passar a ser considerada uma contra-ordenação (artigo 2º, n.º 1 da Lei n.º 30/2000), considerando-se como quantidade necessária para consumo médio individual a correspondente para o período de 10 dias (n.º 2 do mesmo artigo).

O legislador português, influenciado pelos ventos de mudança e de novas formas de intervenção jurídico-sancionatória, noticiados muitas vezes pelos *mass media*, propagandeados por opiniões de responsáveis quer governamentais, quer parlamentares, por opiniões individualizadas, que são escalpelizadas por fundamentos de uma nova ordem de política criminal, procurou uma alternativa, apesar de não ser totalmente radical, uma vez que não procedeu a uma descriminalização de facto, mas cujos vértices tocam o seu limiar.

Em termos pragmáticos e reais teremos uma despenalização do consumo de drogas e de substâncias psicotrópicas, uma vez que o pagamento das coimas irá ser materialmente inexequível. Sendo que, na nossa opinião e no seguimento de J. Robin de Andrade, a aplicação das sanções alternativas previstas nos n.ºs 2 e 3 do artigo 17º carecem de fundamento constitucional para serem aplicadas por uma comissão, devendo ser as mesmas aplicadas por um juiz, porque restrigem e colidem com direitos, liberdades, conforme *in fine* do n.º 4 *ex vi* do n.º 10 do artigo 32º da CRP[82].

As **cirurgias** não se podem basear em **«visões minimalistas» do fenómeno da droga**, porque podem trazer consequências dramáticas quer na **prevenção** quer na **repressão e controlo do próprio fenómeno.**

As reformas dos regimes relativos a problemáticas que envolvam afrontamentos com os valores morais defendidos por uma sociedade,

[81] O artigo 40º **(Consumo)**, do DL n.º 15/93, estipulava que:

"1 – Quem consumir ou, para o seu consumo, cultivar, adquirir ou detiver plantas, substâncias ou preparações compreendidas nas tabelas I a IV **é punido com pena de prisão até 3 meses ou com pena de multa até 30 dias**.

2 – Se a quantidade de plantas, substâncias ou preparações cultivada, detida ou adquirida pelo agente exceder a necessária para o consumo médio individual durante o período de 3 dias, **a pena é de prisão até 1 ano ou de multa até 120 dias**.

3 – No caso do n.º 1, se o agente for consumidor ocasional, pode **ser dispensado de pena**."

[82] Cfr. *infra* Parte III, Capítulo VI – Das Sanções e do Tratamento.

que são a sua identidade e que, apesar de não deverem fundamentar a intervenção penal, se identificam com os bens jurídicos fundamentais da mesma sociedade, não podem ser efectuadas sem que aquela participe na discussão do problema que lhe diz directamente respeito. Não podemos, na nossa opinião, socorrermo-nos de uma alternativa sem que primeiro se analisem as possíveis consequências da mesma, ou seja, no caso em análise, interrogamo-nos seriamente da exequibilidade do regime consagrado na Lei n.º 30/2000.

20. A nossa preocupação baseava-se não só em questões de profunda ordem pragmática quanto às formalidades e à eficácia deste regime, mas também em questões de ordem teleológica do mesmo regime, que, na nossa opinião, levantam dúvidas quanto à sua essência material.

Passados estes anos todos de prática e de interligação entre as várias instituições que laboram no quadro do consumo de drogas – membros das comissões, técnicos, polícia, advogados e sociedade civil – cresceram e promoveram um papel preponderante na prevenção e "luta" contra o consumo de drogas [repressão do fenómeno da droga], evitando um aumento desmesurado.

Sabemos e defendemos que o consumidor, para que deixe de consumir, deve ser tratado, ressocializado e reintegrado, não deve ser colocado em uma prisão tradicional, onde se fazem «doutoramentos» em práticas criminais, mas antes em um centro de tratamento[83]. Contudo, não concordamos que o consumidor seja um doente na verdadeira acepção da palavra, porque mesmo sendo doente, perguntamo-nos de que patologia padece uma vez que há autores que defendem que, como doente, não tem culpa, porque não tem vontade[84], ou seja, não tem capacidade de pensar, de decidir e de agir segundo um padrão exterior de comportamento não censurável pela comunidade juridicamente organizada.

Fundamentar a **descriminalização** com o argumento de que o autor **não tinha *consciência*, *vontade*, de praticar este ou aquele acto** não se

[83] Os partidários da legalização do consumo de drogas apoiam-se nestes fundamentos e na degradação relacional com a família e na destruição da auto-estima. Cfr. J. A. da Silva Soares, *"Droga"*, *in Enciclopédia Polis*, Lisboa/S. Paulo: Verbo, Vol. 2, 1984, p. 746.

[84] Almeida Santos *apud* C. Poiares, *Análise Psicocriminal...*, p. 274. Cf. supra nota 117.

configura de acordo com os vetores e princípios da política criminal do ser humano, nem com os princípios regentes da intervenção do Direito penal. Não podemos recorrer às causas de exculpação para justificarmos a não criminalização de um facto, assim como não podemos olhar para o autor do facto em si sem que se analisem todos os pressupostos de punibilidade e, anteriormente, da necessidade de intervenção penal[85].

[85] Caso contrário corríamos o risco de estarmos a descriminalizar condutas apenas porque os agentes das mesmas são doentes, logo não têm vontade. Se assim fosse, jamais teria sentido a instituição de tribunais de guerra, uma vez que os soldados executam as ordens que recebem, sendo a desobediência a essa ordem um crime de traição à pátria. Quantos oficiais alemães, no decurso da 2.ª Grande Guerra, executaram ordens com as quais não concordavam? Não sabemos, pois a história é escrita pelos vencedores!
No sentido de que o estado de dependência de drogas "não anula a consciência do acto ou a liberdade de acção", não obstante a culpa adicionar "um novo elemento à acção ilícita-típica sem o qual nunca poderá falar-se de facto punível", *i.e.*, "não poderá deixar de se tomar em atenção a forma como aquela opção (...) pelo comportamento ilícito, ou desvalioso, foi condicionada por uma prévia sujeição a uma dependência de droga e à necessidade de satisfazer o seu vício", Ac. STJ de 8 de Maio de 2013, Proc. n.º 39/10.8PFBRG.52, na linha do AC. TC n.º 43/86.

Parte II

Direito Penal: legitimidade de intervenção, legalidade e (in)constitucionalidade, e questões conflituantes normativas

Capítulo I
A Legitimidade do Direito Penal

§ 9º Considerações gerais

21. A intervenção penal, que surge como efeito de uma conduta voluntária humana, típica, ilícita e culpável, violadora de bens jurídicos, consubstanciados nas normas jurídicas que tutelam bens que são essenciais à vida harmoniosa em comunidade, que permitem e que garantem uma ordenada convivência humana pacífica, é a necessária consequência de um mal infligido a outrem ou à sociedade[86].

O Direito Penal, no sentido de protecção de convivência humana de uma sociedade organizada juridicamente conforme a Lei Fundamental e procurando evitar o surgimento ou o ressurgimento de condutas socialmente danosas[87], deve apenas fundamentar a sua intervenção na garantia de que assegurará a protecção, não só eficaz, mas também necessária e indispensável dos bens jurídicos que, além de fundamentais, são

[86] Neste sentido Germano M. da Silva, *Direito Penal Português,* Lisboa/S. Paulo: Verbo, 1997, Vol. I, pp. 44 e ss.; Figueiredo Dias, *Direito Penal Português – Parte Geral II – As Consequências Jurídicas do Crime,* Lisboa: Aequitas Editorial Notícias, 1993, pp. 39 e ss. José Robin de Andrade considera que o mal do crime não é "um mal causado ao próprio, já que a liberdade de cada um é ela própria um valor fundamental da colectividade". [José Robin de Andrade, "Reflexões sumárias sobre o Fundamento da descriminalização do consumo da droga", *in Forum Institiae, Direito & Sociedade,* Ano II, n.º 17, Dezembro de 2000, p. 19].

[87] Rudolphi *apud* Anabela Miranda Rodrigues, *A Determinação da Medida da Pena Privativa da Liberdade,* Coimbra: Coimbra Editora, 1995, p. 253.

"indispensáveis ao livre desenvolvimento ético da pessoa e à subsistência e funcionamento da sociedade democraticamente organizada"[88].

Continuando com COSTA ANDRADE, a legitimidade do direito penal está dependente de, na sua essência, residir o fim teleológico de "servir valores ou metas inerentes ao sistema social e não fins transcendentes de índole religiosa, metafísica, moralista ou ideológica"[89], ou seja, como afirma ANABELA M. RODRIGUES, a legitimidade do direito penal por um lado não pode assentar "nos valores de racionalidade e eficácia, tão cara a modelos de direito penal de inspiração sociológica", e por outro lado deve ser o reflexo das "coordenadas e dos limites jurídico – constitucionais do direito penal"[90].

§ 10º A tutela de bens jurídicos

22. A *intervenção do direito penal*, que não só procura *limitar a acção punitiva do Estado*, mas também procura *evitar a justiça privada*[91] levada a cabo pela vítima ou pela sua família, assenta a sua *legitimação na problemática* que, segundo ANABELA M. RODRIGUES, *envolve a "determinação do que é bem jurídico que deve ser objecto de protecção penal"*[92].

A *conceptualização* de bem jurídico, cujo conteúdo pode ser influenciável por factores económicos, técnicos, científicos, culturais ou por circunstâncias históricas como conflitos bélicos, como a proclamação de

[88] MANUEL DA COSTA ANDRADE, *"A 'dignidade penal' e a 'carência de tutela penal' como referência de uma doutrina teleológico – racional do crime", in RPCC,* 2º fascículo, 1992, p. 178; também citado por ANABELA MIRANDA RODRIGUES, *A Determinação da Medida...,* 252, nota 250.

[89] *Ibidem.*

[90] ANABELA M. RODRIGUES, *A Determinação da Medida...,* p. 254. A Professora, falando da teoria de CLAUS ROXIN, afirma que este prestigiado penalista Alemão teve uma enorme contribuição no sentido de demonstrar que "qualquer instituto seja reformulado em função das exigências e princípios político – criminais e o sistema seja construído sobre bases não puramente lógicas" e que a política criminal, "como complexo de estratégias para defrontar no plano legislativo o fenómeno criminal, não é mais dominada por meros critérios de fim e de eficiência, mas é um terreno delimitado por princípios que, expressão do puro Estado de direito ou do estado social, encontram um apoio mais ou menos explícito nas Constituições dos Estados". *Idem,* p. 251.

[91] Neste sentido GERMANO M. DA SILVA, *Direito Penal...,* Vol. I, pp. 42 e ss.

[92] ANABELA MIRANDA RODRIGUES, *A Determinação da Medida...,* p. 259.

um sistema político[93], historicamente não tem tido uma vida facilitada, como também se reflecte indiscutivelmente na própria dificuldade da legitimação do *ius puniendi* do próprio Estado[94].

Germano Marques da Silva[95] aponta a *Constituição como critério fulcral na escolha do que pode ser considerado bem jurídico passível de ser protegido pelo direito penal*, no sentido de que aquela pode impor ao legislador ordinário um conceito de bem jurídico e fornecer critérios da *determinação do mesmo*. Em defesa desta tese, há o fundamento de que a sanção criminal sacrificará necessariamente bens jurídicos pessoais do infractor que estão protegidos constitucionalmente, o que implica que a aplicação da sanção criminal tenha por finalidade, como afirma Sax[96], a *tutela de "casos de averiguada dignidade penal", uma vez que a "ordem penal de bens jurídicos (...) é uma ordem de protecção independente que, não obstante deve manter-se no âmbito da Constituição"*[97].

Poder-se-á, desta forma e seguindo Sax, afirmar que a tutela penal de bens jurídicos se fundamenta na "concretização de ordem de valores jurídico-constitucionais"[98].

23. Fazendo "a ligação entre o problema da natureza e função do direito penal", Claus Roxin procurou definir bem jurídico como sendo "apenas uma denominação daquilo que é lícito considerar digno de protecção na perspectiva dos *fins do direito* penal (...) uma vez definidos os fins das penas, há que derivar daí aquilo que se considera bem jurídico"[99].

Anabela M. Rodrigues defende que a doutrina alemã recorre à Constituição para redefinir o conceito de bem jurídico, baseando-se na premissa de que os princípios do pluralismo e da tolerância informam o moderno Estado de direito, o que implica que "a pena estadual não pode ser legitimamente aplicada para impor o mero respeito por determinadas concepções morais", tendo o direito penal a função de "preser-

[93] Neste sentido Germano M. da Silva, *Direito Penal...*, Vol. I, p. 23.

[94] Anabela M. Rodrigues, *A Determinação da Medida...*, p. 260. Quanto ao conceito de *bem jurídico*, o nosso *Do Ministério Público e da Polícia...*, pp. 158-162.

[95] Germano da Silva, *Direito Penal...*, Vol. I, p. 23.

[96] Sax *apud* Anabela M. Rodrigues, *A Determinação da Medida...*, p. 281.

[97] *Ibidem*.

[98] *Ibidem*.

[99] Claus Roxin *apud* Anabela M. Rodrigues, *A Determinação da Medida...*, pp. 281 e 282.

var as condições essenciais a uma pacífica convivência dos indivíduos – cidadãos"[100], ou seja, a tese da protecção da moralidade não legitima a intervenção do direito penal.

No seguimento de FIGUEIREDO DIAS, ANABELA M. RODRIGUES[101] afirma que é *da Constituição que se têm extraído as "indicações mais estritas e precisas para a definição do bem jurídico-penal"*, sendo *à luz do n.º 2 do artigo 18º*, que consagra o *critério da «necessidade social»*, que, segundo FIGUEIREDO DIAS, se *"vincula ao «princípio da consequência ou de analogia substancial entre a ordem axiológica constitucional e a ordem legal dos bens jurídicos protegidos pelo direito penal»"*[102], como critério que legitima a intervenção penal, permitindo a concretização dos bens jurídicos possíveis de tutela penal[103].

Estando apenas legitimada a intervenção do direito penal com o fim de proteger bens jurídicos, essa legitimação tem-se por inexistente quando a intervenção se enquadra «fora da ordem axiológica constitucional» e «da sua natureza inevitavelmente fragmentária», não se exigindo qualquer incriminação, exclusivamente em função de um determinado bem jurídico, ou seja, *defendemos a inexistência de «imposições jurídico – constitucionais absolutas de criminalização»*[104].

Acrescente-se que a *valoração político-criminal do critério da necessidade* (artigo 18º, n.º 2 da CRP) não está subordinada a critérios que se extinguem na pureza da exigência da dignidade punitiva da conduta humana[105], porque *aquela valoração implica o princípio de «carência de tutela penal»*[106], *que pragmatiza os princípios da subsidiariedade e da eficácia como critérios coordenadores na definição de bem jurídico-penal*[107].

[100] *Idem*, pp. 282 a 284.

[101] *Idem*, pp. 285 a 287.

[102] *Idem*, p. 287.

[103] *Ibidem*.

[104] FIGUEIREDO DIAS *apud* ANABELA M. RODRIGUES, *A Determinação da Medida...*, pp. 288 a 290, nota 327.

[105] Para ANABELA M. RODRIGUES, com a qual concordamos, a dignidade punitiva funciona como limite absoluto da criminalização. *Idem*, p. 294, nota 328.

[106] MANUEL DA COSTA ANDRADE *apud* ANABELA M. RODRIGUES, *A Determinação da Medida...*, p. 295 e nota 330.

[107] *Idem*, p. 296. Segundo COSTA ANDRADE, "a carência de tutela penal dá «expressão» ao princípio de «subsidiariedade e de *ultima ratio*» do direito penal", a*pud* ANABELA M. RODRIGUES, *A Determinação da Medida...*, p. 296, nota 331.

§ 11º Os princípios legitimadores da intervenção do direito penal

24. Nos nossos dias impõe-se que o direito penal se racionalize de modo que não contenha os apelos desvirtuados de uma criminalização desmedida, de forma que se apresente como intervenção *excepcional* de tutela de bens jurídicos[108], cuja essencialidade se baseia em critérios de subsidiariedade e de eficácia, tendo estes como escopo o preenchimento do conteúdo do princípio da carência de tutela penal.

A *subsidiariedade* da incriminação de uma conduta humana significa que só deve ser aplicada uma pena como instrumento de tutela de bens jurídicos quando os outros instrumentos de controlo social, como o direito civil, o administrativo ou outras medidas de intervenção social[109] se mostravam incapazes e insuficientes de tutelar esses bens jurídicos[110].

O critério da subsidiariedade pode ser entendido segundo uma perspectiva ampla (*lato sensu*) ou segundo uma concepção estrita (*stricto*

Conceição Cunha defende que "a carência de tutela penal «pode decompor-se» no «*princípio de subsidiariedade*» («não existem outros meios – jurídicos ou não – capazes de conferir, por si só (...) protecção adequada e suficiente ao bem digno de tutela»), no «*princípio da adequação e eficácia*» («ser a tutela penal meio adequado, idóneo, eficaz, para a protecção do bem em causa») e ainda «numa *comparação entre vantagens e desvantagens de intervenção penal*, de tal modo que se possa afirmar que a criminalização não cria mais custos do que benefícios»". *Apud* Anabela M. Rodrigues, *A Determinação da Medida...*, p. 296, nota 331. Itálico nosso.

108 Neste sentido Anabela M. Rodrigues, *A Determinação da Medida...*, p. 298, nota 333.

109 Como as comissões de apoio de reintegração e de reeducação de cidadãos que viveram sempre em bairros criminógenos e se transferiram para locais de menor criminalidade.

110 A ideia de *subsidiariedade* do direito penal, segundo Moccia, remonta à época do jus-racionalismo, quando "a defesa dos direitos do indivíduo e a procura de limites ao poder de intervenção do estado começaram a ser sentidas como exigências centrais do sistema jurídico". Como afirma Faria Costa, "«a norma penal só deve intervir para protecção de um determinado bem jurídico como *ultima ratio*", *apud* Anabela M. Rodrigues, *A Determinação da Medida...*, pp. 298/299, notas 333 e 335. Paulo Ferreira da Cunha fala em uma tutela *in extremis*, pressuposto que se conjuga em interligação com o "carácter pedagógico da proibição", no sentido de a norma penal ter uma função de "defender o bem jurídico «ordem social» ou «sistema mínimo de valores sociais»" e com a "bateria de fórmulas de aplicação subtil do Direito – desde a equidade, em geral, às circunstâncias atenuantes, às causas de exclusão da ilicitude e da culpa". Paulo Fereira da Cunha, *A Constituição do Crime – Da substancial constitucionalidade do Direito Penal*, Coimbra: Coimbra Editora, Colecção Argumentum, 1998, p. 30.

sensu). Seguindo uma perspectiva ampla e partilhando da concepção de ANABELA M. RODRIGUES, o critério da subsidiariedade implicaria que "a sanção penal seria de preferir ainda nos casos de não estrita necessidade, quando a sua função «estigmatizante» fosse indispensável para uma mais enérgica reafirmação do bem jurídico tutelado", ou seja, perspectivaria um código penal que fosse "uma espécie de «manual popular do mínimo ético»"[111].

A concepção de um princípio de subsidiariedade *stricto sensu* implica um carácter mais fragmentário do direito penal, que surge como limite do legislador ordinário e como garantia dos possíveis delinquentes face ao *ius puniendi* do Estado[112].

O princípio da subsidiariedade em sentido estrito prescreve a vinculação da "discricionaridade do legislador ordinário" não é só à *indispensabilidade* do recurso à pena"[113], funcionando esta como outro prato da balança do princípio da subsidiariedade. A *indispensabilidade* do recurso à pena consigna que esta "deve realmente constituir o *único* instrumento adequado para garantir a tutela do bem jurídico"[114]. O legislador fica, desta feita, vinculado "à *certeza* da necessidade do recurso à pena", estando a tutela do bem jurídico confinada às estreitas coordenadas da *proporcionalidade*[115].

A vinculação à certeza, por sua vez, como ANABELA M. RODRIGUES[116] afirma, está ligada "ao princípio *in dubio pro libertate*"[117], que impõe ao

[111] ANABELA M. RODRIGUES, *A Determinação da Medida...*, p. 300.

[112] *Ibidem.*

[113] *Ibidem.*

[114] *Ibidem.*

[115] *Ibidem.*

[116] *Idem*, p. 301.

[117] O princípio *in dubio pro libertate*, como afirma ANABELA M. RODRIGUES, tem sido contestado, porque apenas é uma "garantia de liberdade dos potenciais criminosos, mas já não é a garantia de liberdade das potenciais vítimas do crime e de inteira comunidade". ANABELA M. RODRIGUES recorre à "pergunta de GUNTHER: «Na dúvida, pela liberdade de quem?»". Continuando, afirma que o princípio levanta a questão do grau de prova quanto à danosidade, é "uma comprovação empírica plena de danosidade social", sendo esta muitas vezes praticamente impossível. Perante tais imprecisões, há autores que defendem a "liberdade de apreciação do legislador, apenas limitada por um princípio de tolerância e por critérios de racionalidade", mas existem outros que defendem que "a prova da danosidade social por parte do legislador se deveria fazer, no caso concreto, ponderando os bens em conflito".

legislador penal um duplo ónus probatório: terá de provar que a conduta a tipificar provoca uma danosidade social e que a tutela penal é indispensável. A proporcionalidade, como dimensão específica de carência penal, implica que o legislador não pode estipular meios que atinjam direitos que não sejam adequados, nem necessários ou exigíveis e que não se situem em uma justa e proporcionada medida para se alcançar a protecção de bens jurídicos[118].

25. Ao legislador não basta, contudo, provar a danosidade social da conduta, a indispensabilidade da tutela penal, pois recai-lhe também o *ónus probandi* de que a tutela penal é eficaz, ou seja, recai-lhe o ónus da prova da eficácia, que é exigida pelo princípio da subsidiariedade (necessidade da intervenção penal) e pela dignidade penal da lesão (a ofensa ao bem é digna, da tutela penal[119]).

Podem apontar-se como defensores desta corrente MÜLLER-DIETZ ("quanto menores forem os possíveis efeitos da danosidade social, tanto mais o legislador deverá prescindir das medidas penais e que, inversamente, quanto maior for a influência social do comportamento, mais se alarga a margem de liberdade do legislador", tendo-se como "ponto de partida para a decisão de criminalização não só a probabilidade de se verificarem consequências socialmente danosas, mas também o grau de danosidade social presumível", assim sendo, "a mera probabilidade teórica de danosidade não pode ser suficiente para justificar uma opção de criminalização"), MANUEL DA COSTA ANDRADE, CONCEIÇÃO CUNHA, tendo esta apontado que quando haja "uma imposição de criminalização *ex novo*, deve ser o tribunal Constitucional a comprovar «a presença de valores primordiais e de condutas gravemente lesivas destes valores e a necessidade da sua criminalização". ANABELA M. RODRIGUES, *A Determinação da Medida...*, p. 302 e nota 348 (pp. 302/303). Quanto ao princípio *in dubio pro libertate*, JOSÉ CARLOS VIEIRA DE ANDRADE, *Os Direitos Fundamentais na Constituição Portuguesa de 1976*, 2.ª Edição, Almedina, 2001, p. 299 e nota 55.

118 Neste sentido ANABELA M. RODRIGUES, *A Determinação da Medida...*, p. 301. A necessidade contida no artigo 18º, n.º 2 da CRP terá de ser provada pelo legislador, devendo verificar-se os corolários do princípio de proporcionalidade: o princípio de adequação, o princípio de exigibilidade ou da necessidade e o princípio da proporcionalidade em sentido restrito, sendo que este impõe que a medida restritiva de direitos se enquadra em uma «justa medida» quanto aos fins que se pretende alcançar com a prevenção. Neste sentido M. DA COSTA ANDRADE, *"A 'dignidade penal' e a 'carência de tutela penal' como referência de uma doutrina teleológico – racional do crime"*, *in RPCC*, 2º fascículo, 1992, p. 184; GOMES CANOTILHO e VITAL MOREIRA, *Constituição da República Portuguesa Anotada*, Coimbra: Coimbra Editora, 1993, p. 153, JOSÉ C. V. de ANDRADE, *Os Direitos Fundamentais...*, pp. 299 e 300.

119 Neste sentido ANABELA M. RODRIGUES, *A Determinação de Medida...*, p. 304.

A eficácia obriga a que se efectue uma análise dialéctica entre custos (restrições de direitos do agente do crime) e benefícios (a protecção eficaz do bem jurídico)[120].

A eficácia da tutela penal legitima-se quando se prova ou se prognostica exaustivamente que o meio pena é eficaz quanto "ao fim previamente escolhido" e não quando os outros instrumentos de controlo social se demonstraram ineficazes. Neste sentido ANABELA M. RODRIGUES defende que "só a eficácia «defensiva» (dos bens da colectividade) estará em condições de compensar a eficácia «ofensiva» (da liberdade pessoal do arguido)"[121].

Poder-se-á, assim, afirmar que o princípio da *eficácia* prescreve que a enumeração dos comportamentos a punir não pode ser orientada pelo princípio das *cifras negras*, mas que a justificação e a manutenção de uma norma penal dependem, também, da análise da sua menor ou maior eficácia quanto à tutela dos bens jurídicos em causa[122], não devendo aquela ser condição absoluta e única para a criminalização ou descriminalização de uma conduta desviante.

As questões que se levantam, neste momento, são que legitimidade encarna o direito penal para intervir quanto ao consumo de drogas; que bem(ns) jurídico(s) a criminalização do consumo de drogas tutela, sendo o corpo um direito pessoal, cuja liberdade de dispor do mesmo cabe ao próprio detentor do direito de personalidade[123]; se a conduta negativa (no quadro social) "consumir droga" é digna de tutela penal; se a intervenção criminal é subsidiária (proporcional e indispensável) e eficaz, ou seja, se preenche os campos da carência penal.

[120] ANABELA M. RODRIGUES acrescenta que, apesar de se atribuir um papel residual, melhor, de acessoriedade, o que implica que a eficácia, sendo condição necessária, não é "*suficiente*, para legitimar a opção de criminalização" do comportamento lesivo do bem jurídico, e que a sua "complementaridade – enquanto *posterius* lógico – analítico – faz *de si* uma *variável independente* do gráfico político-criminal". ANABELA M. RODRIGUES, *A Determinação de Medida...*, p. 305.

[121] ANABELA M. RODRIGUES, *A Determinação de Medida...*, p. 305 e nota 359.

[122] Neste sentido ANABELA M. RODRIGUES, *A Determinação de Medida...*, p. 306 e nota 364.

[123] Neste sentido JOSÉ ROBIN DE ANDRADE, "Reflexões Sumárias", *in Forum Iustitiae...*, p. 19.

26. Na nossa opinião, pensamos que o meio pena[124] não tem sido totalmente eficaz nem eficiente quanto ao fim preventivo, que se pretendia alcançar[125], ou seja, os fins de prevenção geral, quer negativa, quer positiva, e de prevenção especial. Face a uma análise superficial e displicente, não têm satisfatoriamente sido alcançados. Contudo, relembramos que o princípio da *eficácia* é uma condição necessária, mas não suficiente para se optar ou não pela intervenção penal.

[124] Pensamos que é importante relembrar que a quase totalidade de consumidores presos são-no não por razões de consumo de drogas, mas por terem cometido outro tipo de crime (principalmente contra o património) para obterem fundos para a aquisição do produto necessário à satisfação da dependência. Logo não podemos afirmar que há um fracasso da intervenção penal, que, segundo os princípios norteadores do DL n.º 15/93, seria o trampolim para a aceitação de um tratamento. Cfr. preâmbulo do diploma. Sobre os crimes contra o património cometidos por toxicodependentes, JOÃO PAULO VENTURA, "Toxicodependência, Motivação, Comportamento Delituoso e Responsabilidade Criminal: Alguns Nexos de Comprovada Causalidade", *in RPCC*, Ano 7, 1997, pp. 461 e ss..

[125] O DL n.º 420/70, que criminalizou o consumo de drogas, assentava em uma campanha, cujo slogan, "**Droga – Loucura – Morte**", tinha como escopo a transmissão de uma visão sanitária e psicológica, sendo que a droga provocava a loucura (doença) que geraria a morte. Uma campanha forte no embate, mas desprotegida de explicações teóricas e práticas *(in loco)* do resultado nefasto final do consumo de drogas, o que pela sua natureza substantiva iria dar uma visão realística e não imaginária dos problemas que o consumo produz. Não bastam campanhas com palavras fortes para se alcançar a prevenção. Quem assim vê, perdoem-nos, mas vê cegamente e tem uma visão minimalista do problema. E as visões minimalistas dos problemas que nos envolvem conduzem à análise distorcida da essência e do conteúdo da questão, para a qual encontramos não uma solução de fundo, **mas uma cirurgia de clinica geral, permitindo que o cancro cresça e mate, mas mate continuamente, porque a cura ficou à superfície e não alcançou o fundo do oceano demolidor**. Por isso receamos profundamente um regime que descriminalize o consumo de estupefacientes.
Recordamos as palavras de OSCAR WILDE quando dizia que *a distância está para o amor, como o vento para o fogo, apaga o pequeno e atiça o grande;* para reafirmarmos a nossa preocupação, pois nós afirmamos que **a liberdade está para o homem, como o vento para o fogo, destrói a irreal e imaginária e enraíza a verdadeira**. Mas os contornos da liberdade estipulados pelo homem é que poderão ter alicerces doentes e carenciados de essência e conteúdo, o que nos conduz a um "tom minimalista, feito de despenalização, medidas alternativas, desregulação, descodificação e sobretudo de algum laxismo ético e jurisprudencial" [PAULO F. DA CUNHA, *A Constituição do Crime...*, p. 31], que pode ser progenitor de uma morte lenta e sentida.

Acrescentamos que o único fim, que muitos apontam como alcançado com a criminalização do consumo de drogas, é o da retribuição[126] do dano provocado ao património ou à integridade física de outrem. Contudo, não podemos justificar a descriminalização de uma conduta desviante com o fundamento de que a sua criminalização demonstrou ineficácia quanto aos objectivos iniciais. A optimização dos resultados em direito penal é um perigo epidémico em um Estado de direito democrático.

Defendemos que, na análise da eficácia, se devem introduzir os factores do plano pragmático e do plano espiritual do direito penal, que fundamentam o conteúdo dos seus fins preventivos a si conferido. Será que na problemática da droga, na criminalização do consumo de drogas, se analisou a *pragmaticidade* e o sentido útil e os efeitos da criminalização em conjugação com a *espiritualidade* do direito penal[127] de outros momentos da história? Humildemente afirmamos que não se tem efectuado qualquer comparação ou conjugação de análise no campo do consumo de droga, caso contrário o Estado já tinha assumido o papel interventivo que lhe seria necessariamente exigido.

27. A "arquitectura penal" procura pelo direito assegurar que o crime seja um fenómeno irrepetível na vida do infractor, o que o conduziu à elevação a actor principal do processo criminal[128]. No seguimento da opinião de Anabela M. Rodrigues, a ideologia do tratamento e da ressocialização do infractor apresenta-se como "imperativo ético", procurando-se assim alterar as suas condutas, fazendo-o sentir mais respon-

[126] Não concordarmos com José Robin de Andrade quando afirma que "qualquer pena criminal tem como função primária a de retribuir com um mal", ("Reflexões sumárias...", *in Forum Iustitae...*, p. 19), pois, na nossa opinião, a função primária do direito penal é prevenir, por isso é que só pode ser punido criminalmente quem cometer uma conduta que, à altura da sua execução, esteja prevista como crime (n.º 1 do artigo 29º da CRP e n.º 1 do artigo 1º do CP), princípio da legalidade e garantístico de todos os cidadãos.

[127] No sentido de que a ideia preventiva do direito penal assenta na sua pragmaticidade e na comparação com a sua espiritualidade de outros tempos, Anabela M. Rodrigues, *A Determinação da Medida...*, p. 307.

[128] Neste sentido Carlos Alberto Poiares, *Análise Psicocriminal das Drogas – O Discurso do Legislador*, Porto: Almeida & Leitão, Ld.ª, 1998, p. 64.

sável no seio da sua sociedade, ou seja, promovendo-se a não reincidência criminal[129].

A tentativa da irrepetibilidade do fenómeno criminal, no caso do consumo de droga, tem sido manifestamente frustrada[130], cujos factores influenciadores não iremos aqui analisar. O consumo de drogas, como acção ilícita e penalmente tipificada[131], não foi uma conduta irrepetível por aqueles que já foram condenados a penas de prisão ou de multa. A irrepetibilidade da actividade ilícita "consumir" verifica-se caso ao agente infractor da norma proibicionista[132] fosse aplicado o tratamento clínico, que tem alcançado bons resultados nos consumidores que espontaneamente solicitam a assistência dos serviços de saúde.

Competindo ao próprio cidadão dispor livremente do seu corpo, como direito pessoal[133], considerar-se-ia que a intervenção do Estado seria, assim, ilegítima no caso do consumo de drogas, ou seja, o tratamento clínico seria apenas um processo de cura caso fosse solicitado pelo consumidor e, jamais, poderia ser imposto pelo poder estadual.

Se a problemática do consumo de drogas for analisada na perspectiva da violação do direito de dispor livremente do corpo, qualquer intervenção estadual ou institucional ou comunitária pode ser posta em causa por falta de legitimidade, cuja essência se encontra na criminalização

[129] ANABELA M. RODRIGUES, *"A posição jurídica do recluso na execução da pena privativa da liberdade – seu fundamento e âmbito", in Boletim da Faculdade de Direito de Coimbra*, 1982, pp. 85 e ss., também citada por CARLOS A. POIARES, *Análise Psicocriminal...*, p. 64.

[130] Uma vez que eram poucos os casos que conseguem abandonar o consumo de droga. Face a uma população de cerca de 8 milhões de portugueses com idades compreendidas entre os 15-74 anos, a prevalência de consumo de qualquer substância ilícita ao longo da vida é de 9,9%, sendo que, em 2007, foi de 12% e, em 2001, foi de 7,8%. A média de prevalência é de 9,9% e a taxa de continuidade era, em 2012, de 27,3%, ou seja, cerca de 3,3% em média. Há, desta forma, uma média continua ao longo de 11 anos, não obstante o pico de 2007. Cfr. CASIMIRO, CLARA VITAL e CLÁUDIA URBANO, *III Inquérito Nacional ao Consumo de Substâncias Psicoativas na População Portuguesa – Relatório Preliminar,* Lisboa: CEDOUA, 2014, pp. 11, 40, 42-43. Consultado em www.sicad.pt.

[131] Cfr. o artigo 40º do DL n.º 15/93, de 22 de Janeiro, alterado pelo DL n.º 43/94, de 17 de Fevereiro, pelo DL n.º 81/95, de 22 de Abril, e pela Lei 21/2000, de 10 de Agosto.

[132] Cfr. artigo 40º do DL n.º 15/93.

[133] Veja-se que o suicídio, que já fora punido por anteriores legislações penais, hoje, apesar de ser uma conduta socialmente censurável, não é punido criminalmente.

do consumo de estupefacientes por aquele pôr em risco a saúde pública que é, sem dúvida, um bem jurídico fundamental e que é indispensável "ao livre desenvolvimento ético da pessoa e à subsistência e funcionamento da sociedade democraticamente organizada"[134].

Esta argumentação não é argumento para que permaneçamos sentados e fechados nos nossos gabinetes, defendendo e aplicando a legislação proibicionista como solução programática do problema em análise. A busca de alternativas credíveis e cientes deve ser o apanágio de qualquer cidadão que se quer sentir livre e que quer fazer da liberdade um valor fundamental da sua comunidade.

As alternativas devem fundamentalmente ter capacidade mínima de aplicabilidade e exequibilidade material e funcional. A inexistência destes corolários não pode basear-se unicamente no que Carlos Poiares tem defendido, ou seja, que "a vontade manifesta pelo direito legislador nem sempre encontra correspondência nos instrumentos através dos quais se exercita o *jus puniendi*: é o caso da desagregação das instâncias de controlo (polícias, prisões) que, não raramente, actuam em dissonância com o modelo legislatório – criminal, desvirtuando ou inviabilizando, na prática, os objectivos e declarações de princípios enumerados nas constituições criminais (formais e materiais) e nos códigos"[135]. Esta desadequação "nem sempre é inocente, podendo surgir como reacção ao implemento de novos figurinos ou como tentativa de conservar esquemas que o legislador pretende ultrapassar"[136].

A criação e a aplicação das leis é, hoje e cada vez mais, o resultado "de uma correlação de poderes (legislativo – judicial) e saberes. Elaborar e aplicar o direito são tarefas que se intercruzam (...), perdendo-se a perspectiva preconizada por Savigny (1802) que recusa ao julgador a função de «acabamento» da lei"[137].

[134] Conceito de bem jurídico apontado por Costa Andrade, "A 'dignidade penal'...", *in RPCC*, 2º ano, Fasc. 2, 1994, p. 178. Hoje assistimos ao fenómeno da criminalização de condutas que põem em risco o ambiente. Será que a saúde pública não é suficiente para que condutas como o consumo de drogas não sejam criminalizadas?

[135] Carlos Poiares, *Análise Psicocriminal...*, p. 64.

[136] *Ibidem.*

[137] Savigny *apud* Carlos Poiares, *Análise Psicocriminal...*, p. 69.

28. A procura de uma alternativa é, muitas das vezes, o fruto do que os vários intervenientes em uma comunidade produzem quer em ideias, quer em factos, que podem funcionar como mitos generalizados sem que encontremos a fonte da sua pertinência e da sua adequação. Desde os anos 80 que os *mass média*, que se apresentam como um 4º poder efectivo, e líderes político – partidários têm transmitido à população uma ideologia fundamentalista no campo da repressão penal, defendendo continuamente não só a ampliação dos tipos criminais, como também o aprovamento das sanções, tendo a seu favor a contínua crítica dirigidas por aqueles (*mass média*) ao aparelho de administração de justiça (tribunais, magistrados, polícias), cujo teor se agrava quando o delito em causa está ligado afectivamente com a população e esta com o agente do crime[138].

Karl Ropper chamou à atenção para os "plurimos mitos de opinião pública", que podem ter um fim bom, apesar de imprudente, mas também um objectivo perigosamente pernicioso[139], porque, como sabemos, o desconhecimento "do grande público em relação à Lei não obsta à existência de uma *sabedoria implícita* fundada nas experiências de vida e no imaginário popular"[140].

A opinião pública pode ser instrumento de reflexo manipulado pelo *poder legislativo*. Da mesma forma que Nero mandou incendiar Roma, para que atribuíssem aos cristãos a culpa e pudesse persegui-los, e que Hitler mandou incendiar o *Reichstag* para que os comunistas alemães fossem odiados pelos demais cidadãos, o legislador pode socorre-se da opinião pública como instrumento justificativo e apropriado para criar na população a convicção da necessidade de surgimento de certas medidas mais ou menos restritivas de direitos, liberdades e garantias e, consequentemente, a sua posterior criação e aplicação[141].

[138] Neste sentido Carlos Poiares, *Análise Psicocriminal...*, pp. 70/71.

[139] Karl Popper *apud* Carlos Poiares, *Análise Psicocriminal...*, p. 71.

[140] *Idem*, p. 72. O sublinhado é nosso.

[141] Neste sentido Carlos Poiares, *Análise Psicocriminal...*, p. 74.

A opinião pública pode ser a arma legitimadora da intervenção ou não intervenção do direito penal[142], mas, como a história demonstra, pode ser uma arma perigosa.

[142] A Lei n.º 30/2000 é o resultado da exigência de mudança, mas de uma mudança baseada nos pressupostos de que a intervenção penal no consumo de droga, segundo as estatísticas, não foi eficaz, nem eficiente. A intervenção do direito não pode ser medida segundo critérios únicos e imperativos de eficiência e eficácia, muito menos quando essa intervenção se enquadra em um plano punitivo, porque, seguindo esta lógica, a maioria dos crimes já teriam sido descriminalizados com o fundamento de que uma enorme percentagem é reincidente na conduta desviante.

Capítulo II

Das (Possíveis) Inconstitucionalidades

§ 12º Do princípio da legalidade e da inconstitucionalidade material da *vacatio legis* da Lei n.º 30/2000, de 29 de Novembro

29. O artigo 29º da Lei n.º 30/2000, de 29 de Novembro, estipula um prazo alargado para que «todas as providências regulamentares, organizativas, técnicas e financeiras necessárias à aplicação do regime de tratamento e de fiscalização» pudessem ser adoptadas, prescrevendo como data para entrada em vigor em todo o território nacional do novo regime jurídico o dia 1 de Julho de 2001. O legislador consagrou uma *vacatio legis* alongada devido às alterações administrativas que deviam ser efectuadas.

Contudo, levantou-se a questão de se saber se, no período da *vacatio legis*, se alguém pode ser incriminado pelo crime de consumo ilícito, p. e p. pelo artigo 40º do DL n.º 15/93, de 22 de Janeiro.

O Juiz do 2º Juízo Criminal do Tribunal de Oeiras, João Paulo da Silva Brito, interroga-se se:

> "tendo o legislador aprovado e publicado um diploma legislativo no qual descriminaliza uma certa conduta (no caso, o consumo de estupefacientes), é licito retardar a entrada em vigor de tal diploma por razões, ao que parece, de natureza meramente administrativa (...), continuando a punir-se criminalmente até ao dia 1 de Julho de 2001, as condutas abrangidas por tal descriminalização? Quer dizer, é aceitável a existência da figura da descriminalização «a prazo»?"[143].

[143] Cfr. Ac. TC n.º 464/2001, Proc. n.º 166/2001, *in DR – II Série*, n.º 276, de 28 de Novembro de 2001, p. 19 779, col. 2. Sabemos que a questão aqui discutida já não tem relevância jurí-

Em sede de *fiscalização concreta da constitucionalidade*, o TC optou por não conhecer do objecto do processo e por não analisar a questão levantada na decisão de arquivamento do processo por JOÃO P. S. BRITO quer face ao **princípio da legalidade** – artigo 29, n.º 1 da CRP em conjugação com o artigo 2º, n.º 2 do CP – quer face à **necessidade da intervenção do direito penal** – n.º 2 do artigo 18º da CRP. O TC optou não afastar ou por não criticar a tese dogmática do princípio da legalidade sobrestada na decisão judicial do tribunal judicial de Oeiras, que se enquadra no espírito constitucional do princípio da legalidade constitucional penal e do princípio da necessidade da intervenção do Direito penal. Só podemos entender o silêncio do TC como uma adesão tácita ou implícita à tese anteriormente exposta na decisão submetida a juízo, uma vez que não conheceu do objecto do processo por inutilidade superveniente.

30. Quanto ao **princípio da legalidade** do direito penal, TC adere, implicitamente e como já frisámos, à tese do tribunal *a quo*, que considerou que o prolongamento artificial da 'vida' da norma incriminadora vulnerava «*o princípio da legalidade, na medida em que impõe a punição por condutas que não devem mais considerar-se tipificadas como criminalmente puníveis*»[144]. No que concerne **à necessidade de intervenção do direito penal**, tendo em conta a restrição natural do artigo 18º, n.º 2 da CRP, por força dos princípios da subsidiariedade – que impõe a fragmentariedade e a indispensabilidade –, da ultima *ratio*, da carência do direito penal:

* «**obriga**, por um lado, a **toda a descriminalização possível**;
* **proíbe**, por outro lado, **qualquer criminalização dispensável** (...)
* **sugere**, ainda, por outro lado, que **só por razões de prevenção**, nomeadamente de prevenção **geral de integração**, podem justificar a aplicação de reacções criminais»[145].

Tendo em conta que «o legislador ordinário, no caso em apreço, proclamou inequivocamente a falta de dignidade penal e de carência de tutela penal da conduta *sub judicio*»[146], sendo por tanto «incompre-

dico-prática, mas tem elevada relevância para o estudo dos princípios da jurídico-dogmática e científico-jurídica para os nossos alunos e cultores de Direito.

[144] *Idem*, p. 19 780, col. 1.

[145] *Idem*, col. 2. Negrito nosso.

[146] *Idem*, p. 19 781, col. 2.

ensíveis para os destinatários das normas»[147] que se mantivesse a incriminação após a publicação, como também se entende «não ter liquidez constitucional»[148].

Contudo, proferidas estas doutas considerações, o TC «por inutilidade, não *tomou* conhecimento do objecto do recurso»[149], pois a sua declaração de inconstitucionalidade levaria a «manter-se a decisão jurisdicional de extinção do procedimento criminal recorrido»[150] e o respetivo arquivamento dos processos-crime que foram instaurados entre a publicação da Lei n.º 30/2000 e a sua entrada em vigor.

31. Fernanda Palma votou vencido, cuja posição foi também defendida por Rui Pereira[151]. Não acompanhamos a douta tese da ilustre Professora de Direito Penal no que respeita à defesa de não violação do princípio constitucional da legalidade – artigo 29º da CRP – e do princípio da necessidade de intervenção do direito penal – artigo 18º n.º 2 do CP[152].

Mas acompanhamos a posição de Fernanda Palma quanto à questão da não inutilidade de conhecimento do objecto do recurso. Pois, como afirma:

* a declaração de não inconstitucionalidade do artigo 29º da Lei n.º 30/2001, «implicaria a revogação da decisão de arquivamento do procedimento criminal»[153];
* ao descriminalizar em sentido técnico uma certa conduta, implica a «possibilidade de instauração do procedimento contra-ordenacional»[154]. Mas, caso a lei suspensiva fosse declarada inconstitucional, não se podia proceder contra-ordenacionalmente, porque a lei nova não estava em vigor, mas em *vacatio legis*;

[147] *Ibidem.*

[148] *Ibidem.*

[149] *Idem*, col. 2.

[150] *Ibidem.*

[151] Na conferência do dia 9 de Maio de 2003, pelas 18H00', na Faculdade de Direito da Universidade de Lisboa. Cfr. Rui Pereira, "A Descriminação do Consumo de Droga", *in Liber Discipulorum para Figueiredo Dias*, Coimbra: Coimbra Editora, 2003, pp. 1171 e ss..

[152] Cfr. Ac. TC n.º 464/2001, Proc. n.º 166/2001, *in DR – II Série*, n.º 276, de 28 de Novembro de 2001, p. 19 782, cols. 1 e 2.

[153] *Idem*, p. 19 781, col. 2.

[154] *Ibidem.*

* a declaração de não inconstitucionalidade afasta a possibilidade de provocar a autoridade administrativa, porque «se consolida não só a extinção do procedimento criminal como do vazio jurídico»[155].

32. Acompanhamos a tese do tribunal de Oeiras, que, na nossa opinião, foi acompanhado pelo silêncio dos Conselheiros do TC no que respeita ao princípio da legalidade e da necessidade de intervenção do direito penal e a tese da grande utilidade do conhecimento do objecto do recurso pelas mesmas razões de FERNANDA PALMA.

Voltamos a afirmar que a inconstitucionalidade por violação do princípio da legalidade – artigo 29º da CRP – agrava-se pela injustiça e amoralidade da intervenção jurisdicional face ao princípio da igualdade – cuja diferença se situa no patamar do *tempo* e do momento concreto da infracção – e face ao princípio e valor supremo da liberdade[156], ideário cristalino da democracia e de um Estado de direito material social democrático.

O princípio da legalidade constitucional penal não pode ser olhado como mero instrumento de retórica política e jurídica. Impõe-se que se afirme sempre como *fundamento, fim* e *limite* da intervenção do poder de punir do Estado e, por isso, só o podemos afirmar dentro do princípio da igualdade penal, desenhado por Emmanuel KANT há mais de dois séculos. Não se realiza a justiça penal com declarações de inutilidade superveniente sempre que em causa esteja o princípio da legalidade constitucional penal, sob pena de o transformarmos ou de transformarmos o Direito enquanto unidade da ordem jurídica em uma inutilidade.

A violação do princípio da legalidade constitucional penal deve ser sempre declarada e pronunciada pelo Tribunal Constitucional porque estamos na esfera da aplicação de penas privativas da liberdade. Acresce que os axiomas do princípio da legalidade penal – *nullum crimen sine lege praevia, scripta, certa et praeclara* – devem reflectir-se quando falamos em

[155] *Idem*, pp. 19 781 e 19 782, cols. 2 e 1, respectivamente.

[156] Quanto à LIBERDADE como princípio, os nossos *Processo Penal* – Tomo I, 3.ª Edição, Coimbra: Almedina, 2010, pp. 257-276, *Do Ministério Público e de Polícia. Prevenção criminal e Acção Penal como Execução de uma Política Criminal do ser Humano*, Lisboa: UCE, 2013, pp. 487-499, MIGUEL FARIA, *Direitos Fundamentais,* 3.ª Edição, Lisboa: ISCPSI, 2001, p. 127, nota 122, JOHW RAWLS, *Uma Teoria da Justiça,* (Tradução do inglês *A Theory of Justice* de CARLOS PINTO CORREIA), Lisboa: Editorial Presença, Colecção Fundamentos, 1993, pp. 191-203.

contraordenações, ou seja, não há contraordenações sem lei prévia, escrita, certa e clara, por força do artigo 29.º da CRP. E o TC, neste ponto e na decisão 'confortável' de não pronúncia por «inutilidade superveniente», não teve em conta este axioma dogmático político-constitucional.

§ 13º Da insconstucionalidade material do artigo 17º da Lei n.º 30/ /2000, de 29 de Novembro

33. A autoridade administrativa competente para o processamento e aplicação das sanções é a Comissão para a Dissuasão da Toxicodependência (CDT), *ex vi* n.º 1 do artigo 5º da Lei n.º 30/2000, alterado pelo artigo 12º do DL n.º 114/2011, de 30 de Novembro, que está sediada no distrito. A novidade não se prende com a entidade competente para julgar contra-ordenações e aplicar coimas, que fora criada «*ad hoc*»[157], mas sim a sua criação «do nada»[158].

A execução das coimas, como se estipula no n.º 2 do artigo 5º, é da competência das autoridades policiais, que devem *oficiar os serviços e as autoridades aos quais deva ser pedida colaboração para a execução* das sanções ou medidas decretadas, conforme artigo 25º da Lei n.º 30/2000, com a alteração operada pelo artigo 12º do DL n.º 114/2011, de 30 de Novembro.

34. As sanções alternativas ou principais, estipuladas pelo n.º 2 do artigo 17º da Lei n.º 30/2000, restringem o exercício de direitos e de liberdades individuais, cuja decisão de aplicação está cometida a uma autoridade administrativa criada "*ad hoc*" para o efeito. Não queremos desprestigiar os membros da Comissão, apenas queremos comparar a legitimidade de acção desta face ao procedimento no âmbito processual penal.

A CDT, autoridade administrativa, pode aplicar sanções a título principal ou alternativo[159] que restringem e limitam o normal exercício dos

[157] Cfr. Cristina Líbano Monteiro, "O Consumo de Droga...", *in RPCC,* Ano II, fas. 1º, p. 80.

[158] *Idem.*

[159] Para José de Faria Costa, as sanções previstas no artigo 17º da Lei n.º 30/2000, de 29 de Novembro, como «sanções alternativas», não passam de sanções principais, tendo em conta o quadro operativo que pretendem preencher na prevenção e diminuição do consumo e no tratamento do toxicodependente. Posição demonstrada nos Encontros da Arrábida, subordinado ao tema "A Descriminação do Consumo de Drogas: um Balanço», no dia 23 de Julho de 2003.

direitos e liberdades individuais, como o direito de exercício de uma profissão [al. *a)* do n.º 2 do artigo 17º, o exercício da liberdade de circulação [als. *b), c), d)* e *e)* do n.º 2 do artigo 17º], o exercício de disposição da sua propriedade [als. *c), g)* e *h)* do n.º 2 e n.º 3 do artigo 17º].

No âmbito do processo penal e na promoção do princípio da oportunidade, aquando da suspensão provisória do processo (artigo 281º do CPP), iguais medidas, designadas por *injunções e regras de conduta* (n.º 2), só podem ser aplicadas por autoridade judiciária – Ministério Publico – com a concordância do juiz de instrução (JIC), uma vez que a aplicação dessas injunções ou regras de conduta restringem fortemente direitos e liberdades do arguido. Será uma incongruência do ordenamento jurídico?

Sufragamos a opinião de Robin de Andrade, quando afirma que lhe parece "indesejável que a Administração possa vir a aplicar semelhante tipo de providências limitativas dos direitos de terceiros"[160]. Não compreendemos como é que o legislador permite que sanções, que têm natureza de *medidas de segurança*, possam ser aplicadas não por uma autoridade judiciária, *maxime* juiz, mas por um serviço administrativo – decisão administrativa –, mesmo sabendo-se que da decisão da Comissão existe o direito de recurso.

§ 14º Da inconstitucionalidade orgânica e formal (e material) do artigo 71º, n.º 1, al. *c)* do DL n.º 15/93, de 22 de Janeiro, conjugado com artigo 9º da Portaria n.º 94/96, de 26 de Março

35. A al. *c)* do n.º 1 do artigo 71º do DL n.º 15/93, de 22 de Janeiro, determina que «os limites quantitativos de princípio activo para cada dose média individual diária das substâncias ou preparações constantes das tabelas I a IV, de consumo mais frequente» são determinados por Portaria conjunta dos Ministros da Saúde e da Justiça, após a audição do Conselho Nacional de Medicina Legal. O artigo 9º da Portaria n.º 94/96, de 26 Março, estipula os respectivos quantitativos, constantes de quadro anexo ao diploma.

[160] Cfr. http:/www.oa.pt/ordem/nota12.ltml, e "Reflexões sumárias sobre o fundamento da descriminalização do consumo de droga", *in Forum Iustitiae – Sociedade & Direito*, Ano II, n.º 17, Dezembro de 2000, p. 20.

Quanto à inconstitucionalidade destes preceitos, o TC já se pronunciou três vezes:

a) o STJ[161], por acórdão de 26 de Março de 1998, «recusou a aplicação do artigo 9º da referida portaria e do mapa que a integra (...), por sofrer de inconstitucionalidade orgânica (...).», tendo ainda considerado que «o envio para portaria dos "Ministros da Justiça e da Saúde" da determinação dos "limites quantitativos (...)" das mesmas substâncias e preparações não estava coberto pela lei de autorização legislativa que permitiu a sua aprovação, a Lei n.º 27/92, de 31 de Agosto", sendo aqueles elementos importantes para aplicabilidade da incriminação por traficante-consumidor artigo 26º do DL n.º 15/93 ou só por consumo artigo 40º do DL n.º 15/93.

b) o Tribunal de Instrução de Aveiro[162], a 29 de Maio de 2001, proferiu decisão judicial, que não aderiu à acusação do MP de crime de tráfico de menor gravidade, p. e p. pelo artigo 25º do DL n.º 15/93, considerando que a conduta de ***J*** integrava o crime p. e p. pelo artigo 40º do DL n.º 15/93, e que o artigo 71º, n.º 1, al. *c)* do DL n.º 15/93 e o artigo 9º da Portaria n.º 94/96 são inconstitucionais.

c) o Tribunal Colectivo do Cartaxo[163], a 31 de Maio de 2000, proferiu sentença de condenação pelo crime de consumo agravado, p. e p. pelo artigo 40º, n.º 2 do DL n.º 15/93, por não ter dado como provada a acusação do MP do crime de tráfico, p. e p. pelo artigo 21º, n.º 1 do DL n.º 15/93, por recusar aplicar o artigo 71º, n.º 1, al. *c)* do DL n.º 15/93 por violação ao artigo 165º, n.º 1, al. *c)* da CRP, aderindo à tese do STJ.

Das decisões acima referidas, ao abrigo da al. *a)* do n.º 1 do artigo 70º da Lei n.º 28/82, de 15 de Novembro, coube recurso para o TC do MP, cujas decisões são unânimes:

[161] Cfr. Ac. TC n.º 554/98, Proc. n.º 545/98, de 7 de Agosto de 1998, consultado em *http://www.tribunalconstitucional.pt/*, no dia 26-06-2002.

[162] Cfr. Ac. TC n.º 559/01, Proc. n.º 445/98, de 7 de Dezembro de 2001, consultado em *http://www.tribunalconstitucional.pt/*, no dia 26-06-2002.

[163] Cfr. Ac. TC n.º 43/02, Proc. n.º 443/01, de 31 de Janeiro de 2002, consultado em *http://www.tribunalconstitucional.pt/*, no dia 26-06-2002.

a) quanto ao Ac. do STJ, o TC[164] decidiu que a remissão da al. *c)* do n.º 1 do artigo 71º do DL n.º 15/93 para Portaria «não viola o princípio da legalidade da lei penal incriminadora, consagrado no n.º 1 do artigo 29º, em conjugação com a alínea *c)* do n.º 1 do artigo 165º, ambos da Constituição da República Portuguesa», porque «os limites fixados na portaria, (...), não constituem verdadeiramente, (...), uma delimitação negativa da norma penal que prevê o tipo de crime privilegiado» – artigo 26º, n.º 3 do DL n.º 15/93. Pois, não existe uma definição do comportamento a punir, mas verifica-se apenas uma «remissão para valores indicativos» que não são elementos relevantes para a qualificação criminal e respectiva tipificação. Acrescenta afirmando que «está em causa uma determinação de natureza eminentemente técnica» funcionando como «valor de prova pericial».

b) quanto ao caso do Tribunal de Aveiro, o TC decidiu que as normas constantes do artigo 71º, n.º 1, al. *c)* do DL n.º 15/93 e do artigo 9º da Portaria n.º 94/96 devem ser interpretadas de acordo com o princípio da legalidade, consagrado no artigo 29º n.º 1 da CRP, porque a remissão deve ter somente valor de prova pericial, não implicando qualquer «definição de elementos tipicamente relevantes por normas de índole regulamentar»[165].

c) no que respeita ao processo do Cartaxo, o TC, na mesma linha de pensamento, reafirma as decisões proferidas nos acórdãos anteriores[166].

36. Não duvidamos de que o resultado, apurado através das normas constantes dos preceitos analisados, se deve enquadrar no âmbito da prova pericial. Mas, não estamos a julgar casos cíveis, nem administrativos ou laborais. Os casos apresentados relevam quanto à natureza da

[164] Cfr. Ac. TC n.º 554/98, Proc. n.º 545/98, de 7 de Agosto de 1998, consultado em *http://www.tribunalconstitucional.pt/,* no dia 26-06-2002.

[165] Cfr. Ac. TC n.º 559/01, Proc. n.º 445/98, de 7 de Dezembro de 2001, consultado em *http://www.tribunalconstitucional.pt/,* no dia 26-06-2002. Acompanhando a posição adoptada pelo TC, Rui Pereira, "A descriminação do consumo de droga", *in Liber Discipulorum para Jorge de Figueiredo Dias,* Coimbra Editora, 2003, pp. 1176-1178.

[166] Cfr. Ac. TC n.º 43/02, Proc. n.º 443/01, de 31 de Janeiro de 2002, consultado em *http://www.tribunalconstitucional.pt/,* no dia 26-06-2002.

acção judicial e respectiva consequência jurídica do crime: ou liberdade ou prisão.

Os limites quantitativos, mesmo em relação ao ordenamento antecedente a 1 de Julho de 2001, são elementos relevantes na qualificação do crime. Se a droga detida pelo arguido fosse a correspondente ao consumo médio individual até 5 dias, já não podia ser julgado por crime de traficante consumidor, mas sim por consumo agravado, p. e p. pelo n.º 2 do artigo 40º, *ex vi* do n.º 3 do artigo 26º, ambos do DL n.º 15/93.

A problemática em estudo afigura-se de especial gravidade. Os limites quantitativos determinam se a conduta consigna uma contra-ordenação ou um dos crimes p. e p. pelos artigos 21º e ss. do DL n.º 15/93. Na nossa opinião, apesar da norma prescrita no artigo 9º da Portaria nº 94/96 ser entendida como tendo apenas «valor pericial» ou como sendo tão-só uma «norma técnica», os limites quantitativos são um elemento objectivo importantíssimo para a qualificação da conduta negativa: criminal – para a determinação do tipo – ou não criminal ou administrativa sancionatória.

Capítulo III
Do Traficante-Consumidor, do Tráfico de Menor gravidade e do Consumo Agravado

§ 15º Do traficante-Consumidor

37. A Lei n.º 30/2000 não revogou o artigo 26º do DL n.º 15/93 que prevê e pune a conduta de traficante-consumidor. Nem alterou e ajustou à nova política criminal do consumo de drogas em Portugal, gerando uma violação do *princípio da segurança jurídica* e da *confiança* do cidadão na ordem jurídica considerada no seu todo. Mas o artigo 28.º da Lei nº 30/2000, prescreve que, além da revogação dos artigos 40º, exceptuando-se o cultivo, e 41º do DL n.º 15/93, se encontram revogadas as demais disposições que se mostrem incompatíveis com o novo regime jurídico.

Se o legislador exclui o cultivo quanto ao artigo 40º do DL n.º 15/93, ou seja, manteve a conduta como crime, não faria sentido que no âmbito do traficante-consumidor não se mantivesse a criminalização.

Quanto à produção, ao fabrico, à preparação das substâncias constantes das tabelas I a IV anexas ao DL n.º 15/93, questionamo-nos se não devem ser equiparadas ao cultivo e criminalizadas, mesmo quando destinadas ao consumo próprio.

Defendemos que o legislador apenas descriminalizou o *consumo*, a *aquisição* e a *detenção (posse) para consumo*, conforme se depreende do n.º 1 do artigo 2º da Lei n.º 30/2000. Só estas condutas é que constituem contra-ordenação, *in fine* do n.º 1 do artigo 2º da Lei n.º 30/2000. Mas, quando falamos em consumo, falamos de todo o consumo de drogas, incluindo, como veremos, o consumo agravado.

38. Face ao exposto, defendemos que as condutas previstas pelo artigo 26º do DL n.º 15/93 não foram descriminalizadas em sentido técnico ou estrito, a não ser que se possam enquadrar no consumo agravado, cuja posição doutrinária de Inês Bonina acompanhamos.

Acrescentamos que, caso a Proposta de Lei n.º 33/VIII, que pretendia rever certos preceitos do DL n.º 15/93, entre os quais o artigo 26º, fosse aprovada, esta questão não se levantava se o consumidor detivesse ou adquirisse uma quantidade que excedesse, mas não muito, a necessária para o consumo médio individual, para um período de 10 dias[167].

Acresce referir que o *limite temporal de cinco dias* prescrito no n.º 3 do artigo 26º do DL n.º 15/93 deve ser *elevado para dez dias*, tendo em conta o n.º 2 do artigo 2º da Lei n.º 30/2000, e que se o traficante-consumidor é aquele que pratica os factos previstos no artigo 21º do DL n.º 15/93 com a finalidade exclusiva de «conseguir plantas, substâncias ou preparações para uso pessoal», não se pode confundir aquelas actividades – cultivar, produzir, fabricar, preparar, oferecer, puser à venda, vender, distribuir, comprar, ceder ou receber, proporcionar a outrém, transportar, importar, exportar, fazer transitar ou ilicitamente detiver – com a aquisição, posse ou detenção para consumo e, até mesmo, consumo agravado. Pois, são realidades factuais distintas.

§ 16º Do tráfico de menor gravidade ou consumo agravado – artigos 25º e 40º, n.º 2 do Decreto-Lei n.º 15/93, de 22 de Janeiro

39. Pertinente é a situação de que nos fala o despacho de arquivamento proferido no Proc. n.º 263/01 do DIAP de Lisboa[168], com o fundamento de que o consumo agravado se encontra revogado, devendo o mesmo se enquadrar no âmbito da Lei n.º 30/2000.

A PSP interceptou um cidadão com 8,18g de haxixe, conduta que, face a uma interpretação restrita da revogação expressa do artigo 40º pelo artigo 28º da Lei n.º 30/2000, como defende Cristina Líbano

[167] Proposta de Lei n.º 33/VIII, *in assembleiadarepública.pt/legis/fr_inic_leg.htme,* consultado no dia 8 de Maio de 2003.

[168] Inês Bonina, "Descriminalização do consumo de estupefacientes – Detenção de quantidade superior a dez dozes diárias" *in RMP*, ano 23, Jan/Mar, 2002, pp. 185-188.

MONTEIRO[169], se afasta do regime jurídico do consumo de drogas em vigor, uma vez que a quantidade de estupefaciente ultrapassa a prescrita para o consumo médio individual para um período de 10 dias – artigo 2º da Lei n.º 30/2000 e artigo 9º da Portaria n.º 94/96.

Acresce referir que, quanto ao consumo agravado, RUI PEREIRA[170] considera que, estando revogado expressamente pelo artigo 28º da Lei n.º 30/2000 o artigo 40º (n.º 2) do DL n.º 15/93, há um vazio legal e, consequentemente, um vazio sancionatório quando um cidadão detiver droga em quantidade superior à prevista para o consumo médio de 10 dias, desde que se prove que "a droga não seria razoavelmente acessível a outras pessoas – se, por exemplo, o consumidor vivia isolado (e não no seio de uma comunidade de toxicodependentes) mais facilmente se poderá concluir pela insusceptibilidade de transmissão da droga".

RUI PEREIRA afasta a aplicação de qualquer norma incriminadora do DL n.º 15/93 por se fundar na analogia penal – *in malam partem* –, proibida pelos n.ºs 1 e 3 do artigo 29º da CRP e pelos n.ºs 1 e 3 do artigo 1º do CP, além de que considera que a aplicação de uma norma incriminadora revogada viola o princípio *nullum crimen, nulla poena sine lege praevia, scripta, certa e praeclara,* além de que recorrer – à punição alternativa do artigo 25º do DL n.º 15/93 viola igualmente "o princípio da legalidade (e a exigência de proporcionalidade)". Face a este vazio sancionatório, RUI PEREIRA propõe uma intervenção legislativa que ou coloque "em vigor uma norma idêntica ao n.º 2 do artigo 40º do Decreto-Lei n.º 15/93 (com elevação para dez do número de dias do consumo médio), se se pretender assegurar a existência de um crime de perigo abstrato" ou revogue o n.º 2 do artigo 2º da Lei n.º 30/2000 e se prescreva que "a norma que contempla a contra-ordenação só será ser aplicada se o não for a norma incriminadora (do n.º 2 do artigo 40º do Decreto-Lei n.º 15/93)", sob pena de existir um julgamento de inconstitucionalidade do regime prescrito na Lei n.º 30/2000 por violação do princípio da igualdade – n.º 1 do artigo 13º da CRP – e do princípio da proporcionalidade.

[169] CRISTINA LÍBANO MONTEIRO, «O consumo de droga na política e na técnica legislativa: Comentário à Lei n.º 30/2000", *in RPCC,* Ano 11, Fasc. 1º, Janeiro-Março 2001, p. 67 e ss.

[170] RUI PEREIRA, "A descriminalização do consumo de droga», *in Liber Discipulorum...,* pp. 1171-1176.

Contudo, como sabemos *a quantidade de consumo médio individual pode ser diferente conforme o consumidor* – se ocasional, se inicial ou se toxicodependente. Questão que se levanta é se devemos dar primazia a uma interpretação totalmente literal e restrita da revogação expressa ou se devemos conjugar os fundamentos da descriminalização em sentido técnico – como "a toxicodependência deve ser encarada como uma doença, a ser tratada, e não como um ilícito penal a punir", como os princípios humanista, da prevenção, da subsidiariedade, da segurança, que orientam a nova política na luta contra a droga, – para que se considere que a incriminação de consumo agravado – previsto e punido pelo n.º 2 do artigo 40º do Dec.-Lei n.º 15/93 – se encontra também revogada expressamente *ex vi* do artigo 28º da Lei n.º 30/2000.

40. O Tribunal da Relação de Lisboa, no acórdão de 25 de Fevereiro de 2003, tomou a posição doutrinária de Cristina Líbano Monteiro, decidindo que:

"I – A detenção de produto estupefaciente para consumo em quantidade superior ao consumo para 10 dias, que tenha ocorrido em data posterior à entrada em vigor da Lei n.º 30/2000, de 29Nov., continua a ser prevista pelo artigo 40º da Lei n.º 15/93, de 22Jan..

II – **Deve recorrer-se a uma interpretação restritiva no disposto ao artigo 28º da Lei n.º 30/2000**, no sentido de que a revogação operada por aquele preceito se circunscreve às disposições que doravante são abrangidas pelas contra-ordenações previstas no artigo 2º daquela Lei, mantendo-se em tudo o mais a norma do artigo 40º do Dec.-Lei n.º 15/93"[171].

O Ac. do TC n.º 295/2003, do dia 12 de Junho de 2003, segue a tese do Tribunal da Relação de Lisboa e de Cristina Libano Monteiro, tendo votado vencido a Conselheira Fernanda Palma, com os mesmos argumentos de Inês Bonina.

Em sentido contrário, baseando-se na *violação do princípio da legalidade da pena*, o Tribunal da Relação de Guimarães[172] decidiu que:

[171] Ac. RLX *in www.dgsi.pt/*, consultado em 8 de Maio de 2003.

[172] Ac. do Tribunal da Relação de Guimarães de 23 de Setembro de 2002, Proc. n.º 381/ /2002-1, *in www.dgsi.pt/*, consultado em 21 de Julho de 2003.

"I – O artigo 40º, n.º 2 do DL 15/93 de 22-1 foi revogado pelo artigo 28º da Lei 30/2000 de 29-11, passando qualquer detenção de droga para consumo a ser considerada contra-ordenação.

II – **Qualquer interpretação restritiva do citado artigo 28º da Lei 30/2000**, no sentido de se considerar em vigor aquele artigo 40º quando se tratar da detenção para consumo de uma quantidade de droga superior à prevista no artigo 2º, n.ºs 1 e 2 da lei 30/2000 de 29-11, que considera contra-ordenação a detenção de uma quantidade igual ou inferior ao consumo médio individual durante o período de dez dias, **afronta o princípio geral do direito penal da *«nula pena sine lege»*.**

III – **A detenção para consumo de uma tal quantidade deverá ser considerada contra-ordenação**, devendo, com vista ao respectivo procedimento, ser remetida certidão à «Comissão para dissuasão da toxicodependência» a que se refere o artigo 5º da citada Lei nº 30/2000".

A polémica sobre a detenção ou posse de quantidade superior à admitida por lei para consumo médio de 10 dias e sobre a revogação do artigo 40º do DL n.º 15/93 na totalidade, excepto o cultivo, tem-se desenvolvido nos últimos tempos.

O Tribunal da Relação do Porto tomou a posição de que "as situações de detenção para consumo, cuja quantidade exceda o consumo médio individual durante o período de dez dias, são punidas com pena de prisão de 1 a 5 anos ou com pena de prisão até dois anos ou multa até 240 dias, consoante se trate de substâncias das Tabelas I a III ou IV respectivamente[173], conjugando-se os artigos 25º e 40º do DL n.º 15/93. A Relação do Porto considera, assim, que "as situações de detenção para consumo, cuja quantidade exceda o consumo médio individual durante o período de dez dia, é sancionada como ilícito criminal, seja por via do artigo 21º, seja por via do artigo 25º, seja, se estiver reunido o respectivo condicionalismo, por via do artigo 26º, todos do Decreto-Lei n.º 15/93".

Tempos antes, tendo em conta que o princípio da legalidade inscrito no artigo 29º, n.º 1 da CRP e no n.º 1 do artigo 1º do CP, que impõe que "uma infracção esteja claramente definida na lei, estando tal condição

[173] Ac. Relação do Porto de 7 de Dezembro de 2005, *in www.dgsi.pt*.

preenchida sempre que o interessado possa saber, a partir da disposição pertinente, quais os actos ou omissões que determinam responsabilidade penal e as respectivas consequências"[174], e que a interpretação restritiva de "norma expressamente revogatória de uma norma incriminadora, encurtando o sentido e alcance da revogação, constitui, no plano material, não uma restrição, mas uma extensão da norma incriminadora que permaneceria em parte apesar da revogação"[175], o STJ considerou que "a posse de substâncias em quantidades superiores ao necessário para o consumo médio durante dez dias, desde que tenha por finalidade exclusiva o consumo privado próprio, terá de ser considerada como contra-ordenação"[176], nos termos do artigo 2º da Lei n.º 30/2000.

41. O Tribunal da Relação do Porto, mesmo após o Ac. do TC n.º 295/ /2003, de 12 de Junho, seguiu, em 2006, a posição da Relação de Lisboa ao decidir que "A detenção da droga para consumo próprio em quantidade superior à necessária para o consumo médio individual durante 10 dias integra o crime do artigo 40º do DL nº 15/93"[177], sendo que um mês antes a mesma Relação havia entendido "fundada uma interpretação que *não atribuísse ao n.º 2 do artigo 2.º da Lei 30/2000 uma função vinculativa*, que arredasse do ilícito de mera ordenação social as situações de consumo e de aquisição ou detenção de droga para consumo em quantidade superior à necessária para o consumo médio individual durante o período de 10 dias, mas lhe *reservasse uma função meramente indicativa ou orientadora*"[178].

Face às posições contraditórias, o STJ decidiu, em junho de 2008, uniformizar a jurisprudência quanto ao sentido interpretativo do n.º 2 do artigo 40.º do DL n.º 15/93, de 22 de Janeiro:

> "Não obstante a derrogação operada pelo artigo 28.º da Lei 30/2000, de 29 de Novembro, o artigo 40.º, n.º 2, do Decreto-Lei 15/93, de 22 de Janeiro,

[174] Ac. STJ, Proc. 18313, de 28 de Agosto de 2005, *in www.dgsi.pt.*

[175] *Ibidem.*

[176] *Ibidem.*

[177] Cfr. Acórdão do Tribunal da Relação do Porto de 22-11-2006, Processo n.º 0644854, consultado em http://www.dgsi.pt/jtrp.nsf/56a6e7121657f91e80257cda00381fdf/b1940ecf b34e065280257234005241lf?OpenDocument&Highlight=0,consumo,agravado,de,estup efacientes.

[178] Cfr. Acórdão do STJ de uniformização de jurisprudência de 25-06-2008, Processo 07P1008, publicado no DR, S I, n.º 150, 05-08-2008, pp. 5235-5254. Itálico nosso.

manteve-se em vigor não só "quanto ao cultivo" como relativamente à aquisição ou detenção, para consumo próprio, de plantas, substâncias ou preparações compreendidas nas tabelas I a IV, em quantidade superior à necessária para o consumo médio individual durante o período de 10 dias"[179].

Discordamos, de todo, da decisão do STJ. Discordamos, também, das decisões do Tribunal Constitucional de 17 de setembro de 2014[180] e de 28 de Janeiro de 2015[181], por não julgar inconstitucional a interpretação de que o n.º 2 do artigo 40.º do DL n.º 15/93 se mantém em vigor por não se encontrar revogado ou não se encontrar abrangido pela norma revogatória do artigo 28.º da Lei n.º 30/2000.

Acresce que a interpretação sistemático-constitucional, como já decidiu o TC, em 2017, impõe que ao «Tribunal Constitucional cabe apenas verificar, nesta sede – e como repetidamente tem afirmado a sua jurisprudência –, se a norma aplicada ultrapassa o sentido possível das palavras da lei que qualifica os factos como crime ou fixa as consequências jurídicas do crime»[182]. Este é um dos casos em que existe uma clara ultra-

[179] Cfr. Acórdão do STJ de uniformização de jurisprudência de 25-06-2008, Processo 07P1008, publicado no DR, S I, n.º 150, 05-08-2008, pp. 5235-5254.

[180] **Cfr. Acórdão do TC n.º 587/2014, de 17 de setembro de 2014. Consultado em http://www.tribunalconstitucional.pt/tc/acordaos/:** "*Não julgar inconstitucional*, por violação do princípio da legalidade criminal, consagrado no n.º 1 do artigo 29.º, da Constituição, a norma constante do artigo 28.º, da Lei n.º 30/2000, de 29 de novembro, *quando interpretada no sentido de que se mantém em vigor o artigo 40.º, n.º 2, do Decreto-Lei n.º 15/93*, de 22 de janeiro, relativamente à aquisição ou detenção, para consumo próprio, de plantas, substâncias ou preparações compreendidas nas tabelas I a IV, em *quantidade superior* à necessária para o consumo médio individual durante o período de 10 dias". Itálico e negrito nossos. Veja-se a declaração de voto do Conselheiro Joaquim de Sousa Ribeiro.

[181] **Cfr. Acórdão do TC n.º 579/2015, de 28 de janeiro de 2015. Consultado em http://www.tribunalconstitucional.pt/tc/acordaos/:** "*Não julgar inconstitucional a norma, extraída interpretativamente da conjugação dos artigos 1.º, 2.º, n.ºs 1 e 2, e 28.º, da Lei n.º 30/2000, de 29 de novembro, e 40.º, n.º 2 do Decreto-Lei n.º 15/93, de 22 de janeiro, com o sentido de que se mantém em vigor este último preceito*, não só quanto ao cultivo, como relativamente à aquisição e detenção, para consumo próprio, de plantas, substâncias ou preparações compreendidas nas tabelas I a IV, em *quantidade superior* à necessária para o consumo médio individual durante o período de dez dias". Itálico e negrito nossos. Veja-se a declaração de voto do Conselheiro Joaquim de Sousa Ribeiro.

[182] Cfr. Acórdão do Tribunal Constitucional n.º 63/2017, de 14 de fevereiro de 2017. In: http://www.tribunalconstitucional.pt/tc/acordaos/20170063.html.

passagem não apenas do sentido possível das palavras da lei, como uma derrogação do sentido político-criminal impresso no artigo 28.º da Lei n.º 30/2000, a par de uma clara conflitualidade com o princípio da segurança jurídica e da confiança normativa.

O Tribunal da Relação de Lisboa, por Acórdão proferido a 26 de setembro de 2017, manteve a interpretação positiva assumida até então, mas coloca dois novos argumentos, que, a verificar-se, deixa de aplicar-se o artigo 40.º, n.º 2 do DL 15/93, por integrar o consumo: primeiro, reafirma que os valores da Portaria n.º 94/96 não são de aplicação automática, mas meramente indicativos; segundo, a necessidade de se apurar a quantidade de consumo diária do agente da infração e só se aplica o tipo *consumo agravado* caso não esteja assente que consumia diariamente dose superior a 0,5 gramas[183].

Consideramos que a descriminalização do consumo de drogas é de todo o consumo: o médio, o inferior e o superior a 10 dias. Consideramos que o n.º 2 do artigo 40.º do DL n.º 15/93, se encontra revogado por força do artigo 28.º da Lei n.º 30/2000, acrescendo que o *consumo agravado* se encontra descriminalizado por força teleológica da política criminal de descriminalização do consumo de estupefacientes[184] e por

[183] Veja-se: «I. Ainda que não resultando expressamente do artigo 40.º, do Decreto-Lei n.º 15/93, de 22/01, na aferição das quantidades de consumo médio individual diário de produtos estupefacientes, importa considerar os valores fixados pelo mapa anexo à Portaria n.º 94/96, de 26/03.

II. ***Esses valores não são de aplicação automática, mas meramente indicativos***, podendo afastar-se a sua aplicação desde que demostrado esteja que o arguido consome diariamente dose superior à fixada no mapa.

III. Existindo exame toxicológico que determinou a concentração do princípio activo da canabis (resina) detida pelo agente, sendo 5,791 e 1,871 gramas com um grau de pureza de 8,6/prct. e 16,3/prct., respectivamente ***e não estando assente que consumia diariamente dose superior a 0,5 gramas***, conclui-se por um total de 15 doses diárias, ou seja, que tinha consigo canabis para consumo próprio durante 15 dias [5,791 x (8,6/prct. : 10/prct.) : 0,5] e [1,871 x (16,3/prct. : 10/prct.) : 0,5].

IV. Detendo quantidade de estupefaciente que excede a necessária ao seu consumo individual pelo período de 10 dias, a conduta do arguido subsume-se na previsão do artigo 40.º, n.º 2, do Decreto-Lei n.º 15/93, de 22/01». Negrito e itálico nossos. Cf. Ac. TRL de 29 de setembro de 2017. In: *http://www.dgsi.pt/jtrl.nsf/33182fc732316039802565fa00497eec/a72bc12b831601b0802581b4003bb687?OpenDocument.*

[184] Neste sentido, é de ler a lucidez dos vários votos de vencido do douto Acordão de uniformização de jurisprudência.

qualquer outra interpretação promover uma indeterminabilidade do tipo e, assim, violar o princípio da legalidade constitucional penal consagrado no artigo 29.º da CRP.

Impõe-se que não se confunda a necessidade de intervenção do Direito penal no âmbito do consumo de estupefacientes, que deixou de existir com a Lei n.º 30/2000, com a impossibilidade ou incapacidade de se saber se estamos perante uma situação de consumo – contraordenacional – ou se no âmbito do pequeno tráfico ou tráfico de menor gravidade.

O Direito penal, em um Estado de direito material social democrático, como o é e deve ser o Estado português, não tem nem deve por função colmatar as deficientes capacidades operativas de persecução criminal do Estado.

Compete às entidades competentes para a investigação e persecução do tráfico de estupefacientes uma melhor investigação capaz de se saber em que âmbito jurídico sancionatório nos encontramos: se criminal ou se contra-ordenacional. Ora vejamos.

42. Se acompanharmos a tese de CRISTINA LÍBANO MONTEIRO, do Tribunal da Relação de Lisboa e da decisão do TC de 2003, a situação apresentada ter-se-á de enquadrar no artigo 25º do DL n.º 15/93 que prevê e pune o tráfico de menor gravidade, ou seja, devemos considerar que o legislador prescreveu uma quantidade taxativa, acima da qual se deve proceder de acordo com o tráfico de droga – *in casu* tráfico de menor gravidade.

Se optarmos pela posição de INÊS BONINA, de FERNANDA PALMA e do Tribunal da Relação da Guimarães, com a qual concordamos, não podemos enquadrar uma situação que se prevê como *excesso para consumo* no crime p. e p. pelo artigo 25º do DL n.º 15/93, mas antes considerá-la como contra-ordenação, uma vez que o legislador procurou "estabelecer uma plataforma de dez dozes médias diárias para o consumo de estupefacientes, pretendeu fornecer um critério legal, nomeadamente orientador, de distribuição entre o consumo e o tráfico de estupefacientes"[185].

[185] INÊS BONINA,"Descriminalização do Consumo...", *in RMP*, p. 187. A título de informação e em uma linha de interpretação obediente ao princípio *odiosa sunt restringenda* se pode ler o AC. do STJ de 21Set2011, que afasta a aplicação do artigo 21º em detrimento artigo 25º do DL n.º 15/93, de 22 de Janeiro.

Consideramos, desta feita, que não existe um vazio sancionatório, como defende Rui Pereira, por a posse de quantidade superior ao consumo próprio médio individual durante o período de dez dias dever enquadrar-se como consumo e, por isso, no artigo 2º da Lei n.º 30/2000.

Mas esta nossa posição interpretativa impõe às autoridades policiais uma maior sensibilidade quer na análise do caso concreto, quer na investigação que sobre elas pende face a um cidadão que detém uma quantidade mínima superior ao prescrito para a consignação da contra-ordenação.

Outra discussão que se tem colocado é a diferenciação entre o tipo incriminador do artigo 25.º e o do artigo 21.º do DL n.º 15/93. Este debate tem sido frutífero no STJ como demonstram os Acórdãos de 21 de setembro de 2011 e de 12 de março de 2015. Importa avocar estes acórdãos para demonstra que só teremos o tipo incriminador do artigo 25.º do DL n.º 15/93, mesmo com uma quantidade superior à quantidade de consumo até dez dias se se verificarem os elementos expostos neste dois arestos. Tem de ficar demonstrado que estamos perante o tipo incriminador caso o agente tenha actuado com «um *modus operandi* simples e com recurso a meios sem qualquer sofisticação: encomenda via telemóvel e encontro em local escolhido para entrega do produto, não tendo sido apreendidos quaisquer instrumentos usados no tráfico, para além do plástico que servia para empacotamento de doses individuais», assim como se actua «sozinho, sem estrutura organizativa, interessando, quanto ao parâmetro modalidade ou circunstância da ação» e se consume quotidianamente o tipo de droga que vende[186]. Ou seja, tem de ficar demonstrado que, não sendo enquadrado como consumidor, mas antes como consumidor traficante, se se estiver perante um ilicitude «consideravelmente diminuta, pelo desvalor da ação e do resultado, tendo em conta, nomeadamente, os meios utilizados, a modalidade ou as circunstâncias da ação, a quantidade ou a qualidade das plantas ou substâncias estupefacientes, como factos-índice a atender numa valoração global»[187].

Relembramos, desta feita e aqui, que o inquérito crime é fundamental para se decidir se a ocorrência se encontra na esfera criminal – DL n.º 15/93 – ou se na esfera contra-ordenacional – Lei n.º 30/2000. Se se

[186] Cfr. Ac. STJ de 21 de setembro de 2011.

[187] Cf. Ac. STJ de 12 de março de 2015.

obtiverem indícios de que a quantidade é, não obstante ser superior ao consumo médio de 10 dias, para consumo do próprio – e não para vender, o que se impõe provar – deve aplicar-se o regime contraordenacional especial previsto na Lei n.º 30/2000 e nunca o regime criminal sob pena de violarmos a *teleologia da política criminal de descriminalização*, o princípio da *necessidade da intervenção penal* e o princípio da *legalidade constitucional penal*.

Capítulo IV
Do Abandono de Seringas e do Consumo

§ 17º Sentido e alcance do artigo 32º do DL n.º 15/93, de 22 de Janeiro

43. O legislador português, tendo em conta não só o bem jurídico da saúde pública, mas também e principalmente os bens jurídicos vida e integridade física dos cidadãos, não descriminalizou *o abandono de seringas*, mantendo como crime a conduta daquele que "em lugar público ou aberto ao público, em lugar privativo mas de uso comum, abandonar seringa ou outro instrumento usado no consumo ilícito de estupefacientes ou substâncias psicotrópicas, criando deste modo perigo para a vida ou a integridade física de outra pessoa", podendo ser punido com pena de prisão até 1 ano ou com pena de multa até 120 dias, se pena mais grave lhe não couber por força de outro disposição legal", nos termos do artigo 32º do DL n.º 15/93, de 22 de Janeiro.

Um cidadão que, após se ter injectado, lance na via pública a seringa ensanguentada, põe em perigo a vida, a integridade física de qualquer cidadão, que por aquele local passe, assim como a própria saúde pública. Estamos perante um comportamento que pode trazer consequências graves, ora vejamos.

> Imaginemos que ***A*** se injectou e é portador de uma doença infecto-contagiosa. Após este acto, ocorrido no jardim onde sabia que brincam crianças e que uma criança se poderia ferir com a seringa, lançou a seringa ensanguentada para a relva. Nesse momento, uma criança ***B***, que ali jogava à bola, cai espetando a seringa na mão, vindo a contrair a mesma doença de ***A***.

44. A punibilidade do *abandono de seringas* não abrange a ofensa à integridade física de outrem caso a mesma seja ferida como ***B***, mas tão-só a simples conduta do lançamento – *abandono* – da seringa em lugar público ou em lugar aberto ao público[188], que cria perigo para a vida ou integridade física de outra pessoa, mas não abarca os casos em que esse perigo se efectiva, se objective, ou seja, os casos como este que estamos a analisar, porque a tutela do bem jurídico encontra-se melhor garantida por outro tipo legal de crime, previsto e punido pelo CP.

O crime de abandono de seringas é um crime de perigo concreto, tendo em conta a cláusula «criando deste modo perigo para a vida ou integridade física de outra pessoa». O abandono da seringa tem de se constituir como um perigo concreto para a vida ou integridade física. Mas qualquer abandono de uma seringa utilizada no consumo de estupefaciente constitui, por si só, perigo para a vida ou integridade física de outra pessoa, em especial sendo o consumo em locais públicos e o abandono da seringa ocorrer em lugares públicos, frequentados por pessoas.

A ofensa à integridade física não se enquadra neste preceito, bem jurídico que merece tutela penal, estando prevista no artigo 143º e ss. do CP. O caso em análise, na nossa opinião, pode enquadrar-se no crime de *ofensas à integridade física grave*, p. e p. pela al. *d)* do artigo 144º do CP a título de dolo eventual, porque **A,** ao lançar a seringa em um lugar público onde brincam crianças, que são curiosas por natureza, sabia das consequências da sua conduta e conformou-se com a possível realização do facto[189], ou no crime de *propagação de doença contagiosa*, p. e p. pela al. *a)* do n.º 1 do artigo 283º do CP.

A incriminação prevista no artigo 32º do DL n.º 15/93 cinge-se unicamente *ao abandono de seringas* ou *de outro instrumento* (por exemplo de corte) usado na prática do *consumo ilícito de estupefacientes*, não fazendo qualquer sentido que abrangesse uma situação em que, devido ao lançamento de uma seringa ensanguentada em lugar público, onde crianças

[188] O *lugar público* pode ser de acesso reservado, de acesso condicionado e de domínio comum ou de acesso livre, enquanto o *lugar aberto ao público* pode ser um lugar público de acesso reservado ou de acesso condicionado e/ou pode ser um lugar de natureza privada cujo acesso seja livre ou condicionado, conforme se tenha de pagar ou não uma prestação pecuniária para aceder ao mesmo. Como local privado de acesso livre temos os centros comerciais, como acesso condicionado, as discotecas.

[189] Cfr. o n.º 3 do artigo 14º do CP.

brincam, alguém que fosse "agredido" por aquela seringa, provocando o contágio de uma doença infecto contagiosa, (como a Sida ou Hepatite B), que pode conduzir ao falecimento do infectado, provocando-lhe *perigo para a vida* [al. *d)* do artigo 144º do CP], ou abrangesse a situação de alguém ser contaminado, por uma doença que possivelmente é transmissível a outros, provocando *perigo para a vida ou perigo grave para a integridade física de outrem* **(B)**, [al. *a)* do n.º 1 do artigo 283º do CP].

§ 18º Concurso aparente de crimes

45. A questão em análise preenche o âmbito do concurso aparente de crimes ou concurso de normas, uma vez que os bens jurídicos tutelados são os mesmos: vida e integridade física. A conduta de ***A*** pode ser incriminada quer pelo artigo 32º do DL n.º 15/93, quer pelo artigo 144º al. *d)* do CP, quer pela al. *a)* do n.º 1 do artigo 283º do CP[190]. A resolução deste concurso passa necessariamente pela aplicação e análise dos princípios da subsidiariedade, da consumpção[191] e da especialidade[192].

Na nossa opinião, o legislador, ao estipular que a pena de prisão é de 1 ano ou multa até 120 dias, *se pena mais grave não lhe couber por força de outra disposição legal*, queria salvaguardar os casos que pudessem pôr em causa ou violar bens jurídicos fundamentais, cuja superioridade se impõe pela sua essência de natureza humana: vida e integridade física.

De acordo com o princípio da subsidiariedade, a conduta de ***A*** enquadra-se não no artigo 32º do DL n.º 15/93, mas poder-se-á enqua-

[190] Pois, existe entre as normas "uma relação de especialidade, de subsidiariedade ou de consumpção: uma delas prevalecerá então sobre a outra (ou sobre as outras) e excluí-la-á (ou excluí-las-á)". Ac. do STJ de 27 de Janeiro de 1998, Proc. n.º 32 918, *in www.dgsi.pt/jstj.nsf/.*

[191] Como regra "o mecanismo da **consumpção** não branqueia nem elimina a tonalidade delituosa própria do tipo legal consumido", entendendo-se que "basta a formulação de um juízo de censura único, não dissociado embora na sua essência das infracções participantes – as consumptoras ou as consumidas – mas mitigadas estas pela própria circunstância da sua aglutinação naquele sobre o dito juízo único". *Idem*. Negrito nosso.

[192] Existe uma relação de **especialidade** quando "toda a matéria de facto subsumível cabe inteiramente no âmbito mais vasto da norma geral, relativamente à qual a primeira é especial". Manuel Cavaleiro de Ferreira, *Lições de Direito Penal*, Lisboa/São Paulo: Edições Verbo, 1987, p. 378.

drar no artigo 144º, al. *d)* do CP, uma vez que foi ***B*** contaminado com o vírus da Sida ou com hepatite B, provocando-lhe perigo para a vida.

O princípio da subsidiadiedade subsumido à resolução de conflitos entre normas penais, proveniente da expressão latina *Lex primaria derogat legi subsididiarae,* significa que, quando duas normas prevejam "inteiramente o mesmo facto concreto", se aplique a norma que "irrogue a penalidade mais grave, porque deve presumir-se que é a que aplica pena mais grave a que mais completamente realiza os fins da ordem jurídica penal". No caso em análise, é a própria lei que "expressamente faz depender a aplicabilidade de uma norma da não aplicabilidade de outra norma com ela concorrente sobre o mesmo facto", ao estipular "se pena mais grave não lhe couber por força de outra disposição legal". Desta feita, estamos perante a subsidiariedade explícita[193].

Quer o vírus da Sida, quer a Hepatite B ou outro vírus mortal podem provocar a morte do infectado, pelo que ***A*** ao infectar ***B*** com a seringa que lançou no jardim onde ***B*** se encontrava a jogar à bola, tem um comportamento que cria um *perigo para a vida* de ***B***, nos termos da alínea *d)*[194] do artigo 144º do CP, não a título de dolo directo[195] ou dolo necessário, mas de dolo eventual[196].

46. *De iure condito,* surge a questão de se saber se, no caso de ***A*** ser portador de doença infecto-contagiosa, ao lançar a seringa fora sem qualquer cuidado, criando perigo para a vida ou para a integridade física de outrem, pode ser responsabilizado pelo crime da *propagação de doença,* p. e p. pelo artigo 283º, n.º 1 al. *a)* do CP, cuja pena pode ser agravada se da sua conduta **resultar morte ou ofensa à integridade física grave de outra pessoa** (*ex vi* artigo 285º do CP) e atenuada se o agente do crime

[193] Cfr. Germano Marques da Silva, *Direito Penal Português,* Lisboa/S. Paulo: Verbo, 1997, Vol. I, pp. 313, 314.

[194] Paula Ribeiro de Faria, "Ofensa à Integridade Física Grave", *in Comentário Conimbricence do Código Penal – Parte Especial,* Coimbra: Coimbra Editora, Tomo I, p. 234, artigo 144º.

[195] Consignava uma conduta sob *dolo directo* se ***A*** espetasse a seringa em ***B*** com o fim, com a intenção de o infectar com a doença de que é portador, comportamento este que sendo ofensa corporal simples "com dolo de perigo de vida para a vítima" [al. *d)* do artigo 144º do CP] de acordo com a opinião de Figueiredo Dias, *Código Penal – Actas e Projectos da Comissão de Revisão,* Lisboa: Ministério da Justiça, Rei dos Livros, 1993, pp. 223.

[196] Sobre os conceitos legais de dolo directo, necessário e eventual, artigo 14º do CP.

remover voluntariamente o perigo antes de se ter verificado dano considerável (*ex vi* artigo 286º do CP).

Os bens jurídicos tutelados pelo artigo 283º são "a vida, a saúde ou a integridade física de outra pessoa"[197] e, inevitavelmente, a saúde pública, ou seja, os mesmos bens jurídicos tutelados pelo artigo 32º do DL n.º 15/93 e pelo artigo 144º do CP. O conflito de aplicação de normas, concurso aparente de crimes, como já referimos, deve ser resolvido de acordo com a aplicação dos princípios da especialidade, da subsidiariedade e da consumação.

O artigo 32º do DL n.º 15/93, como já referimos, não abrange qualquer consequência do acto como alguém ser ferido pela seringa usada por um toxicómano portador de uma seringa contagiosa, mas o perigo constituído pela conduta «abandono de seringas».

O artigo 283º do CP, com a redacção da reforma de 1995, engloba os artigos 270º (crime de propagação de doença contagiosa)[198], 274º (crime de alteração de análises) e 275º (crime de alteração de receituário na versão original do Código Penal de 1982, com alterações significativas quanto ao regime: o **âmbito de aplicação** quer na agravação pelo resultado, quer na atenuação da pena, é **alargado**; "a **referência à pequena gravidade** do perigo" é **eliminada**, sendo exigido sempre um perigo grave; "o **crime de propagação de doença contagiosa** também está regulado segundo a forma de combinação **dolo-negligência** (o que não acontecia na versão original)"[199]; e, quanto ao crime de propagação de doença, a não exigibilidade da "criação de perigo para um número indeterminado de pessoas, **bastando a criação de perigo para outrem**"[200], ou seja, "embora se

[197] MANUEL MAIA GONÇALVES, *Código Penal Português Anotado e Comentado – Legislação Complementar,* Coimbra: Almedina, 14.ª Ed., 200 L, p. 838.

[198] Sobre o crime de propagação de doença contagiosa na versão original, J. MARQUES BORGES, *Dos Crimes de Perigo Comum e dos Crimes Contra a Segurança nas Comunicações,* Lisboa: Rei dos Livros, 1985, pp. 159 e ss..

[199] JOSÉ MANUEL DAMIÃO DA CUNHA, "Propagação de doença, alteração de análises ou de receituário", *in Comentário Conimbricence do Código Penal – Parte Especial,* Coimbra: Coimbra Editora, 1999, Tomo II, p. 1007; e MANUEL MAIA GONÇALVES, *Código Penal...,* 14.ª Edição, p. 837. Negritos nossos.

[200] MANUEL MAIA GONÇALVES, *Código Penal...,* 14.ª Edição, p. 837. Negrito nosso. No mesmo sentido JOSÉ MANUEL DAMIÃO DA CUNHA, "Propagação de doença...", *in Comentário Conimbricense...* – Tomo II, p. 1009.

trata de uma pessoa concreta, naturalmente que esta surge apenas como a vítima do crime, mas verdadeiramente como representante da comunidade – ela é, no fundo, a concretização do *perigo para a sociedade* que decorre da conduta"[201], melhor, o perigo refere-se «à Comunidade, embora, "*por força do acaso*", se concretiza numa pessoa que representa a Comunidade»[202].

47. O toxicómano, portador de uma doença contagiosa, que lança a seringa, utilizada no acto do consumo, em local de domínio público comum (via pública, jardim), criando para outrem *perigo para a vida ou ofensa grave para a integridade física*, que caiu e se feriu com a mesma, pode ser responsabilizado pelo crime de propagação de doença contagiosa, p. e p. pelo artigo 283º do CP, ou seja, no caso em estudo, pode ser imputado a ***A*** o crime de propagação[203] de doença contagiosa?

Ao lançar a seringa infectada com a doença contagiosa, no jardim onde brincam crianças[204], cria necessariamente *perigo para a vida ou perigo grave para a integridade física* de ***B*** que se feriu com a seringa. Sendo que há "um contágio numa pessoa ***B*** e que daí *poderá* alastrar à comunidade", e que ***B*** pode "infectar outras pessoas", o artigo 283º do CP quer pelo princípio da subsidiariedade, quer pelo da especialidade, quer pelo da consumpção, afastaria a aplicação do artigo 32º do DL n.º 15/93, que prescreve subsidiariedade explícita.

A conduta de ***A***, caso se enquadre no artigo 283º do CP, pode ser punida a título de negligência[205], por força do n.º 3 do artigo 283º do CP,

[201] José Manuel Damião da Cunha, "Propagação de doença...", *in Comentário Conimbricense...*, p. 1007.

[202] *Idem*, p. 1008.

[203] Por propagação de doença contagiosa, entende-se a "acção ou omissão pela qual se facilita o multiplicar das possibilidades de transmissão da uma doença". J. Marques Borges, *Dos crimes de Perigo...*, p. 160. Quanto às doenças abrangidas pela incriminação, entendemos que se devem considerar as constantes da Portaria n.º 766/86 de 26 de Dezembro e todas as doenças humanas possíveis de transmissão, quer as comuns aos homens e animais, quer sejam as doenças contagiosas humanas e independentemente da fonte de contágio serem os homens ou os animais, desde que a mesma seja *adequada* a produzir o perigo referido" no n.º 1 do artigo 283º, dependendo "do caso concreto". Neste mesmo sentido, José M. Dias da Cunha, "Propagação de doença...", *in Comentário Conimbricense...*, pp. 1008 e 1009 e J. M. Borges, *Dos crimes de Perigo...*, p. 164.

[204] O crime p. e p. pelo artigo 32º do DL n.º 15/93 é, também, de natureza pública.

[205] A punibilidade do facto praticado com negligência só é admissível nos casos que a lei o preveja, como acontece no artigo 283º do CP, *ex vi* artigo 13º do CP, Cfr. artigo 15º (*negligên-*

enquanto a punibilidade de *A* pelo artigo 144º al. *d*) do CP é a título de dolo eventual. Se o perigo para a vida ou o perigo grave para a integridade física de ***B*** for criado por negligência, ***A*** também é punido a título de negligência, *ex vi* n.º 2 do artigo 283º do CP, ou seja, "estabelece-se uma combinação **entre uma conduta dolosa**[206] e a consequente **criação negligente de um perigo**"[207], enquanto o n.º 3 do artigo 283º "estabelece uma combinação entre uma **conduta negligente** e a **criação negligente de um perigo**"[208].

Quer a conduta de ***A*** se enquadre no crime de *ofensa à integridade física grave*, p. e p. pela al. *d)* do artigo 144º do CP, quer no crime de *propagação de doença contagiosa*, p. e p. pela al. *a)* do n.º 1 do artigo 283º do CP, uma vez que não se enquadra no crime de *abandono de seringas*, p. e p. pelo artigo 32º do DL n.º 15/93, estamos perante um crime de natureza pública[209], bastando tão-só ao MP ter conhecimento[210] da conduta para que promova a acção penal, nos termos do artigo 219º da CRP, do artigo 48º e 262º e ss. do CPP.

§ 19º Procedimento dos órgãos de polícia criminal

48. Se um órgão de polícia criminal[211] verificar, em flagrante delito[212], que ***A*** lançou a seringa naquele local público, deve proceder à sua detenção, devendo-o apresentar ao juiz de instrução no mais curto espaço de tempo para o primeiro interrogatório judicial e aplicação de

cia) do CP e Manuel Maia Gonçalves, *Código Penal...*, 4.ª Edição, pp. 97 e ss..

[206] O toxicómano **A** "tem de actuar com dolo quanto à propagação da doença (...) sendo suficiente o dolo **eventual**". José M. Damião da Cunha, "Propagação de doença...", *in Comentário Conimbricense...*, p. 1013.

[207] José M. Damião da Cunha, "Propagação de doença...", *in Comentário Conimbricense...*, p. 1014.

[208] *Ibidem.*

[209] O crime p. e p. pelo artigo 32º do DL n.º 15/93 é de natureza pública.

[210] A *notitia criminis* pode chegar ao MP *por conhecimento próprio, através de órgão de polícia criminal e através de denúncia, ex vi* artigo 241º, 242º 243º e 244º do CPP. M. Lopes Maia Gonçalves, *Código de Processo Penal Anotado e Comentado*, 12.ª Edição, Coimbra: Almedina, 2001, p. 506.

[211] Sobre o conceito processual, al. *c)* do n.º 2 do artigo 1º do CPP.

[212] Cfr. artigo 256º do CPP.

medida de coacção, *ex vi* al. *a)* do artigo 254º do CPP. Além de deter ***A***, o OPC deve proceder à apreensão da seringa *ex vi* al. *c)* do n.º 1 do artigo 249º do CPP, e remetê-la ao laboratório de Polícia Científica para comprovação da existência de vestígios de estupefacientes[213].

A detenção apenas se realiza se o OPC tiver a certeza de que a seringa lançada no lugar público ou de acesso público foi utilizada por ***A*** no consumo de estupefacientes, porque apesar de ***A*** ser toxicodependente, pode tê-la usado para injectar insulina, pelo que não pode ser detido pelo crime de *abandono de seringas*, p. e p. pelo artigo 32º do DL n.º 15/93, de 22 de Janeiro.

Contudo, defendemos que se ***A*** é toxicodependente, se é portador de uma doença infecto-contagiosa e sabendo que naquele jardim há totais possibilidades de uma criança cair e de se poder ferir com uma seringa, ao lançá-la nesse lugar público, mesmo que não tenha estado a consumir droga, está a pôr em causa não só a *saúde pública*[214], mas também a *vida e a integridade física* de qualquer pessoa, em especial das crianças que todos os dias brincam naquele jardim.

A conduta de ***A*** não pode ficar impune, pela sua censurabilidade e sob pena de desvalorizarmos valores e direitos fundamentais da nossa sociedade. Como afirma FIGUEIREDO DIAS, é impensável que se incrimine mais gravemente os crimes contra o património do que contra a vida e a integridade física de qualquer cidadão[215]. Defendemos, assim, que ***A*** pode ser responsabilizado criminalmente por ofensas corporais graves por ter actuado, no mínimo, com dolo eventual.

[213] Elabora-se um auto de apreensão cautelar de seringa e, se possível, deve fazer-se um exame preliminar de modo que se possa verificar a existência de vestígios de estupefacientes. Caso não seja possível realizar o exame, o OPC não deve, na nossa opinião, proceder à detenção, mas antes elaborar um Auto de Notícia a relatar os factos por si presenciados, nos termos do artigo 243º do CPP, e proceder também à apreensão cautelar da seringa, *ex vi* al. *c)* do n.º 1 do artigo 249º do CPP, para que seja enviada ao laboratório da Polícia Científica (PJ) para a confirmação ou não da existência de indícios de droga. O OPC deve, ainda, efectuar a revista, cujo relato deve constar do auto da notícia ou de detenção. Quanto às revistas, o nosso estudo *Revistas e Buscas*, 2.ª Edição Almedina, 2003.

[214] Poder-se-á levantar a questão da propagação da doença, p. e p. pela al. *a)* do n.º 1 do artigo 283º do CP, cuja conduta não é só punida a título de dolo, mas também a título de negligência, *ex vi* n.º 3 do artigo 283º.

[215] FIGUEIREDO DIAS, *Código Penal – Actas e Projectos da Comissão de Revisão*, Lisboa: Ministério da Justiça, Rei dos Livros, 1993, pp. 223.

49. Se o OPC verificar que ***A*** lança uma seringa ensanguentada para o jardim, mas não tem a certeza se foi ou não usada no consumo ilícito de estupefacientes ou substâncias psicotrópicas, deve proceder-se à identificação de ***A*** (*ex vi* artigo 250º do CPP), à apreensão da seringa [*ex vi* al. *c)* do n.º 1 do artigo 249º do CPP, em conjugação com o artigo 177º do CPP], para posterior análise no laboratório de Polícia Científica, e à elaboração do *auto de notícia* [*ex vi* al. *a*) do n.º 1 do artigo 242º, 243º e 246º do CPP] e do respectivo *auto de apreensão cautelar.*

Se o exame laboratorial confirmar a existência de vestígios de estupefacientes ou substâncias psicotrópicas, por força do princípio da legalidade que deve ser conjugado e interligado com os princípios do consenso e da oportunidade, o Ministério Público promove a acção penal[216].

[216] Cfr. n.º 1 do artigo 219º da CRP artigos 48º e 262º e ss. do CPP sobre os princípios da legalidade, do consenso e da oportunidade, os nossos *Processo Penal* – Tomo I, 3.ª Edição, pp. 204-234 e *Lei e Crime...*, pp. 151 e ss..

Capítulo V
Consumo em Lugares Públicos ou de Reunião

§ 20º Sentido da epígrafe do artigo 30º do DL n.º 15/93, de 22 de Janeiro

50. A epígrafe do artigo 15º do DL n.º 15/93 de 22 de Janeiro – *Consumo em lugares públicos ou de reunião* –, na nossa opinião, não é muito feliz quando o corpo do artigo se dirige aos *lugares de domínio privado abertos ao público*, cujo *acesso* pode ser *livre* – restaurante, café, taberna – ou *condicionado* ao pagamento de uma taxa de entrada – discotecas, recintos de espectáculos ou de diversão, hotéis[217] – e aos *lugares de domínio público de acesso condicionado ou restrito.*

A epígrafe do artigo refere-se desta feita aos lugares públicos não de acesso e domínio comum, aqueles em que qualquer pessoa tem o livre acesso, mas sim a locais de natureza privada, cuja detenção e disponibilidade cabem a um ente privado ou público, aos quais podem aceder livremente, quando a entrada não está sujeita ao pagamento de uma quantia monetária ou à realização de uma despesa mínima pela entrada nesse local, ou, estando sujeita àquelas condições, podem ter um acesso público condicionado.

Da letra da lei não se retira que esse recinto ou casa de reunião, de espectáculo ou de diversão, ou esse café ou clube sejam apenas de natureza privada ou explorados economicamente por entes privados, podendo enquadrar-se, neste preceito, aquelas unidades económicas cuja direcção, exploração e disponibilidade caibam a entes públicos.

[217] Cfr. n.º 1 do artigo 30º.

51. Quanto ao n.º 2 do artigo 30º do DL n.º 15/93, o legislador procurou evitar que os locais como "edifícios, recintos vedados ou veículos" fossem utilizados como locais de consumo e de tráfico de drogas, sem que os seus responsáveis fossem responsabilizados.

O legislador procurou evitar a criação de locais, cuja disponibilidade pertence a outrem que não o traficante ou consumidor, em que os seus disponentes não fossem responsabilizados criminalmente por permitirem e/ou consentirem o consumo e o tráfico de drogas.

Se ***A***, proprietário de um veículo ou de uma garagem ou de uma residência, souber que ***B*** consome heroína ou trafica «drogas» e lhe faculta a chave para que faça uso do mesmo para o consumo de heroína, proporcionando a prática de um ilícito, mesmo sendo de mera ordenação social, pode ser punido até 5 anos de prisão.

52. O n.º 2 do artigo 30º do DL n.º 15/93, em uma primeira interpretação, ao incluir o *edifício* e o *recinto vedado*, visa vincar a natureza privada ou a natureza restrita do acesso do local onde se processa o ilícito, assim como a própria referência ao *veículo*, cujo acesso é restrito e apenas ocorre por autorização do seu disponente. Pois, existem recintos, edifícios e veículos cujo domínio é de natureza pública, apesar do acesso ser restrito ou condicionado, que o legislador também pretende abranger.

Imaginemos um veículo automóvel pertencente a um serviço público conduzido por ***A*** (funcionário público) e que permite que um seu amigo ***B*** consuma ou o use no tráfico de «drogas».

A conduta de ***A*** comina a prática do crime de consumo em lugar público, p. e p. no artigo 30º do DL n.º 15/93, enquanto a conduta de ***B*** pode cominar a prática de uma contra-ordenação (artigo 1º da Lei 30/2000) ou do crime de tráfico de estupefacientes e/ou substâncias psicotrópicas, p. e p. pelo artigo 21º do DL n.º 15/93.

§ 21º Procedimento quanto ao consumidor ou toxicodependente

53. Uma questão que se nos apresenta é a de saber se o consumidor de estupefacientes ou substâncias psicotrópicas for surpreendido a consumir ou na posse de drogas constantes nas tabelas I a IV anexas ao DL n.º 15/93, está ou não sujeito ao mesmo tratamento jurídico-processual que aquele que é surpreendido na via pública ou no jardim.

Desde que o consumidor não detenha, nem esteja a consumir ou não tenha adquirido uma quantidade que ultrapasse o consumo médio individual para o período de 10 dias (n.º 2 do artigo 2º da Lei n.º 30/2000), o procedimento deve seguir os trâmites estipulados pela Lei n.º 30/2000 e pelo DL n.º 130-A/2001[218]. O consumidor deve ser tratado como consumidor e não como traficante tão-só porque o espaço da infracção se alterou.

§ 22º Procedimentos quanto aos disponentes dos lugares

54. Quanto aos proprietários, aos gerentes, aos directores de hotéis, de restaurantes, de cafés, de tabernas, de clubes, de casas ou recintos de reunião, de espectáculos ou de diversão, que *consintam* que, nesses locais, se trafique ou se *consuma*, *use* estupefacientes ou substâncias psicotrópicas constantes nas tabelas I a IV anexas ao DL n.º 15/93, podem ser punidos com pena de prisão de 1 a 8 anos, *ex vi* n.º 1 do artigo 30º do DL n.º 15/93. Caso o *consentimento* seja dado por quem dispõe de *edifício*, *recinto vedado* ou *veículo*, a pena de prisão é de 1 a 5 anos, nos termos do n.º 2 do artigo 30º do DL n.º 15/93.

Quanto ao consentimento para a prática de tráfico ou de consumo de drogas no estabelecimento terá de ser expresso e apenas haverá detenção em flagrante delito, caso contrário dever-se-á levantar o *Auto de Notícia* (*ex vi* artigo 242º e 243º do CPP), procedendo à *identificação do agente* (artigo 250º do CPP), *constituí-lo arguido* [al. *d)* do n.º 1 do artigo 58º do CPP] e enviar o auto ao Ministério Público para que promova a acção penal, (*ex vi* artigo 48º do CPP e 219º, n.º 1 da CRP).

55. Se *aqueles* não consentirem, mas *não tomam as medidas adequadas para evitar que os lugares sejam utilizados para o tráfico ou o uso*[219] ilícito de drogas podem ser punidos com pena de prisão até 5 anos, nos termos do n.º 3 do artigo 30º do DL n.º 15/93.

[218] Cfr. *infra* Capítulo II – Dos Procedimentos Processuais – da Parte III.

[219] Entende-se *uso* como *consumo*.

No caso de não existir consentimento, apenas pode haver a conduta prevista e punida pelo n.º 3 do artigo 30º, se forem verificados os requisitos previstos no n.º 4 do artigo 30º:

1 – Nesses locais, devem ter havido **duas apreensões** de estupefacientes e substâncias psicotrópicas constantes nas tabelas I a IV anexas ao DL n.º 15/93;
2 – As apreensões devem ter sido efectuadas por **autoridade judiciária ou órgão de polícia criminal**[220];
3 – Desde que os proprietários, gerentes, directores e outros responsáveis desses lugares e os disponentes dos edifícios, recintos vedados ou veículos tenham **sido notificados** das duas apreensões;
4 – E, é necessário que entre as duas apreensões medeie um **período não superior a um ano.**

Os responsáveis dos lugares referidos nos n.ºs 1 e 2 do artigo 30º do DL n.º 15/93 que não consintam, mas não tomem medidas necessárias e adequadas a evitar o consumo de droga no seu interior, não são detidos, mas *identificados*, em *Auto de Notícia*, (*ex vi* artigos 250º, 242º e 243º do CPP), e *constituídos arguidos* [*ex vi* artigo 58º, n.º 1 al. *d)* do CPP[221]], competindo a promoção de acção penal ao Ministério Público. Ao Auto de Notícia deve anexar-se fotocópias das notificações previstas nos n.ºs 3 e 4 do artigo 30º do DL n.º 15/93.

A autoridade competente para a investigação dos ilícitos previstos no artigo 30º do DL n.º 15/93[222] dá conhecimento dos factos à autoridade

[220] Sobre a autoridade judiciária e órgão de polícia criminal, als. *b)* e *c)* do n.º 1 do artigo 1º do CPP. Quanto aos OPC, também a Lei n.º 21/2000, de 10 de Agosto, e artigo 57º do DL n.º 15/93.

[221] A não constituição de arguido implica a não utilização como prova das declarações prestadas pela pessoa visada, *ex vi* n.º 4 do artigo 58º do CPP. Sufragamos a opinião de José Lobo Moutinho quando defende que a não constituição de arguido consigna uma nulidade insanável, porque nem o arguido, nem o seu defensor podem comparecer nessa qualidade de sujeito processual no Inquérito, *ex vi* al. *c)* do artigo 119º do CPP. José Lobo Moutinho, *O Arguido e Imputado no Processo Penal*, Lisboa: UCE, 2000, pp. 188 e ss..

[222] Quanto ao consumo, que deixou de constituir crime, passando a contra-ordenação, com a aprovação da Lei n.º 30/2000, de 29 de Novembro, qualquer órgão de polícia criminal é competente para proceder ao levantamento do auto de ocorrência. Quanto ao tráfico, os crimes previstos nos arts. 21º, 22º, 23º, 27º e 28º do DL n.º 15/93, de 22 de Janeiro, são da

administrativa que autorizou ou licenciou a abertura do estabelecimento dos factos e possa decidir ou não pelo seu encerramento, *ex vi* n.º 5 do artigo 30º do DL n.º 15/93, com a redacção dada pelo DL n.º 114/2011, de 30 de Novembro.

§ 23º O artigo 30º do DL n.º 15/93, de 22 de Janeiro, e a Lei n.º 30/ /2000, de 29 de Novembro

56. A Lei n.º 30/2000, de 29 de Novembro, ao descriminalizar em sentido técnico ou *stricto sensu* o consumo, a posse e a aquisição para consumo de drogas, não o fez quanto a permitirem, a consentirem ou a não tomarem medidas adequadas para evitar o uso de drogas em cafés, em restaurantes, em discotecas, em veículos cujo proprietário ou responsável não é o consumidor ou detentor da substância psicotrópica ou de estupefaciente.

A incriminação prevista no artigo 30º do DL n.º 15/93 mantém-se, também, quanto ao consumo nesses locais – uso ilícito de estupefacientes –, visando tutelar-se bens jurídicos fundamentais, tais como a segurança pública, a ordem pública, a saúde pública e o livre acesso a bens de consumo de modo que qualquer cidadão possa escolher o café, o restau-

competência reservada da Polícia Judiciária, *ex vi.* al. *i*) do n.º 3 do artigo 7º da LOIC, aprovada pela Lei n.º 49/2008, de 27 de Agosto, competindo *a contrario* os crimes de tráfico de droga não previstos nesta alínea a outros OPC's. Contudo, se a PSP ou a GNR verificarem que, naquele momento, entrou, no café **X**, o António (**A**), suspeito de traficar estupefacientes, a entregar a Bernardo (**B**), um saco suspeito de conter droga, pode proceder à intercepção de **A** e **B**, e caso se confirme o tráfico de droga, deve ser a PSP ou a GNR a notificar o proprietário ou responsável pelo café e não a PJ, que estatutária e legalmente é a autoridade competente para a investigação do tráfico de droga, p. e p. pelo artigo 21º do DL n.º 15/93.
A PSP ou a GNR podem também proceder à investigação do crime de tráfico de droga quando a autoridade judiciária competente para a direcção do processo lhes cometer essa investigação, nor termos do n.º 1 do artigo 8º da LOIC. Cfr. artigo 57º do DL n.º 15/93, de 22 de Janeiro.
Mas, tendo em conta a teologia da LOIC e os princípios que devem nortear a investigação criminal, seria conveniente apenas para lavrar um auto da notícia a relatar as circunstâncias factuais e enviar ao MP, porque pode estar a decorrer uma investigação pela PJ e a actuação de outro OPC, como acontece algumas vezes, pode conduzir ao logro do trabalho já desenvolvido.

rante, a discoteca, o espectáculo de forma livre e sem quaisquer condicionalismos de ordem externa.

57. Um outro ponto a realçar é que o agente do crime p. e p. pelo artigo 30º não é o consumidor ou toxicodependente, mas sim outra pessoa: o proprietário ou responsável pelo lugar em causa.

Se o consumidor for o proprietário ou o responsável pelo lugar aberto ao público ou cedido, não há a prática de crime, mas sim a prática de uma contra-ordenação por consumo, aquisição ou posse para consumo próprio de drogas [*ex vi* n.º 1 do artigo 2º da Lei n.º 30/2000], cuja quantidade não pode exceder a necessária para o consumo médio individual durante 10 dias, *ex vi* n.º 2 do artigo 2º da Lei n.º 30/2000. O procedimento tem de ser o mesmo quanto a qualquer consumidor de estupefacientes ou substâncias psicotrópicas.

Mas, na nossa opinião, mesmo sendo o proprietário o consumidor e que desenvolve essa conduta no estabelecimento, deve dar-se conhecimento à entidade administrativa que licenciou a abertura do estabelecimento, como estipula o n.º 5 do artigo 30º do DL n.º 15/93, tendo em conta o escopo do licenciamento.

Parte III

Descriminalização: Princípios Regentes, Direitos do Indiciado, Procedimentos, Autoridades Competentes e Sanções

Capítulo I
Os Princípios Político-Jurídicos Que Regeram a Descriminalização do Consumo de Droga em Portugal

§ 24º Considerações gerais

58. A descriminalização do consumo de estupefacientes e substâncias psicotrópicas provocou, necessariamente, uma mudança de intervenção uma vez que as condutas consumir, adquirir e deter para consumo deixam de estar sujeitas a uma intervenção judicial directa através do processo-crime e passou à submissão a um processo administrativo (processo de contra-ordenação), cujo curso está a cargo da Comissão para a Dissuasão de Toxicodependência (CDT) territorialmente competente, que se encontra sediada nas instalações do actual SICAD, de cada distrito.

O controlo judicial deixou de ser *post facto,* passando apenas a existir em sede recurso, o que implica que às autoridades policiais e às CDT sejam exigidos procedimentos legais, que respeitem e promovam a concretização material dos princípios da igualdade, da imparcialidade, da boa-fé, da justiça, da proporcionalidade, da prossecução do interesse público e do respeito pelos direitos e interesses legalmente protegidos dos cidadãos[223], sejam ou não *indiciados.*

A actuação dos actores sociais em geral e das autoridades policiais e das CDT em especial pode marcar um passo de gigantes na prevenção do consumo de estupefacientes e, por conseguinte, na repressão do trá-

[223] Cfr. artigo 266º da CRP.

fico de droga. Uma atitude ou um gesto vale mais do que palavras, do que procedimentos, do que discursos e ideias brilhantes: *res non verba*[224].

A actuação e os procedimentos das autoridades alteram-se com o novo regime legal do consumo de drogas, cujos principais aspectos analisamos de seguida.

§ 25º Dos princípios que nortearam a descriminalização – breve consideração

59. O fenómeno da droga, ao longo dos tempos, passou de pequenos momentos de lazer e prazer, como privilégio de algumas classes sociais, a momentos de sofrimento e de preocupação constante de famílias, de entidades públicas e privadas, dos Estados quer individual quer em conjunto[225].

[224] Brocádo latino que significa "*acção, não palavras*", lema da Polícia de Segurança Pública do Comando Metropolitano de Lisboa.

[225] Cfr. a Convenção de Haia ou Convenção Internacional sobre o ópio, em 1912, elaborada na sequência da Conferência Internacional sobre drogas de Xangai, em 1909; a Convenção única sobre estupefacientes de 1961, que foi revista pelo Protocolo de 1972; a Convenção sobre Substâncias Psicotrópicas de 1971; a Convenção Contra o Tráfico Ilícito de Estupefacientes e de Substâncias Psicotrópicas de 1988; o Esquema Multidisciplinar Completo para as Actividades Futuras de Luta Contra o Abuso de Drogas de 1987 e o Programa Global de Secção; a 20.ª Secção Especial da Assembleia Geral das Nações Unidas sobre Droga de Junho de 1998, tendo Portugal presidido ao Comité preparatório, que adoptou a declaração luta contra a Droga – Estratégias das Nações Unidas, que *consubstancia um compromisso formal dos Estados* no que concerne a objectivos e metas que se manifestam em seis documentos:

* a *Declaração de Princípios Orientadores Sobre a Redução da Procura* ("que fornece orientações para a elaboração, desenvolvimento e avaliação de estratégias e programas nacionais");
* o *Plano de Acção Contra a Produção Ilícita, Tráfico e Consumo de Estimulantes Tipo Anfetaminas e Seus Precursores* ("que visa chamar a atenção para o problema do consumo de drogas sintéticas (...) para a promoção da redução de procura destas drogas e da informação sobre as mesmas, bem como para a limitação do fornecimento e o reforço do sistema de controlo dos estimulantes tipo anfetaminas e seus precursores");
* um *documento referente ao «Controlo de precursores»* (que "procura evitar o desvio de certos produtos químicos para a produção de drogas. (...) *Recomendando* o aperfeiçoamento do controlo do comércio de precursores químicos e da legislação nacional relevante, bem como a troca de informação, e recolha de dados e a intensificação da cooperação internacional". O Conselho Económico e Social aprovou a Resolução n.º 1996/29, secção I, de 24 de Julho de 1996, que "fixa em 2008 a meta

A prevenção e a "luta" contra o flagelo da droga, quer na perspectiva do tráfico, quer na perspectiva do consumo exige aos intervenientes uma cultura árdua e longa fundada em regras aceites pela sociedade, legitimadas pelo poder legislativo, exequíveis pelos actores sociais responsáveis pela "luta", cujos ditames se devem orientar e reger por princípios jurídico-políticos estruturantes da acção conjunta e comunitária, que, quando enraizados por vectores de eficidade, de razão, perdurem no tempo e no espaço dos homens, mesmo que estes alterem as leis[226].

A descriminalização da aquisição, detenção e posse de estupefacientes e substâncias psicotrópicas para consumo e do consumo funda-se em princípios que não podem ser olvidados por qualquer Estado na decisão a tomar quanto à continuação ou não pela opção de criminalizar uma conduta humana como o consumo de drogas – *v. g.*, princípio da cooperação internacional, da prevenção, humanista, do pragmatismo, da segurança, da coordenação e da racionalização de meios, da subsidiariedade e da participação da comunidade.

para a eliminação ou redução significativa da produção ilícita, comercialização e tráfico de substâncias psicotrópicas, incluindo as drogas sintéticas e o desvio de precursores");

* um documento sobre «*Medidas de Promoção e Cooperação Judiciária* (referentes "à extradição, auxílio judiciário mútuo, transmissão de processos penais, outras formas de cooperação e formação, entregas controladas e tráfico ilícito por mar". Visando "reforçar a cooperação multilateral, regional, sub-regional e bilateral entre as autoridades judiciais, policiais e administrativas, (...) sistemas de saúde e de segurança social");
* um *documento àcerca do Branqueamento de Capitais* (além da cooperação internacional, "consagra entre outros o princípio «Conheça o seu cliente» e a regra da notificação obrigatória de operações suspeitas");
* o *Plano de Acção Sobre Cooperação Internacional em Matéria de Erradicação e Desenvolvimento Alternativo* (que visa a "erradicação de culturas ilícitas da papoila do ópio, do arbusto de coca e da planta cannabis. (...) *Promovendo-se* o "desenvolvimento alternativo das populações rurais atingidas pela eliminação dessas culturas e o reforço da vigilância, avaliação e intercâmbio da informação, bem como a adopção de medidas repressivas no controlo de culturas ilícitas ". Cfr. *Estratégia Nacional de Luta Contra a Droga*, Lisboa: INCM, 1999, pp. 35 e ss..

[226] GERMANO M. DA SILVA terminou a aula proferida na Faculdade de Direito na Universidade Clássica de Lisboa, de 20 de Dezembro de 1994, para os alunos do 5º ano, afirmando "As leis são mutáveis, só os princípios permanecem". TERESA PISANO BELEZA, GERMANO MARQUES DA SILVA *et Alii*, *Apontamentos de Direito Processual Penal*, AAFDL, Lisboa, 1995, III Vol., p. 68.

§ 26º O Princípio da cooperação internacional

60. O fenómeno da droga não pode ser identificado, definido e analisado senão à luz da sua dimensão mundial, pelo que qualquer plano ou estratégia de intervenção terá de ser pensado e desenvolvido não em um alcance de mero isolamento, mas em uma vertente local e democrática de cooperação internacional.

As relações internacionais de Portugal regem-se pelos "princípios gerais de direito internacional comum"[227], pois:

> "Portugal rege-se nas relações internacionais pelos princípios da independência nacional, do respeito dos direitos do homem, dos direitos dos povos, da igualdade entre os Estados, da solução pacífica dos conflitos internacionais, da não ingerência nos assuntos internos dos outros Estados e da cooperação com todos os outros povos para a emancipação e o progresso da humanidade", n.º 1 do artigo 7º da CRP.

O princípio de cooperação internacional, que, também, é uma consequência emergente do n.º 1 do artigo 8º da CRP, que consagra como *parte integrante do direito português as normas e princípios de direito internacional geral ou comum*, está subjugado aos princípios consagrados no n.º 1 do artigo 7º da CRP, e às normas das convenções internacionais que Portugal regularmente ratificou e aprovou (n.º 2 do artigo 8º da CRP). A valorização da intervenção de Portugal depende da articulação que faz entre as suas políticas – definidas e concretizadas por estratégias e iniciativas – e os compromissos assumidos no plano internacional[228].

61. A cooperação internacional abarca a cooperação internacional em sentido lato, a regional, a sub-regional e a bilateral entre as autoridades judiciais, policiais, administrativas, sanitária e de segurança social, tendo como patamares de orientação e coordenação.

[227] Gomes Canotilho e Vital Moreira, *Constituição da República...*, p. 78.

[228] Neste sentido o parecer Faria Costa ao apontar para a via de proibição do consumo, da aquisição e posse para consumo pelo ilícito de mera ordenação social, evitando que as normas portuguesas fossem contrárias às Convenções Internacionais ratificadas e aprovadas por Portugal.

A *cooperação internacional* em sentido lato preconiza:

a) Valorizar a "*participação activa de Portugal* na avaliação e definição da estratégia da *comunidade internacional* face à questão da droga, bem como no desenvolvimento das iniciativas internacionais da cooperação sob a égide do princípio da responsabilidade partilhada"[229];
b) Harmonizar as "*políticas nacionais com a estratégia internacional* adoptada no quadro da organização das nações Unidas e com os compromissos internacionais, que, o Estado Português ratificou e aprovou de forma voluntária"[230].

A *cooperação regional* pressupõe:

a) Valorizar a "*participação activa de Portugal* na avaliação e definição da *política comum da União Europeia* face ao problema da droga, bem como no desenvolvimento das iniciativas comunitárias de cooperação"[231];
b) Harmonizar as "*políticas nacionais* não só com os instrumentos políticos e jurídicos em vigor *no quadro da União Europeia*, mas também com os comprimissos assumidos ao abrigo do Acordo de Schengen"[232].

A *cooperação bilateral* ou *multilateral* implica:

a) Valorizar e promover "*iniciativas de cooperação bilateral e multilateral* face ao problema da droga e da toxicodependência, em especial com a Espanha e os países de língua oficial portuguesa, bem como no quadro da cooperação ibero-americana"[233].

O princípio de cooperação internacional [judiciária, policial[234], administrativa, legislativa, (...)] tem como escopo a criação de um mundo em que o flagelo da droga não atormente milhões de famílias e em que a

[229] *Cfr. Estratégia Nacional de Luta...*, p. 47. Itálico nosso.

[230] *Ibidem*. Itálico nosso.

[231] *Idem*, p. 48. Itálico nosso.

[232] *Ibidem*. Itálico nosso.

[233] *Ibidem*. Itálico nosso.

[234] Quanto ao princípio da cooperação policial, o nosso *Teoria Geral do Direito Policial*, 4.ª Edição, pp. 603-642.

dignidade de pessoa humana seja um pilar edificado nas mentes e nos corações de qualquer cidadão.

§ 27º O princípio da prevenção

62. A prevenção[235] é amiga do cauteloso e consequência inerente e inevitável da prudência, sendo de assinalar os adágios populares de que *mais vale prevenir do que remediar* ou de que *prevenir custa menos do que remediar* ou de que *se podes fazer bem, porque fazes mal?*.

O princípio da prevenção, consagrado na RCM n.º 46/99[236], de 26 de Maio, preconiza que se dê primazia às "intervenções preventivas destinadas a combater a procura de drogas, por via das adequadas acções formativas e informativas da comunidade ou de determinados grupos-alvo", baseadas na "promoção de iniciativas de prevenção primária, dentro e fora da escola, especialmente nos espaços e instituições frequentados por adolescentes e jovens, incluindo o meio laboral e as Forças Armadas", no "recurso aos meios de comunicação social para a divulgação de informação e a mobilização da comunidade para o problema da droga, inclusive mediante a sensibilização dos respectivos profissionais", na "selecção de grupos-alvo e a identificação das suas diferentes características, bem como dos seus potenciais factores de risco ou de protecção" e no "conhecimento e divulgação da perigosidade inerente ao uso ou abuso dos diferentes tipos de drogas e às diversas metodologias do respectivo consumo".

63. Da análise que a *Resolução* faz do princípio da prevenção, podemos retirar que aquela assenta em uma dinâmica de *prevenção primária* que consiste em realizar "sessões de esclarecimento, de informação e de formação dirigidas a grupos diversos"[237], tendo maior incidência

[235] Relativamente à questão *como prevenir o consumo de droga*, Luís Duarte Patrício, *Droga de Vida, Vidas de Droga – Não Seja Cúmplice!* Venda Nova: Bertrand Editora, 1995, pp. 107 e ss.. Não falamos, neste ponto, da prevenção criminal segundo a dimensão do hexágono de prevenção do nosso *Do Ministério Público e da Polícia...*, pp. 299-328.

[236] Cfr. *Estratégia Nacional de Luta...*, pp. 48 e 49.

[237] J. A. da Silva Soares, "Droga", *in Enciclopédia Polis*, Lisboa/S. Paulo: Editorial Verbo, 1984, Vol. 2, Col. 761.

em escolas e em prisões, englobando estudantes, presos, professores, responsáveis prisionais, juizes, polícias. Acções estas que "podem ser realizadas directamente ou por meio de professores-mediadores devidamente formados e apoiados"[238], sendo que são as "acções mais bem estruturadas de combate à droga no nosso país e que têm maior probabilidade de êxito"[239]. A prevenção primária preconiza a ideia de que se deve evitar que o perigo se transforme em risco e, de seguida, em dano, *i. e.*, que o perigo de os jovens (e adultos) enveredarem pelo consumo se concretize.

Mas a prevenção detém um patamar secundário e um patamar terciário. A *prevenção secundária* preconiza as consultas "destinadas aos indivíduos dependentes ou em risco de o ser e às pessoas a eles ligadas («envolventes»: pais, outros familiares, etc.)", e, ainda, o tratamento quer em regime de internamento, quer no de ambulatório[240].

A *prevenção terciária* traduz-se na ajuda a prestar ao ex-toxicodependente na sua reintegração social (família, meio laboral, comunidade) e na ajuda aos que o irão receber, apoiar e ajudar a permanecer abstinente ao consumo de drogas[241]. Este estádio depende muito da forma como as prevenções anteriores foram conduzidas, sendo o êxito deste patamar a glória dos dois primeiros.

64. A prevenção só existe e resiste se os vários actores sociais de intervenção da saúde, da segurança social, da solidariedade, da justiça, da polícia, da administração pública em geral, desenvolverem as iniciativas previstas neste princípio.

A prevenção pode ser encarada sob várias perspectivas: *prevenção geral* e a *prevenção especial*; a *prevenção activa* e a *prevenção passiva*; a *prevenção social* e a *prevenção situacional*[242]. Nestas perspectivas enquadram-se a prevenção primária, secundária e terciária, como procuraremos demonstrar.

[238] *Ibidem.*

[239] *Ibidem.*

[240] *Idem*, Col. 762.

[241] *Ibidem.*

[242] Recorremos a terminologias utilizadas por CUNHA RODRIGUES quanto à prevenção criminal, no Seminário Internacional subordinado ao tema *Direitos Humanos Direitos e Eficácia Policial – Sistemas de Controlo da Actividade Policial.* J. N. CUNHA RODRIGUES, "Para

A *prevenção geral*, como o próprio termo indicia, dirige-se a toda a comunidade e abarca todos os factores gerais da problemática da droga, desde os vários tipos e efeitos das diversas drogas, e procura evitar que qualquer membro da comunidade experimente e, caso o faça, não progrida no consumo em termos de quantidade e de diversidade, ou seja, da passagem de uma droga leve para uma droga dura. Nesta perspectiva de intervenção, pode afirmar-se que a *prevenção geral* preenche a teleologia da prevenção primária, pois a mesma tem de desenvolver por meio de *sessões de esclarecimento, de informação e de formação* dirigidas para a comunidade, tendo principal incidência sobre os grupos de risco como estudantes, presos, cidadãos de certos bairros degradados onde se trafica e consome droga[243].

Esta prevenção deve ser suportada por estudos científicos que provem e demonstrem os malefícios do consumo de estupefacientes para que as palavras não caiam no vazio, mas antes ocupem o vácuo imbuído em histórias de fascínio inexistentes.

A *prevenção especial* recai sobre o consumidor e as razões específicas que conduziram aquele/a pessoa a enveredar pelo caminho da droga. A intervenção incide sobre um cidadão por meio de consultas e do posterior tratamento de forma que a sua reintegração nas estruturas sociais seja adequada e acompanhada para que se promova a abstinência do consumo de drogas. As prevenções, secundária e terciária, são a medula da *prevenção especial,* sendo que esta depende na essência, na estrutura e nos fins daquelas, que bem definidas e projectadas podem antecipar um êxito inigualável.

Nesta linha pode ler-se a posição do STJ ao considerar que existe prevenção especial quando o consumidor, que recorreu durantes anos ao tráfico de droga para angariar fundos pecuniários para satisfazer a

um Novo Conceito de Polícia", *in Direitos Humanos Direitos e Eficácia Policial,* Lisboa: INCM (IGAI), 1998, pp. 54 e 55.

[243] É costume dizer-se que q*uem está junto do lume, aquece-se.* Pois, em uma orientação para o fenómeno da droga, nós dizemos que também se pode queimar, porque *o fruto proibido é o mais apetecido,* principalmente quando vive a portas meias connosco. Contudo, as sessões de prevenção têm de ser devidamente estruturadas para que não se corra o risco de se falar sobre um fenómeno e dos seus efeitos nefastos a crianças e jovens que conhecem o mundo da droga pela deslumbrante aquisição de dinheiro, cuja propaganda se esconde na brecha do enriquecimento fácil e rápido.

dependência de estupefacientes, tendo sido condenado pelo crime de tráfico de droga, p. e p. pelo artigo 21.º do DL n.º 15/93, de 22 de Janeiro, com atenuação da pena prevista no artigo 31.º do mesmo diploma e no artigo 72.º do CP, está em liberdade, trabalha e já não se dedica ao consumo de estupefacientes há vários anos[244].

A Lei n.º 30/2000 está direccionada para a prevenção especial através da suspensão provisória do processo quando o consumidor toxicodependente decida submeter-se a tratamento, nos termos dos n.ºs 2 e 3 do artigo 11º e do artigo 12º, através da suspensão da determinação da sanção em caso de tratamento voluntário, nos termos do artigo 14º, e através da suspensão da execução da sanção, nos termos do artigo 19º deste diploma.

Pensamos que a razão teleológica da via da descriminalização do consumo de drogas se pode enraizar no conteúdo programático da *prevenção especial*, cuja intervenção estadual deve escolher o melhor caminho para a ressocialização e reintegração do consumidor, deixando-se o caminho da criminalização e evitando-se a via da despenalização[245].

65. A *prevenção activa* consiste em organizar e promover medidas que evitem a iniciação e/ou continuação no consumo de drogas, como evitar a existência de tempos vazios de qualquer ocupação, incentivar a realização de jornadas de juventude dedicadas à temática do consumo e efeitos nefastos da droga no seio da célula familiar e da comunidade. Mais uma vez nos encontramos, principalmente, em sede da prevenção, primária, o que não quer dizer que, nesta perspectiva de prevenção, não se enquadrem os patamares da prevenção secundária e terciária através da projecção e promoção de consultas e propostas de tratamento facultativo ou através de programas de reintegração social e de aceitação no meio familiar e laboral.

[244] Cfr. Acórdão do STJ de 18-006-2015, Processo 270/09.9GBVVD.S1, consultado em http://www.dgsi.pt/jstj.nsf?OpenDatabase.

[245] Devemos relembrar que a proibição do consumo como ilícito de mera ordenação social resulta do parecer de Faria Costa que, face à impossibilidade de liberalização do consumo devido às normas de direito internacional, conclui pela sua descriminalização, mas proibindo o consumo. Cfr. *supra* Introdução.

O princípio da prevenção preconiza na sua essência a *prevenção activa* sem menosprezar a *passiva*, que visa responder ao caso concreto com soluções adequadas e exigíveis.

A *prevenção passiva* tem maior incidência nas de patamar secundário e terciário pelas razões expostas. A Lei n.º 30/2000 preconiza, na nossa opinião, a prevenção passiva ao promover a suspensão provisória do processo, nos termos dos n.ºs 2 e 3 do artigo 11º e do artigo 12º, a suspensão da determinação da sanção em caso de tratamento voluntário, nos termos do artigo 14º, e a suspensão da execução da sanção, nos termos do artigo 19º. Estes preceitos assentam na ideia da aplicação da melhor solução ao caso concreto, se queremos a reintegração do delinquente e o tratamento do toxicómano não podemos afugentá-lo com medidas coercivas inadequadas e inexequíveis[246].

66. A *prevenção social* visa "medidas que têm por finalidade eliminar ou limitar factores"[247] de propensão e de alastramento do fenómeno da droga por meio de acções nas áreas da saúde, da educação, da habitação[248], do emprego, que evitem a existência de tempos livres. Procuram fomentar-se e apoiar políticas de família[249], de educação[250], de juven-

[246] Não queremos, com esta análise, apoiar o presente diploma. Apenas fazemos uma análise do mesmo face ao princípio da prevenção.

[247] J. N. Cunha Rodrigues, "Para um Novo Conceito de Polícia", *in Direitos Humanos...*, p. 54.

[248] Como exemplo dos programas de habitação temos o Projecto de Reconversão do Casal Ventoso.

[249] As **políticas de família** visam "reforçar a capacidade de protecção, de vigilância, de disciplina e guarda dos menores", além de se efectivarem sessões de esclarecimento sobre a gravidez na adolescência, da necessidade e importância do ensino escolar e de promoverem equipas de acompanhamento e de aconselhamento para retirar as crianças da rua, evitar que caiam em uma situação de crianças sem abrigo. J. N. Cunha Rodrigues, "Para um Novo Conceito...", *in Direitos Humanos...*, p. 54. Com Luís D. Patrício, as famílias podem ter um papel preponderante na redução do consumo de droga e do seu protelamento ao longo do tempo, desde que não facilite, "voluntária ou involuntariamente, meios materiais que permitam a aquisição de drogas". Luís D. Patrício, *Droga de Vida...*, p. 114.

[250] **Políticas** de maximização de novas performances **educativas** de modo que fomentem a responsabilidade dos alunos pela assiduidade às aulas, pela existência de uma justa disciplina escolar que deve incidir sobre o cidadão, pela promoção de programas relativos à organização e ao «espírito de escola». J. N. Cunha Rodrigues, "Para um Novo Conceito...", *in Direitos Humanos...*, pp. 54 e 55.

tude[251] e de emprego[252]. A *prevenção social* enquadra-se em qualquer prevenção na luta contra a droga, sendo de realçar, mais uma vez, a preponderância da prevenção primária que tem como cerne fulcral evitar que o cidadão inicie o consumo de droga e que, para o «alimentar», o próprio enverede pela via da criminalidade[253].

Mas, na *prevenção social,* que não se pode apartar da investigação da área das ciências sociais[254], também se enquadram as prevenções secundárias e terciárias no sentido de que os programas de acção quanto a consultas e a tratamentos devem ser o fruto de uma intervenção correcta e ajustada ao caso das políticas de família, de educação, de juventude e de emprego, sendo estas uma necessidade quanto ao patamar terciário da prevenção para que a reintegração nas estruturas sociais tenha êxito.

A *prevenção situacional,* que incide sobre o meio ambiente e sabendo que o fenómeno da droga varia consoante o tempo e o espaço, procura implementar medidas e acções que provoquem uma diminuição das ocasiões propícias ao consumo, fazendo sentir aos consumidores que a recompensa que têm pelo facto de consumirem drogas é a sua própria destruição que passa por um estado de escravidão[255] e de sofrimento.

O poder judicial e as forças de segurança em conjunto com as equipas de intervenção social e sanitária, nesta perspectiva de prevenção, podem desempenhar um papel fundamental na diminuição da iniciação

[251] A **política de Juventude** exige que se façam estudos sobre os comportamentos que "induzem ao desvio e à delinquência", sobre as "necessidades individuais e colectivas", que se promovam programas capazes de encorajar a auto-estima, de facilidade de acesso aos serviços públicos responsáveis pela execução daqueles. *Ibidem.*

[252] Como afirma Cunha Rodrigues, as **políticas de emprego** prendem-se com a "necessidade de desenvolver sistemas e programas formais e informais de emprego, de estudar, no seio do trabalho, os graus de satisfação e de resposta positiva, as oportunidades de promoção e acesso, as relações intra-laborais, a reconversão profissional e aprofundamento do estatuto do trabalhador" e com a necessidade de fomentar e apoiar o primeiro emprego de modo que se evite o início do comportamento desviante. *Ibidem.*

[253] Não necessitamos de estudos científicos para se saber que a maior parte dos crimes contra o património são praticados por consumidores de drogas com a finalidade de arranjar proventos para a compra da sua 'dose diária'.

[254] J. N. Cunha Rodrigues, "Para um Novo Conceito...", *in Direitos Humanos...*, p. 55.

[255] Almeida Santos, *Avisos à Navegação,* p. 21.

do consumo de drogas, desde que adoptem, simultaneamente, acções de segurança por meio de controlo dos acessos aos bairros onde se vende droga, afastando desses locais os potenciais consumidores através de medidas de restrição de circulação[256].

Quer a prevenção primária, quer a secundária, quer a terciária têm manifestação real na *prevenção situacional*, porque, ao desenvolverem-se aquelas acções, poder-se-á evitar a iniciação do consumo ao não se permitir que, exceptuando-se os residentes, se circule no interior do bairro onde o fruto apetecido e tanto falado se vende, existindo equipas de apoio social e de saúde a explicar as consequências demolidoras das drogas, podendo conduzir-se aqueles que consomem a consultas e tratamentos e evitar que os que se encontram numa fase de reintegração social, reentrem no círculo do consumo de drogas.

67. No que respeita à prevenção criminal, podemo-nos socorrer da formulação dos ilustres Gomes Canotilho e Vital Moreira quanto à dupla função da prevenção criminal que comporta a *função de vigilância* e a *função de prevenção criminal em sentido estrito*.

A *função de vigilância*, em uma vertente criminal, tenta evitar que se infrinjam "as limitações impostas pelas normas e actos das autoridades para a defesa da segurança interna, da legalidade democrática e dos direitos dos cidadãos"[257], sem que alguma vez se deixe de respeitar esses mesmos direitos. Em uma vertente de "luta" contra a droga, no que respeita ao tráfico, os parâmetros de actuação são os mesmos, mas quanto à luta contra o consumo de droga e à luz *Estratégia Nacional de Luta Contra a Droga*, o princípio da prevenção em uma perspectiva de vigilância, na nossa opinião, consiste na recolha de dados que permitam adequar as intervenções preventivas estipuladas para a luta contra o flagelo da droga e na fiscalização da aplicação dessas intervenções preventivas e do *modus operandi* dos actores principais na execução das mesmas.

[256] Cunha Rodrigues, "Para um Novo Conceito...", *in Direitos Humanos...*, p. 55.

[257] Gomes Canotilho e Vital Moreira, *Constituição da República Portuguesa Anotada*, II, 4.ª Edição, Coimbra: Coimbra Editora, 2010, p. 861, anutações ao artigo 272º da CRP. Para uma melhor compreensão da prevenção criminal, *Do Ministério Público e da Polícia...*, pp. 249-536.

A *função de prevenção criminal em sentido estrito*, em uma vertente criminal, traduz-se "na adopção de medidas adequadas para certas infracções de natureza criminal", medidas essas que visam a protecção de pessoas e bens, a vigilância de cidadãos e locais suspeitos, sem que se restrinja ou limite o exercício dos direitos, liberdades e garantias do cidadão[258]. Na vertente do princípio da prevenção consagrado pela RCM n.º 46/99, de 26 de Maio[259], a *prevenção em sentido restrito* visa adoptar as medidas de intervenção preventiva aos casos concretos de forma a conduzirem consumidores a consultas e tratamentos e a uma possível reintegração social.

Os Órgãos de Polícia Criminal – OPC –, ao exercerem as suas funções de vigilância e de prevenção criminal em sentido estrito, podem, em simultâneo, desenvolver a prossecução do princípio da prevenção segundo os ditames da RCM n.º 46/99, promovendo e garantindo uma melhor e real ordem, segurança e tranquilidade públicas, assim como uma materialização mais justa dos direitos e liberdades dos cidadãos.

68. O princípio da prevenção só pode ter sucesso caso assente no conhecimento adquirido através da análise estatística e de estudos baseados em uma investigação que se empreenda na busca das causas, dos factores e das consequências já verificadas e das presumíveis. Os dados, que possam determinar a investigação ou que a possam coadjuvar, podem ser obtidos através dos operadores da investigação criminal[260], profundos conhecedores dos meios humanos e habitacionais desta problemática.

A Lei n.º 30/2000, ao fazer depender a qualidade da sanção da análise que a Comissão faz quanto à situação do consumidor, quanto à natureza e quanto às circunstâncias do consumo, cuja ponderação fundar-se-á nos requisitos, designadamente, de *gravidade do acto*, da *culpa do agente*, do *tipo de plantas, substâncias ou preparados consumidos*, da *natureza pública ou privada do consumo, do local do consumo, em caso de consumidor não toxicodependente*, do *carácter ocasional ou habitual do consumo* e *da situação*

[258] *Ibidem.*

[259] Que aprova a *Estratégia Nacional de Luta Contra a Droga.*

[260] Neste campo temos de atender e excluir os depoimentos apaixonados do mundo da droga, cujo conteúdo pode estar viciado na sua essência e matéria.

pessoal, nomeadamente económica e financeira, do consumidor[261], impõe que a recolha destes dados, quando efectuada pelos OPC, siga os mesmos pressupostos e ditames da investigação levada a cabo aquando de um processo-crime, obedecendo principalmente aos princípios estruturantes do processo, destacando-se o da legalidade, o da lealdade, o democrático, o da celeridade, o da objectividade e da isenção, o de segredo de justiça (estamos na fase de aquisição e de recolha da notícia do ilícito de mera ordenação social).

Ao respeitar-se estes princípios promovemos o princípio da prevenção terciária se o trabalho desenvolvido quer pelos OPC, quer pelas Comissões não estigmatizarem e não proscreverem o consumidor.

§ 28º O princípio humanista

69. A Constituição da República Portuguesa consagra que Portugal é *uma República soberana, baseada na dignidade da pessoa humana e na vontade popular e empenhada na construção de uma sociedade livre, justa e solidária* (artigo 1º). Mas o primado da dignidade da pessoa humana só tem significado quando construído segundo os princípios da liberdade, da justiça e da solidariedade[262].

Acompanhando G. Canotilho e V. Moreira, a "fórmula «construção de uma **sociedade livre, justa e fraterna**» introduzida pela LC n.º 1/89 (...) aspira a ser não apenas *uma ordem garantidora da dignidade humana do homem*, com a sua *identidade* e *integridade espiritual* (momento liberdade/espiritualidade), mas também uma *ordem referenciada* através de momentos de *solidariedade* e de *co-responsabilidade* de todos os membros da comunidade uns com os outros (libertando as pessoas do medo

[261] Cfr. n.º 4 do artigo 15º da Lei n.º 30/2000, de 29 de Novembro.

[262] Perguntamo-nos quantas vezes nos esquecemos destes princípios fundados em valores morais e éticos que devem ser nossos reitores na análise e interpretação dos comportamentos humanos, que muitas das vezes não passam de uma manifestação natural e consequente da moldura estrutural edificada pelos homens. Condutas que somente espelham a doutrina de Thomas Hobbes: "*o Homem é o próprio lobo do Homem*"; apesar de racional, a própria razão distorce-se e coloca em perigo a sua existência e os valores fundamentais do seu próprio ser.

de existência, garantindo-lhe uma dimensão social-existencial minimamente digna, (...)"[263].

Como expressão da trilogia *liberdade, igualdade e fraternidade*, princípios orientadores e mentores da Revolução Francesa, a construção da sociedade jamais se edificaria caso a "luta" contra a droga se apartasse do princípio que "fundamenta e confere unidade não apenas aos direitos fundamentais – desde os direitos pessoais (direito à vida, à integridade física e moral, etc.), até aos direitos sociais (direito ao trabalho, à saúde, à habitação), passando pelos direitos dos trabalhadores (direito à segurança no emprego, liberdade sindical, etc.) – mas também à organização económica (princípio da igualdade de riqueza e dos rendimentos, etc.)"[264] – dignidade da pessoa humana.

O cerne da "luta" contra a droga é, sem dúvida, a fomentação e a preservação da dignidade da pessoa humana, a qual deve ser o pilar de consciencialização da intervenção do Estado na defesa dos direitos pessoais tradicionais, dos direitos sociais, económicos, que garantam "as bases da existência humana"[265]. A simples pessoalidade do homem obriga a que se valorize a *dignidade da pessoa humana* como um *valor autónomo e específico* no sentido do *homem como sujeito e não como objecto dos poderes ou de domínio*[266].

A *Estratégia Nacional de Luta contra a Droga*, como manifestação política e social de dignificação do homem como membro activo da comunidade, não seria coerente com os seus pergaminhos e com as suas teleologias se o princípio humanista[267] ou da dignidade da pessoa humana não fizesse parte do elenco dos princípios estruturantes da "luta" em causa, que, além de se dirigir a um fenómeno «mortífero», é uma luta nacional.

70. A *Estratégia Nacional de Luta contra a Droga* consagra o princípio humanista que consiste no "reconhecimento da plena dignidade humana das pessoas envolvidas no fenómeno das drogas" arreigado aos corolários da "compreensão da complexidade e da relevância da história

[263] Gomes Canotilho e Vital Moreira, *Constituição da República...*, I, 4.ª Edição, pp. 200-201. Itálico nosso.

[264] *Idem*, p. 58.

[265] *Idem*, p. 59.

[266] *Ibidem*.

[267] AAVV, *Estratégia Nacional de Luta...*, pp. 49 e 50.

individual, familiar e social dessas pessoas, bem como da consideração da toxicodependência como uma doença e da consequente responsabilização do Estado na realização do direito constitucional à saúde por parte dos cidadãos toxicodependentes e no combate à sua exclusão social, sem prejuízo da responsabilidade individual".

A prossecução deste princípio depende de uma *Estratégia Nacional* que **garanta** "condições de acesso a tratamento para todos os toxicodependentes que se desejem tratar, através de uma rede pública nacional de atendimento e prestação de cuidados de saúde, bem como, por via da comparticipação financeira, para o tratamento e reinserção social", que **garanta** "padrões mínimos de qualidade das instituições prestadoras de serviços na área do tratamento e reinserção social de toxicodependentes, através de um sistema exigente de licenciamento e fiscalização", que **promova** "incentivos à efectiva reinserção social e profissional dos toxicodependentes, com a adopção de medidas excepcionais de discriminação positiva", que **adopte** "políticas de redução de danos que possam preservar nos toxicodependentes a consciência da sua própria dignidade e constituir um meio de acesso a programas de tratamento ou de minimização da respectiva exclusão social", que **defina** criteriosamente o "enquadramento legal dos diferentes comportamentos relacionados com o fenómeno das drogas, em obediência aos princípios humanistas que enformam o nosso sistema jurídico, enquanto sistema de um Estado de Direito democrático, designadamente os princípios da subsidiariedade ou da *ultima ratio* do direito penal e da proporcionalidade, com os seus corolários que são os subprincípios da necessidade, da adequação e da proibição do excesso", e, ainda, que **garanta** o "acesso ao tratamento para os reclusos toxicodependentes e promoção da medida de tratamento em alternativa à execução de pena"[268].

71. Do texto da *Resolução* retira-se a ideia de que as políticas de intervenção na área do tratamento, que se prende com a prevenção secundária, não podem excluir qualquer toxicodependente que deseje tratar-se e a todos deve ser garantida assistência médica pública, cujo atendimento deve ser prestado em padrões de exigível qualidade e, consequentemente, humanidade.

[268] AAVV, *Estratégia Nacional...*, pp. 49 e 50.

Quanto ao primeiro ponto, proíbe-se qualquer tipo de exclusão dos toxicómanos, independentemente, da *ascendência, sexo, raça, língua, território de origem, religião, convicções políticas ou ideológicas, instrução, situação económica ou condição social* (n.º 2 do artigo 13º da CRP), configurando-se a todos os cidadãos *a mesma dignidade social* e a igualdade perante a lei (n.º 1). Relativamente à qualidade dos serviços e das instituições que o prestam, a *Estratégia Nacional* exige que aquelas funcionem dependentes de licenciamento e sob uma fiscalização quanto à qualidade dos seus serviços prestados e das próprias instalações de forma que se dignifiquem todos os cidadãos, quer os que desejem ser tratados quer os que se dedicam ao seu tratamento.

O respeito pela dignidade da pessoa humana impõe que, após o tratamento, se proceda ao acompanhamento adequado, efectivando-se a prevenção terciária, ou seja, que se empreendam esforços ajustados à reinserção quer social, quer profissional, mesmo que para atingir esse fim se implementem *medidas excepcionais de discriminação positiva*, consagrando-se, assim, a "obrigação da diferenciação para compensar a desigualdade de oportunidades"[269] que impõe que se trate de modo diferente o que por natureza ou devido às circunstâncias da vida é diferente.

Os princípios que legitimam a intervenção penal quanto aos comportamentos desviantes que ofendem bens jurídicos são postulados da *Estratégia Nacional*, sendo de destacar o da subsidiariedade do direito penal e da proporcionalidade, que, interligados com o princípio humanista e com o espírito do Estado de direito democrático, devem conduzir a uma intervenção que não viole o princípio respeito da dignidade da pessoa humana ou que ponha em causa os seus postulados[270].

[269] Gomes Canotilho e Vital Moreira, *Constituição da República...*, I, 4.ª Edição, p. 339. Estes ilustres professores defendem que a "obrigação de discriminações positivas constitui inequivocamente uma *imposição constitucional* de igualdade de oportunidades, cujo não cumprimento justifica a inconstitucionalidade por omissão". Também Jorge Miranda, *Manual de Direito Constitucional*, Tomo IV – *Direitos Fundamentais*, 3.ª Edição, Coimbra: Coimbra Editora, 2000, pp. 277 e ss..

[270] Cfr. *supra* Capítulo II – Da legitimidade do direito penal. Acresce referir que o direito penal deve representar a renúncia de "um pedaço da liberdade – só aquele bocado indispensável ou absolutamente necessário, – para que, desse modo se assegure o bem de todos", afigurando-se como "uma representação teorética de proporção, de harmonia, de justa medida", *i. e.*, o direito penal "como instrumento de limitação da liberdade dos indivíduos» é, sem

A ideia força de que o direito penal deve ser a *ultima ratio*[271] ou o último recurso na condução da política criminal, que deve ter sempre por base a reinserção do infractor, traduziu-se na Lei n.º 30/2000 como manifestação da promoção da medida de tratamento em prol da execução da sanção, conforme os artigos 11º, 12º, 14º e 19º.

72. A descriminalização do consumo de estupefacientes e de substâncias psicotrópicas, alterando o quadro legal que previa e punia o consumo como crime, nos termos do artigo 40º do DL n.º 15/93, de 22 de Janeiro, proibindo aquela conduta humana como ilícito de mera ordenação social, conforme n.º 1 do artigo 2º da Lei n.º 30 /2000, de 29 de Novembro, sedimenta a sua razão de ser no primado da dignidade da pessoa humana, evitando que o consumidor seja detido, constituído arguido e conduzido pelos OPC ao juiz ou que aguarde nas instalações daqueles até que seja presente ao juiz[272].

O quadro legal em vigor procura evitar que a reinserção se inicie sob a égide da punição, sendo aquela apenas a alternativa a esta. Todavia, sabendo-se que se levantam dúvidas quanto à legitimação filosófica e política do direito penal no que respeita ao consumo, levanta-se a questão de se saber se o consumidor é um doente, cuja vontade está condicionada pelos "efeitos perturbadores da droga durante a sua acção e do enfraquecimento que o seu uso prolongado determina no poder e na resistência psíquica e (...) das perturbações ocasionadas pela abstinência

dúvida, "um instrumento legítimo, desde que em tais limitações se contemple o *quantum* necessário de modo a assegurar o bem comum". Cfr. José de Faria Costa, "Ler Beccaria, Hoje", *apud* Cesare Beccaria, *Dos Delitos e das Penas,* (Tradução do italiano *Dei Delitti e Delle Pene* de José de Faria Costa, Lisboa: Fundação Calouste Gulbenkiam, 1998, pp. 17 e 19.

271 Quando foi promovida a discussão do projecto lei que deu lugar ao DL n.º 15/93, Manuel da Costa Andrade afirmava que, "no domínio da droga, «movemo-nos, na verdade, num terreno minado por contradições de valores, por antinomia dos objectivos e das metas a atingir e por um conflito insolúvel de paradigmas», salientando que, na óptica sociológica, a criminalização do consumo «se revela uma solução prenha de efeitos heterogéneos e disfuncionais» funcionando a punição como «... o guarda-nocturno dos bons negócios dos traficantes e produtores»". *Apud* Carlos Alberto Poiares, *Análise Psicocriminal das Drogas...*, p. 479.

272 Abandona-se a ideia de que quando se desconhece não se deve procurar outra realidade não experimentada como se de uma aventura se tratasse.

não graduada"[273], como é que as condutas consumo, aquisição e detenção para consumo constituem contra-ordenação (n.º 1 do artigo 1º)[274], à qual corresponde uma coima (artigo 16º) ou sanção alternativa (artigo 17º).

Se o toxicodependente é um doente, ao qual falta capacidade de pensar, vontade de decisão[275] e, por consequência, vontade de infringir, como se fundamenta a criminalização da condução perigosa de veículo rodoviário na via pública sob a influência de estupefacientes, substâncias psicotrópicas, pelo artigo 291º do CP, ou a condução sob influência de estupefacientes ou substâncias psicotrópicas, p. e p. pelo n.º 2 do artigo 292º do CP[276].

> O toxicodependente sofre de uma síndrome de dependência que deve ser sujeita a tratamento, mas não deve ser entidido como um doente sem capacidade absoluta de pensar, de decidir e de agir para a vontade de comprar e consumir estupefacientes. Esta decisão e esta acção são condicionadas pela dependência de droga e a consequente necessidade de "satisfazer o seu vício". Mas considera-se que se mantêm as capacidades volitivas, mesmo

[273] ENRICO ALTAVILLA, *O Delinquente e a Lei Penal* – II, Coimbra: Coimbra Editora, 1964, p. 73.

[274] Os diplomas relativos à droga de 1976 previam o abandono da filosofia de encarcerar "doentes por causa da doença" e "a transferência do consumo de drogas para o domínio dos ilícitos de mera ordenação social (contra-ordenações) o que, no entanto, nunca se operou". CARLOS ALBERTO POIARES, *Análise Psicocriminal das Drogas...*, p. 275.

[275] No sentido de que o consumidor é um doente que precisa de tratamento e não de castigo, porque é um doente, "cativo incauto de uma necessidade incontrolável, *que* em breve deixa de ser culpado para ser doente *e* como tal precisa de ajuda, não de castigo. *Pois*, onde acaba a vontade acaba a culpa", ALMEIDA SANTOS *apud* CARLOS ALBERTO POIARES, *Análise Psicocriminal das Drogas...*, p. 274. CARLOS POIARES, ao analisar o discurso de ALMEIDA SANTOS, acrescenta que "o enfermo faz eclipsar o delinquente, já que, neste domínio como em toda a conduta delituosa, não há culpa onde é inexistente a vontade", ou seja, "o consumidor é desviado da área criminal para a da enfermidade, deixando de se esboçar o seu retrato no domínio delinquencial para se repercutir na esfera sanitária – o delinquente transformado em doente". *Ibidem.* Há, assim, o que FIGUEIREDO DIAS e COSTA ANDRADE designam "de direito à infelicidade, em suma, a sobreposição do estatuto de vítima ao delinquente". *Apud* CARLOS ALBERTO POIARES, *Análise Psicocriminal das Drogas...*, p. 275.

[276] Quanto a este assunto, o nosso estudo "Condução de veículos em estado de embriaguez ou sob a influência de estupefacientes ou substâncias psicotrópicas", *in Revista Polícia Portuguesa*, Ano LXIV, II Série, n.º 131, SET/OUT, 2001, pp. 6 e ss.. Cf. supra nota 117.

que diminuídas por estarem previamente condicionadas à satisfação do vício e, por essa razão, diminuírem a culpa do agente da infração[277].

Outra questão mais pertinente é saber se o Direito penal deve ou não intervir em matéria de consumo de estupefacientes face aos princípios reitores da política criminal do ser humano, onde se destaca o princípio da humanidade, e os princípios regentes da intervenção do Direito penal.

Na nossa opinião, o princípio humanista enforma a lei de descriminalização do consumo de estupefacientes, sendo apenas admissível a detenção do *consumidor para garantir a sua comparência perante a comissão, nas condições do regime legal da detenção para identificação* [n.º 2 do artigo 4º da Lei n.º 30/2000], prevista na al. *g)* do n.º 3 do artigo 27º da CRP[278].

§ 29º O princípio do pragmatismo

73. As maiores críticas que se têm feito e fazem, hoje, ao nosso ordenamento jurídico é a ausência de pragmaticidade apesar de ser, em muitas áreas, o mais evoluído do mundo. Muitos dos críticos desconhecem que o pragmático pode funcionar como limite do exercício de direitos e de liberdades[279].

O homem, na nossa opinião, não deve apenas sustentar as suas ideologias na tese do pragmatismo, que, muitas das vezes, é contrária às reformas de fundo: aquelas que revolucionam o sistema inanimado existente e lhe dão vida, cuja concretização tem de passar por uma sensibili-

[277] Neste memso sentido vejam-se os Acórdãos do STJ: 16-06-2015, Processo 270/09.9 GBVVD.S1 e 08-05-2013, Processo n.º 39/10.8PFBRG.S2, consultados em http://www.dgsi.pt/jstj.nsf?OpenDatabase.

[278] Quanto à detenção para identificação operada pelas autoridades policiais no quadro das contra-ordenações, o nosso estudo *Teoria Geral do Direito Policial*, 4.ª Edição, pp. 310-317.

[279] Como exemplo temos o que muitos responsáveis políticos defendem quanto à videovigilância que seria um instrumento pragmático na prevenção e na repressão da criminalidade, mas a sua utilização restringe directa e indirectamente certos direitos pessoais, cuja disposição pertence ao próprio. Contra a utilização indiscriminada deste meio tecnológico de prevenção e de repressão, o nosso estudo "Videovigilância: Um meio técnico – jurídico eficiente na prevenção e na repressão da criminalidade nos locais de domínio público de utilização comum?", *in Revista Polícia Portuguesa*, Ano LXIII, II Série, n.º 123, Maio/Junho, 2000, pp. 2 e ss..

zação e posterior responsabilização dos actores principais e secundários de modo que alcancem a independência necessária ao funcionamento e organização da estrutura que se revolucionou.

Qualquer política de intervenção em campos sensíveis, como o fenómeno da droga, obriga os entes responsáveis a incutir à reforma ou à mudança um sentido pragmático de maneira a evitar que de inanimado passe a inerte. Essas reformas teriam uma vida demasiado efémera por serem ornamentadas por uma decoração *à priori* condenada a desaparecer. Nem seria respeitado o princípio da presunção de inocência quanto à sua viabilidade.

Mas conceber estratégias e normas isentas de qualquer sentido pragmático é cair no vazio inóspito da realeza dogmática como se de absolutização vivessem os homens, ou seja, que nos interessaria proclamarmos a democracia e a liberdade de expressão se sofrêssemos uma ditadura e censura psicológica.

74. A doutrina do pragmatismo procura adoptar "como critério de verdade a utilidade prática, identificando o verdadeiro com o útil"[280], ou seja, «O *pragmatismo* pode definir-se em poucas palavras: a filosofia dos resultados, da experiência e da acção»[281]. Como sistema de filosofia, o pragmatismo "reduz o conhecimento a uma acção eficaz e a verdade à utilidade para a vida ou para a acção", melhor, "a tese fundamental do *pragmatismo* é a subordinação do valor teórico ao critério da eficácia na acção prática", uma vez que "não existem verdades abstractas: verdadeiro é aquilo que serve para acrescentar e melhorar a actividade e aquilo cujo conhecimento aumenta o nosso poder"[282].

A doutrina do *pragmatismo* nasceu no *Metaphysical Club*, de cujos fundadores se destacam PIERCE, WILLIAM JAMES e outros pensadores, em Cambrigde, nos finais do séc. XIX (década de 1870)[283]. A tese originária do *pragmatismo* concebia-o como "uma filosofia do senso comum, com

[280] AA, *Grande Enciclopédia Portuguesa e Brasileira*, Edições Enciclopédia, Lda., Lisboa/Rio de Janeiro, Vol. XXIII, p. 31.

[281] MENDES DOS REMÉDIOS, *Filosofia*, p. 487, *apud* AA, *Grande Enciclopédia Portuguesa e Brasileira*, Vol. XXIII, p. 31.

[282] AA, *Grande Enciclopédia Portuguesa e Brasileira*, Vol. XXIII, p. 31.

[283] F. SOARES GOMES, "Pragmatismo", *in Logos – Enciclopédia Luso-Brasileira de Filosofia*, Verbo, Lisboa/R. Janeiro, Vol. 4, Col. 395, e THOMAS MANTNER (Dir.), *Dicionário de Filosofia*

um método próprio, apregoando uma teoria da verdade ou do significado", sendo que "o senso comum constitui uma plataforma de equilíbrio na evolução da mente humana"[284].

O *pragmatismo* integra a tese de orientação entre o empirismo, que, sendo "sensista, materialista, pessimista e céptico"[285], prefere os factos, e o racionalismo, que, sendo "intelectualista, idealista, optimista, religioso, defensor do livre-arbítrio, monista e dogmático"[286], prefere os princípios eternos e o abstracto[287].

Como referimos e no seguimento de WILLIAM JAMES, o *pragmatismo* aparta-se das abstracções, "das soluções verbais, das más razões *a priori*, de princípios fixos, de sistemas fechados, de pretensos absolutos, voltando-se para o concreto, para os factos, para a acção (...), para o poder, *intentando* a liberdade contra o dogmatismo, a artificialidade e a finalidade na verdade"[288]. W. JAMES considerava que "as teorias tornam-se instrumentos, não respostas a enigmas, à sombra das quais possamos descansar"[289]. Neste sentido, o *pragmatismo* está no plano oposto das concepções estáticas da verdade, porque não se insere em um quadro de equilíbrio eterno[290].

A doutrina do *pragmatismo*, nos nossos dias, encarna os vectores de orientação do *realismo*, que assenta no postulado "*esse non est percipi*, ou seja, que não é o conhecimento do ser pelos sujeitos conscientes que confere existência"[291] ao próprio ser, que apenas "existiria como realidade objectiva"[292]. Os princípios do *realismo* defendem uma atitude contrária ao «idealismo», ao «verbalismo», à utopia, baseando a sua estru-

(Tradução de DESIDÉRIO MURCHO, VICTOR GUERREIRO e SÉRGIO MIRANDA), Lisboa: Edições 70, Lda., 2010, pp. 594-595.

[284] *Ibidem*.

[285] *Ibidem*.

[286] *Ibidem*.

[287] WILLIAM JAMES *apud* F. SOARES GOMES, "Pragmatismo", *in Logos...*, Col. 395.

[288] F. SOARES GOMES, "Pragmatismo", *in Logos...*, Col. 396. Itálico é nosso.

[289] WILLIAM JAMES *apud* F. SOARES GOMES, *Op. Cit.*, Col. 396.

[290] F. SOARES GOMES, *Op. Cit.*, Col. 397.

[291] NUNO ROGEIRO, "Realismo Político", *in Polis – Enciclopédia da Sociedade e do Estado*, Verbo, Lisboa/Rio de Janeiro, 1987, Vol. 4, Col. 63. Apontam-se, entre outros, como grandes mentores da doutrina do realismo GEORGES SOREL, IRVING L. HOROWITZ, F. RAUH, Z. A. JORDAN, MAQUIAVEL (teorizador do realismo político).

[292] *Ibidem*.

tura de intervenção e de vida em um "manual adequado de acção"[293]. Tese esta que se aproxima do *pragmatismo*, que não deixa de reconhecer o importante "papel das ideias e princípios, da investigação civilizacional, (...), mas não se subordina inflexivelmente a uma regra predeterminada"[294].

Doutrinas irmãs nascidas em tempos diferentes, cujo substracto existencial filosófico-político se enleiam no primado da resolução dos problemas da sociedade através de uma acção adequada sobre os factos, apesar de se opor aos verbalismos ocos e vazios de materialização de instrumentos, respeita e reconhece o valor das ideias e dos princípios sem a eles se submeter caso se revelem estáticos e enigmáticos.

75. A *Estratégia Nacional de Luta contra a Droga*[295] consagra o **princípio do *pragmatismo*** como seu princípio estruturante e inspirador, fomentando a sua correlação e complementaridade com o princípio humanista[296].

O **princípio do *pragmatismo*** sedimenta a sua ideia na implementação de "uma atitude de abertura à **inovação**, mediante a consideração, **sem dogmas ou pré-compreensões**, dos resultados cientificamente comprovados das experiências ensaiadas nos diversos domínios do combate à droga e à toxicodependência e a consequente **adopção de soluções adequadas à conjuntura nacional** e que possam **proporcionar resultados práticos positivos**"[297].

A concretização deste princípio impõe que se promovam "políticas de redução de danos que, ao mesmo tempo que **minimizam os efeitos do consumo** nos toxicodependentes e salvaguardam a sua inserção sócio-profissional, possam defender a sociedade, favorecendo a diminuição do risco de propagação de doenças infecto-contagiosas e a redução da criminalidade associada a certas formas de toxicodependência", se apoie e incentive um "**acompanhamento interessado e crítico das experiências inovadoras** em curso noutros países nos diversos domí-

[293] *Idem*, Col. 64.

[294] *Idem*, Col. 66.

[295] Aprovada pela RCM n.º 46/99, de 26 de Maio.

[296] Cfr. *supra* § 19º O princípio humanista.

[297] AAVV *Estratégia Nacional de Luta Contra a Droga*, pp. 50 e 51. Negrito nosso.

nios do combate à droga e à toxicodependência, designadamente em matéria de redução de danos e administração terapêutica de substâncias, bem como da avaliação dos respectivos resultados", que se adopte "**soluções que se revelem adequadas** à conjuntura nacional, considerada a natureza dos problemas com que se defronta a sociedade portuguesa, os meios disponíveis e as prioridades decorrentes da *Estratégia Nacional de Luta Contra a Droga*, bem como o disposto nas convenções internacionais"[298].

O *pragmatismo*, correndo o risco de não beber o sumo dos princípios e regras fixas, que se oponha ilimitadamente aos dogmas, é, na nossa opinião, um dogma. Na busca de uma solução que evite a sua contrariedade, o *pragmatismo* defende o reconhecimento do papel das ideias e dos princípios, porque sem aqueles instrumentos teórico-doutrinais a inovação estaria ornamentada por cortinas sem qualquer textura.

76. A RCM n.º 46 /99, de 26 de Maio, ao consagrar o princípio do *pragmatismo* como princípio estruturante da Estratégia Nacional da Luta contra a Droga, não esvaziou o seu conteúdo das ideias e princípios que inspiram a luta contra o flagelo da droga. Podemos ler na *RCM* que é um princípio que *complementa o princípio humanista*. A dignidade da pessoa humana é, primeiramente, um princípio estruturante de um Estado fundado nos primados do Direito e nos valores da democracia, o que, por si só, implica o necessário respeito pelos ditames de todos os princípios que enformam a estrutura de um Estado moderno.

O princípio do *pragmatismo* só faz sentido em conjugação com os demais princípios que enformam a *Estratégia*, porque isolado carece de valor e concretização material, podendo cair na contrariedade das suas raízes.

A Lei n.º 30/2000 é o reflexo da implementação deste princípio[299], começando por atribuir a uma entidade não judicial a análise e a decisão do caminho a dar ao processo contra-ordenacional (as CDT e às auto-

[298] *Ibidem*. Negrito nosso.

[299] O princípio do *pragmatismo* consagrado na ENLCD, que se manifesta na Lei n.º 30/2000 e no DL n.º 130-A/2001, poder-se-á confundir com a filosofia do princípio da oportunidade no processo crime. Quanto ao princípio da *oportunidade*, os nossos estudos *Processo Penal – Tomo I*, 3.ª Edição, pp. 219-234, *Teoria Geral do Direito Policial*, 4.ª Edição, pp. 216-218, 265-267 e 281.

ridades policiais – n.ºs 1 e 2 do artigo 5º), passando pela estipulação de não aplicação de sanções pecuniárias a consumidores toxicodependentes (n.º 2 do artigo 15º), caso contrário cairia em contradição total, porque um toxicodependente não detém proventos capazes de suportar o pagamento das coimas previstas no artigo 16º, pela suspensão provisória do processo e da determinação da sanção caso o consumidor aceite realizar o tratamento, quer por proposta quer por iniciativa própria e, ainda, a suspensão da sua execução (artigos 11º, 14º e 19º), pela sujeição ao princípio da colaboração interinstitucional previsto no artigo 9º, pela possibilidade de aplicar em alternativa à sanção pecuniária uma sanção ou medida adequada à prevenção do consumo e reintegração do indiciado (artigos 17º, 18º e 19º).

A competência anterior atribuída aos governos civis passou para as CDT e para as autoridades policiais, conquanto as demais competências dos governos civis passaram para outras entidades da Administração Pública, por força do artigo 12º, do DL n.º 114/2011, de 30 de Novembro.

77. O mesmo espírito pragmático embrenha o DL n.º 130-A/2001, de 23 de Abril[300], que, na linha da Lei n.º 30/2000, de 29 de Novembro, consagra uma intervenção activa e determinante de vários actores sociais importantes: serviços de saúde, de reinserção social, autoridades policias e autoridades administrativas.

No que se refere às autoridades policiais, o regime do DL n.º 15/93, que incriminava o consumo (artigo 40º), impunha que o elemento policial, verificada a conduta, procedesse criminalmente, detendo e entregando o arguido ao MP para que este o apresentasse para primeiro interrogatório judicial ao Juíz de Instrução[301].

Neste quadro legal, que descriminaliza o consumo, as autoridades policias têm um papel fundamental no desenrolar do processo desde o seu início: os autos de ocorrência deverão conter certos elementos obrigatórios [n.º 1 do artigo 9º do DL n.º 130-A/2001] e outros de extrema importância prática e de salvaguarda dos direitos do indiciado e da lega-

[300] Aprova a organização, o processo e o regime de funcionamento da Comissão para a Dissuasão da Toxicodependência.

[301] Quanto à detenção e formalidades sequentes, os nossos *Processo Penal* – Tomo I, 3.ª Edição, pp. 313-331 e *Teoria Geral do Direito Policial*, 4.ª Edição, pp. 347-363.

lidade da actuação da autoridade policial [artigos 10º, 11º, 12º, 17º, n.º 2, 18º, n.º 1 do DL n.º 130-A/2001].

A actuação da autoridade policial tem de se prender com os pergaminhos e vectores de orientação do princípio do pragmatismo, assim como os outros actores sociais, como o serviço de saúde que deve estar preparado para prestar cuidados terapêuticos aos indiciados que revelem descompensação física e psíquica, conduzidos pelas autoridades policiais [artigo 10º, n.º 1 do DL n.º 130-A/2001].

§ 30º O princípio de segurança

78. O princípio da *segurança* tem subjacente, como lastro de um todo organizado, o princípio da *liberdade*. Estes dois princípios, em um Estado de direito democrático, erigem-se como direitos fundamentais cujas vivência e sobrevivência dependem do equilíbrio e da conjugação mútua.

Um Estado de direito democrático não pode absolutizar qualquer princípio, qualquer valor, qualquer ideia, qualquer direito fundamental pessoal, cultural, social e/ou económico. A interligação e a vivência dos direitos e princípios inatos e integrantes de uma sociedade, solucionando os conflitos inerentes à existência humana, são a grande vitória e virtude de uma democracia. O absoluto ou o dogma não podem ser a resposta a problemas que, no dia-a-dia, preocupam toda a comunidade.

A segurança e a liberdade[302], como irmãs gémeas, têm de se interligar e ajustar para que uma não se sobreponha à outra, ou seja, para que, por um lado não se institua um Estado de polícia, e, por outro, não se crie ou

[302] Quanto à liberdade e ao princípio *in dubio pro libertate,* J. J. Gomes Canotilho, *Estudos Sobre os Direitos Fundamentais,* Coimbra: Coimbra Editora, 2003, p. 174, e José Carlos Vieira de Andrade, *Os Direitos Fundamentais na Constituição Portuguesa de 1976,* 2.ª Edição, Coimbra:Almedina, 2001, p. 299, nota 55. Quanto à colisão ou conflito de direitos, José Carlos Vieira de Andrade, *Os Direitos Fundamentais...,* 2.ª Edição, pp. 310-318 e J. J. Gomes Canotilho, *Direito Constitucional e Teoria da Constituição,* 3.ª Edição, Coimbra: Almedina, 1999, pp. 1191-1195.
Como princípio reitor da estruturação do Estado e dos seus poderes, apresentando-se como o mais elevado valor político de justiça, o nosso *Teoria Geral do Direito Policial,* 4.ª Edição, pp. 245-260 e Hans Kelsen, *A Justiça e o Direito Natural,* (Tradução do alemão de João Baptista Machado), Coimbra: Almedina, 2001, pp. 81-84.

promova uma anarquia, de modo que se construa uma sociedade mais justa, mais livre e mais solidária.

A liberdade só se exerce quando há segurança, mas esta não pode ser considerada de forma extrema, porque pode ser fundamento de violência promovida quer pelos actores sociais estatais quer pelos não estatais e, ainda, por aqueles que se sentem prisioneiros da proclamada segurança. A liberdade é e deve ser sempre a primeira das seguranças.

Pensamos que foi, no fundo, este o pensamento que subjaz à ENLCD ao defender a segurança como princípio basilar na prevenção e repressão do tráfico e na prevenção do consumo de droga, *i. e.*, a segurança como garantia da concreção dos princípios da liberdade e da igualdade e da dignidade da pessoa humana e como direito garantia dos demais direitos fundamentais não pode, por um lado, ser *sacralizada* e deve, por outro, ser uma pedra basilar na prevenção do consumo de droga e na reinserção do toxicómano no tratamento e na sua posterior reintegração no seu *habitat* natural.

79. A segurança, apresentada pela ENLCD como princípio e como valor essencial à solidificação de políticas fundamentais ao desenvolvimento do homem, é influenciada pela teleologia constitucional prescrita no artigo 27º da CRP.

O princípio da segurança encarna uma das tarefas fundamentais do Estado[303], de modo que se mantenha a justiça nas relações interpessoais e sociais e que se promova o nosso bem-estar, preconizando "uma ordem capaz de tornar amplamente efectivos os direitos e as liberdades" (artigo 28º da DUDH) de todos os cidadãos para que cada um ocupe o "seu lugar próprio e ao qual corresponde uma função no todo sem prejuízo das finalidades e actividades particulares de cada um"[304].

A segurança[305] não pode ser *sacralizada* nem encarada unicamente como coacção jurídica e coacção material, mas primordialmente como

[303] Neste sentido, os nossos estudos "A segurança como tarefa fundamental do Estado de Direito Democrático", in *Revista Polícia Portuguesa*, ano LXIII, IV Série, n.º 125, Set/Out, 2000, pp. 27 e ss. e *Teoria Geral do Direito Policial*, 4.ª Edição, pp. 109-124.

[304] Marcello Caetano, *Manual da Ciência Política e Direito Constitucional*, Coimbra: Almedina, 1996, 6.ª Edição, Tomo I, reimpressão, p. 143.

[305] A segurança, como acto ou efeito de segurar, de afastar o perigo, surge como tarefa de proteger as pessoas e os valores que constituem a sociedade política, devendo o poder polí-

"uma garantia de exercício seguro e tranquilo de direitos, liberto de ameaças ou agressões"[306], quer na sua dimensão negativa – direito subjectivo à segurança que comporta a defesa face às agressões dos poderes públicos – quer na sua dimensão positiva – direito positivo à protecção exercida pelos poderes públicos contra quaisquer agressões ou ameaças de outrem[307]. Segundo a nossa opinião, foi neste sentido que o legislador Constitucional consagrou o direito à segurança no mesmo número do mesmo artigo (27º) da Constituição que consagrou o direito à liberdade, funcionando os dois como corolários e fundamento da expressão de todos os demais direitos pessoais, culturais, sociais e económicos. Teleologia em que assenta o princípio da segurança prescrito na ENLCD.

80. Marcello Caetano e Freitas do Amaral, com os quais concordamos, ensinam-nos que a *segurança*, a par da *cultura* e do *bem-estar*, é uma das necessidades colectivas, subordinadas ao âmbito administrativo que promove o surgimento de um serviço público.

A satisfação *regular e contínua das necessidades colectivas* deve ser provida pela *actividade típica dos organismos e agentes* da Administração Pública, nos termos estabelecidos pela legislação aplicável, devendo aqueles obter para o efeito os recursos mais adequados e utilizar as formas mais convenientes, quer sob direcção ou fiscalização do poder político, quer sob o controle dos tribunais[308].

Podemos, assim, considerar que a segurança exige não só a organização de uma força capaz de servir os interesses vitais da comunidade política, a garantia da estabilidade dos bens, mas também a durabilidade credível das normas e a irrevogabilidade das decisões do poder que respeitem interesses justos e comuns, que fomentem e promovam uma liberdade onde possamos exercer os nossos direitos e deveres.

tico ser um instrumento jurídico organizado e tecnicamente estruturado na defesa externa e na defesa da ordem e tranquilidade interna.

[306] Gomes Canotilho e Vital Moreira, *Constituição da República...*, I, 4.ª Edição, pp. 478-479.

[307] *Ibidem.*

[308] Freitas do Amaral, *Curso de Direito Administrativo*, Coimbra: Almedina, 1996, Vol. I, pp. 29-30. Para uma melhor assunção do conceito de segurança constitucionalizado, os nossos *Teoria Geral do Direito Policial*. 5.ª Edição. Coimbra: Almedina, 2017, pp. 121-128 e 163-165. e *Segurança. Um Tópico Jurídico em Reconstrução*. Lisboa: Âncora, 2013.

Prosseguindo este raciocínio e tendo sido a segurança consagrada como direito fundamental do cidadão, mesmo que garantístico dos demais direitos, compete ao Estado garanti-lo como sua tarefa fundamental por força da al. *b*) do artigo 9º da CRP[309].

A segurança apresenta-se-nos como um corolário da liberdade, mas nunca como sua limitação ou como seu patamar de exercício. A ENLCD estende a concepção de segurança e a sua teleologia ao domínio da prevenção à repressão do crime, pois por detrás do consumo da droga manifestam-se tipologias criminais muito preocupantes: desde o tráfico de droga, passando pela corrupção, pelo branqueamento de capitais, sem que nos esqueçamos dos crimes contra o património como o furto, o roubo, a apropriação ilícita, a receptação e de muitos outros crimes que proliferam e se aperfeiçoam com as novas tecnologias.

O princípio da segurança jamais podia ser afastado de uma "luta" que a todos diz respeito e que a todos pertence como obrigação de membro de uma comunidade erigida sob os princípios de um Estado de direito democrático.

81. A ENLCD prescreveu o princípio da segurança como garantia da protecção de bens e de pessoas no âmbito da saúde pública e de defesa e protecção dos menores, consignando assim a prevenção e repressão do crime para que a paz e a ordem pública se mantenham.

Sem se afastar e colocar à parte os fundamentos da segurança, a ENLCD, no âmbito do seu objectivo, consignou vários corolários que são essenciais para a prossecução de uma prevenção assertiva e de uma "luta" justa e adequada ao flagelo que assombra a comunidade moderna:

"*a*) Combate ao tráfico ilícito, incluindo a aplicação de sanções penais adequadas aos traficantes e aos traficantes-consumidores;

b) Consagração legal de mecanismos que permitam, em todos os casos, a apreensão de drogas ilícitas pelas autoridades policiais e a prossecução das actividades investigatórias necessárias ao combate ao tráfico;

c) Manutenção do desvalor legal do consumo e da posse de drogas;

[309] O artigo 9º da CRP consagra que: "São tarefas fundamentais do Estado:
b) Garantir os direitos, liberdades fundamentais e o respeito pelos princípios do Estado de direito democcrático".

d) Previsão de sanções diferenciadas por actos que envolvam drogas mais perigosas para a saúde ou cuja aquisição tenda a estar associada a comportamentos ofensivos para bens jurídicos essenciais da comunidade;
e) Promoção, na mesma linha das implicações do princípio do pragmatismo, de políticas de redução de danos, que possam favorecer a diminuição do risco de propagação de doenças infecto-contagiosas, a redução da criminalidade associada à toxicodependência ou a integração social e profissional dos toxicodependentes;
f) Promoção de medidas especiais de segurança nas escolas e outros locais frequentados por adolescentes e jovens"[310].

82. Em suma, a ENLCD transmite a ideia de que a "luta" diária que se faz contra o flagelo da droga seria uma guerra perdida se não se basear em um dos pilares da democracia: *a segurança como direito garantia de exercícios de direitos.*

A Lei n.º 30/2000, de 29 de Novembro, e o DL n.º 130-A/2001, de 23 de Abril, manifestam a preocupação de impedir que os procedimentos policiais e da CDT ultrapassem os limites prescritos pelo Direito, o sentido de que a sua actuação representa e fomenta a responsabilidade de criar uma segurança real e não fictícia para que haja liberdade[311]. É uma segurança promovida sob o primado do bloco da legalidade.

§ 31º O Princípio da subsidiariedade

83. Pio XI, na encíclica "*Quadragésimo Anno*", designou este princípio como um "importantíssimo princípio da filosofia social"[312], defendendo que "assim como não é lícito retirar aos indivíduos, para o passar à comunidade, aquilo que eles podem realizar por iniciativa e meios próprios, assim também é contra a justiça, representa grave dano e perturba

[310] AAVV, *Estratégia Nacional de Luta...*, pp. 51 e 52.

[311] Preocupação que motivou os responsáveis políticos a criar uma comissão para alterar o DL n.º 15/93, presidida por José de Faria Costa.

[312] Pio XI *apud* Roque Cabral, "Princípio de subsidiariedade", *in Polis – Enciclopédia Verbo da Sociedade e do Estado*, Verbo, Lisboa/S. Paulo, Vol. 5, Col. 1014.

profundamente a recta ordem entregar a uma sociedade maior e de grau mais elevado o que as sociedades menores e de grau inferior são capazes de realizar"; com efeito, toda actividade social deve, por natureza, ajudar os membros do grupo social *(subsidium afferre)* e nunca, pelo contrário, destruí-los ou absorvê-los[313].

O princípio da *subsidiariedade* tem de ser encarado segundo duas perspectivas: negativa e positiva. A perspectiva negativa consigna "o que a sociedade não deve fazer", enquanto a positiva consigna "o que a mesma sociedade deve fazer". Como afirma ROQUE CABRAL, desta dialéctica "ressalta o claro paralelismo existente entre esta dualidade de deveres da sociedade (respeitar e promover) e o binómio direitos-liberdades e direitos sociais"[314].

A *subsidiariedade* é a expressão da natureza quer da pessoa como ser individual, quer da sociedade, da "anterioridade e primado da pessoa e da múltipla dimensão social da mesma"[315]. Este princípio exprime "a especificidade e indispensabilidade do papel da sociedade – não apenas do Estado, embora muito particularmente dele – relativamente aos seus membros (individuais e colectivos)"[316].

A intervenção da sociedade tem natureza subsidiária, no sentido de ajuda, de promoção dos membros, de que está ao serviço dos seus membros, materializando-se a máxima latina *Ciuitas propter cives, non cives propter ciuitatem*[317].

O princípio da *subsidiariedade* não significa que a actividade da sociedade como um todo é dispensável, que é acessória ou secundária, mas sim que o homem, como membro activo do corpo social, "não perde por isso a sua personalidade, tanto moral como jurídica (...), continua antes, a ser o sujeito, o fundamento e o fim da vida social"[318]. Princípio este que pressupõe que a resolução dos problemas que afectam a pessoa em sociedade deve ser estruturada de modo a que só a cúpula é que intervém quando esgotados os sectores primários e intermediários, o que pressupõe que exista uma divisão das competências "com

[313] Cfr. *Acta Apostólica Sedis*, 1931, p. 203.

[314] ROQUE CABRAL, "Princípio de subsidiariedade", *in Polis...*, Vol. 5, Col. 1014.

[315] *Ibidem.*

[316] *Ibidem.*

[317] A cidade por causa dos cidadãos, não os cidadãos por causa da cidade.

[318] *Idem*, Cols. 1014 e 1015.

vista à *máxima liberdade* possível das pessoas, dentro da atenção em bem comum"[319].

O princípio da *subsidiariedade* fundamenta-se em uma perspectiva de que à sociedade cabe a função de "criar as condições e proporcionar as ajudas que tornem possível **às pessoas** fazerem por si o que, sem essa ajuda, não estariam em condições de o fazer; *excepcionalmente* competirá à sociedade substituir algum membro, fazer em vez dele aquilo que, sendo da sua competência, ele não pode ou não quer fazer, mesmo ajudado"[320].

84. O princípio da *subsidiariedade*, consagrado na nossa Constituição (n.º 1 do artigo 6º) como forma de organização e funcionamento da estrutura social do Estado, preconiza que a decisão deve ser *sempre tomada* e *desde que possível* pelo organismo ou serviço mais próximo do cidadão. Apesar de não significar a semântica do princípio em uma vertente económica e social, é na sua teleologia que se fundamenta a sua essência.

Na esteira da teleologia constitucional e dos princípios do Estado de Direito Democrático, o princípio da subsidiariedade, prescrito na ENLCD, pressupõe uma distribuição de atribuições e competências que permita que as decisões e as acções sejam confiadas ao nível da administração mais próximo das populações, salvo quando os objectivos visados sejam melhor realizados a nível superior. Deste princípio emergem três subprincípios cruciais para a sua materialização:

"*a*) *O subprincípio da descentralização*, que exige o envolvimento das autarquias locais em matéria de toxicodependência, sobretudo na área da prevenção primária[321];

b) *O subprincípio da desconcentração*, que postula um modelo de estruturação dos organismos da administração central na área da droga e da toxicodependência que não se esgote em serviços centrais, antes inclua serviços mais próximos das populações, designadamente ao nível regional[322];

[319] *Ibidem.*

[320] *Ibidem.*

[321] Cfr. 1.ª parte do n.º 2 do artigo 267º e o n.º 1 do artigo 6º da CRP.

[322] *Ibidem.*

c) *O subprincípio da centralização*, que determina a atribuição de responsabilidades à administração central em matéria de luta contra a droga e a toxicodependência quando isso permita a melhor realização dos objectivos visados"[323].

O princípio da subsidiariedade, fundado nos seus corolários – descentralização, desconcentração e centralização –, impõe que o toxicodependente seja encarado como o cerne da actuação quer dos organismos centrais, quer dos regionais, quer dos locais. A intervenção da sociedade e do cidadão, na luta contra a droga, não pode apenas cingir-se e orientar-se por egoísmos ou experiências desajustadas das organizações.

Como manifestação do princípio da subsidiariedade, a Lei n.º 30/ /2000 e o DL n.º 130-A/ 2001 cometeram às CDT, sediadas de início, em cada Governo Civil, e, na actualidade, nas instalações do SICAD, sediado em cada capital de distrito, a competência para o processamento das contra-ordenações e a aplicação das correspondentes sanções, conquanto a execução das sanções, coimas ou alternativas, ficaram até à sua extinção na competência do Governo Civil[324].

A competência para decidir e aplicar as sanções no quadro do consumo de drogas manteve-se atribuída à CDT, sediada em cada sede de distrito, mas a execução das mesmas passou a ser competência das autoridades policiais[325].

§ 32º O Princípio da coordenação e da racionalização de meios

85. A prevenção ou a "luta" contra uma epidemia já pode ser efectuada, sob pena de fracasso *à priori*, com coordenação e racionalização dos meios humanos e materiais. A ENLCD preocupa-se com o ajuste neces-

[323] AAVV, *Estratégia Nacional de Luta...*, pp. 52 e 53 e a 2.ª parte do n.º 2 do artigo 267º da CRP.

[324] Cfr. artigo 5º da Lei n.º 30/2000, de 29 de Novembro. Com a extinção dos governadores civis, a competência destes passou para as CDT por força do DL n.º 114/2011, de 30 de Novembro. Quanto ao princípio da subsidiariedade na actuação policial, o nosso estudo *Teoria Geral do Direito Policial*, 4.ª Edição, pp. 197, 204-205 e 267.

[325] Cfr. artigo 5º da Lei n.º 30/2000 e artigos 2º, 9º e 30º do DL n.º 130-A/2001 com redacção dada pelo DL n.º 114/2011, de 30 de Novembro.

sário, adequado, exigível e equilibrado dos meios que estão ao dispor dos agentes responsáveis pela luta incessante e permanente da droga.

Podemos afirmar que o princípio da coordenação e da racionalização de meios funciona como corolário do princípio da *subsidiariedade* e que bebe o seu fundamento quer no princípio do *pragmatismo*, quer no espírito da *proporcionalidade*[326] do uso de meios passando todo o espaço pela preocupação de não utilizar mecanismos desnecessários na luta (feroz) do flagelo[327].

Contudo, este princípio não se esgota no âmbito da aplicação da Lei n.º 30/2000 e do DL n.º 130-A/2001. É uma manifestação do próprio princípio da *celeridade* de resolução dos fenómenos e problemas que se apresentam no nosso quotidiano. Como por exemplo, temos a Lei n.º 49/2008, de 10 de Agosto, que aprovou a nova Lei de Organização da Investigação Criminal (LOIC), mantém subjacente o princípio da *optimização* de recursos na investigação, evitando-se a sua sobreposição e o seu desperdício[328].

Como manifestação deste princípio, apontamos o Instituto da Droga e da Toxicodependência[329] que desempenha tarefas de coordena-

[326] Quanto ao princípio da proporcionalidade *em sentido amplo* ou da *proibição do excesso*, os nossos estudos *Teoria Geral do Direito Policial*, – Tomo I, pp. 91-98 e *Da publicação da Matéria de Facto...*, pp. 64 e 65 e Gomes Canotilho e Vital Moreira, *Constituição da República...*, 3.ª Edição, p. 152.

[327] Há a preocupação de fomentar a responsabilidade de quem dirige e dispõe dos meios humanos e materiais na busca do melhor procedimento e melhor solução para cada caso.

[328] Quanto a este assunto e à Lei n.º 10/2000, de 10 de Agosto, que havia aprovado a primeira LOIC, o nosso *Regime Jurídico da Investigação Criminal – Comentado e Anotado*, 2.ª Edição Almedina, Coimbra, 2003, pp. 97-99, § 9, pp. 101-104. Quanto a este princípio foi a nova LOIC, *Teoria Geral do Direito Policial*, 4.ª Edição, pp. 2239 e 243. Quanto à racionalização dos meios humanos e materiais na investigação criminal, a mesma obra pp. 441-442.

[329] O IDT, I. P., deu lugar ao **Serviço de Intervenção nos Comportamentos Aditivos e nas Dependências – SICAD**, aprovado pelo Decreto-Lei n.º 17/2012, de 26 de Janeiro, e é "um serviço central do Ministério da Saúde, integrado na administração directa do Estado, dotado de autonomia administrativa» [artigo 1º], que tem por missão «promover a redução do consumo de substâncias psicoactivas, a prevenção dos comportamentos aditivos e a diminuição das dependências» [n.º 1 do artigo 2º], tendo como atribuições:

«*a)* Apoiar o membro do Governo responsável pela área da saúde na definição da estratégia nacional e das políticas de redução do consumo de substâncias psicoactivas, de prevenção dos comportamentos aditivos e da diminuição das dependências e sua avaliação;

ção[330] e execução da ENLCD incumbidas pelo membro do Governo res-

b) Planear e avaliar os programas de prevenção, redução de riscos e minimização de danos, de reinserção social e de tratamento do consumo de substâncias psicoactivas, dos comportamentos aditivos e das dependências, designadamente definindo normas, metodologias e requisitos a satisfazer para garantir a qualidade;
c) Planear a intervenção no âmbito dos comportamentos aditivos e das dependências, através de uma rede de referenciação entre cuidados primários, centros de respostas integradas e unidades de internamento ou unidades hospitalares, consoante a gravidade da dependência ou dos consumos de substâncias psicoactivas;
d) Desenvolver, promover e estimular a investigação científica no domínio das substâncias psicoactivas, dos comportamentos aditivos e das dependências e manter um sistema de informação sobre o fenómeno da droga e das toxicodependências;
e) Desenvolver mecanismos de planeamento e coordenação efetivos conducentes à definição das políticas para as intervenções no âmbito dos comportamentos aditivos e dependências;
f) Efetuar diagnósticos de necessidades de intervenção de âmbito nacional, definir as prioridades e o tipo de intervenção a desenvolver;
g) Definir as linhas de orientação técnica e normativa para a intervenção nas áreas dos comportamentos aditivos e das dependências;
h) Promover a formação no domínio das substâncias psicoactivas, dos comportamentos aditivos e das dependências;
i) Assegurar a recolha, tratamento e divulgação dos dados e informação dos serviços públicos e das entidades privadas com intervenção no domínio das substâncias psicoactivas, dos comportamentos aditivos e das dependências;
j) Assegurar a representação internacional, no domínio das suas competências e atribuições específicas, sem prejuízo das competências próprias do Ministério dos Negócios Estrangeiros, bem como garantir o cumprimento das obrigações enquanto ponto focal nacional da Rede Europeia de Informação sobre Toxicodependência do Observatório Europeu das Drogas e da Toxicodependência, em coordenação com a Direcção-Geral da Saúde, enquanto entidade responsável pelas relações internacionais do Ministério da Saúde;
***l)* Prestar o apoio técnico e administrativo e garantir as infraestruturas necessárias ao funcionamento das Comissões para a Dissuasão da Toxicodependência;**
m) Definir os requisitos para o licenciamento de unidades privadas prestadoras de cuidados de saúde na área das dependências e comportamentos aditivos.»

Quanto à estrutura nuclear do serviço de intervenção nos comportamentos aditivos e nas dependências, cfr. Portaria 157/2012, de 22 de Maio.

[330] O Coordenador Nacional para os Problemas da Droga – anterior Coordenador Nacional do Combate à Droga – é, por inerência, o director-geral do SICAD, por força do n.º 1 do artigo 4º do DL n.º 17/2012, de 26 de Janeiro. Esta competência já pertencia ao presidente do extinto IDT *ex vi* do artigo 7º do DL n.º 1/2003, de 6 de Janeiro, que cria «estruturas capazes de garantir e imprimir coordenação e eficácia no combate à droga e à toxicode-

ponsável pela coordenação da política da droga e da toxicodependência, conforme al. *a)* do artigo 5º do Estatuto do Instituto da Droga e Toxicodependência, aprovado pelo Decreto-Lei n.º 269-A/2002, de 29 de Novembro[331].

86. Como princípio de organização e estruturação da administração pública, imposto e consagrado nos artigos 266º e ss. da CRP[332], a coordenação e a racionalização de meios humanos e materiais envolve "a exigência de mecanismos que assegurem uma coordenação ou articulação eficaz entre os diversos departamentos, serviços e organismos competentes em matéria de droga e toxicodependência, bem como a optimização dos recursos, evitando a sobreposição e o desperdício"[333].

A ENLCD, face à essência deste princípio, estruturou quatro consequências que de si emergem:

"*a*) Existência de um sistema de coordenação interdepartamental em matéria de droga e toxicodependência;
b) Eliminação das sobreposições de atribuições e competências existentes entre os diferentes organismos do Estado;
c) Optimização da gestão dos recursos humanos e materiais existentes, incluindo a promoção de iniciativas de formação profissional e de avaliação nesta área;
d) Coordenação dos financiamentos a conceder a projectos e iniciativas a cargo de entidades privadas e avaliação dos respectivos resultados"[334].

O princípio da coordenação e da racionalização de meios preconiza desta feita, a realização e promoção de uma prevenção mais adequada,

pendência» e que se manteve com a Lei Orgânica do extinto IDT, I. P., aprovada pelo DL n.º 221/2007, de 29 de Maio, agora revogado pelo 13º do DL n.º 17/2012, de 26 de Janeiro.

[331] Que revogou o DL n.º 90/2000, de 18 de Maio.

[332] A Administração Pública tem como fim a prossecução do interesse público, mas sempre no respeito pelos direitos e interesses legalmente protegidos dos cidadãos, *ex vi* n.º 1 do artigo 266º da CRP.

[333] AAVV, *Estratégia Nacional de Luta...*, p. 52.

[334] *Ibidem*.

ajustada, equilibrada e necessária face ao cidadão isolado ou em comunidade.

§ 33º O princípio da participação

87. A democracia participativa, consagrada como fim do Estado de direito democrático[335], consigna a "intervenção dos cidadãos, individualmente ou (sobretudo) através de organizações sociais ou profissionais, nas tomadas de decisão das instâncias do poder, ou nos próprios órgãos do poder"[336]. Contrariamente à Constituição de 1933, a Constituição democrática de 1976 preocupou-se em criar uma ligação entre o poder e os cidadãos, permitindo e proporcionando a estes que intervenham no processo evolutivo da democracia quer através do instituto da representação (através dos votos em eleições), quer de forma directa, optando e definindo o rumo da comunidade, através do referendo nacional (artigo 115º da CRP) ou local (artigo 240º da CRP)[337].

A ENLCD não ficou alheia ao sentido constitucional de envolvimento dos cidadãos na democracia que é "um conceito dinâmico, postulando um *processo de democratização*"[338]. Sendo o fenómeno da droga um problema de todos, não faria qualquer sentido que os cidadãos fossem afastados de um processo evolutivo que exige o preenchimento de lacunas humanas, materiais e legais para que as causas sejam descortinadas e elencadas de modo que se alcancem objectivos quer na prevenção, quer na definição de políticas de prevenção e controlo do flagelo Droga[339].

[335] Cfr. *in fine* artigo 2º da CRP.

[336] Gomes Canotilho e Vital Moreira, *Constituição da República...*, p. 66.

[337] Neste sentido se pode ler Gomes Canotilho e Vital Moreira, *Constituição da República...*, – I e II, 4.ª Edição, 2007, pp. 212 e, 2010, pp. 96-111 e 736-738. O artigo 240º foi aditado pela Lei Constitucional n.º 1/97, de 20 de Setembro.

[338] *Idem*, p. 66.

[339] Interrogamo-nos se o princípio da *participação* foi exaustivamente colocado em prática no que respeita à política do consumo de estupefacientes e à alteração legislativa que ocorreu em 2000 e 2001.

88. O princípio da participação, prescrito na ENLCD, preconiza a "intervenção da comunidade na definição das políticas relativas à droga e à toxicodependência, bem como na sua mobilização para os diferentes domínios da luta contra a droga"[340]. Deste princípio, no âmbito da droga, surgem implicações que transcrevemos:

"*a*) *Valorização* do Conselho Nacional da Toxicodependência e dos demais mecanismos de *participação orgânica e procedimental dos cidadãos*, das suas associações representativas e das instituições interessadas na definição das políticas relativas à droga e à toxicodependência;
b) *Apoio* às iniciativas das *instituições da sociedade civil* nos domínios da prevenção primária, secundária e terciária;
c) *Incentivo* ao funcionamento de uma *rede de instituições privadas* prestadoras de serviços nas áreas do tratamento e reinserção social de toxicodependentes, por via da comparticipação financeira a conceder às famílias, sobretudo as mais carenciadas;
d) *Sensibilização e mobilização das famílias, dos professores, das escolas, das instituições da sociedade civil*, dos profissionais da *comunicação social* e, sobretudo, dos *próprios jovens* para a problemática da droga e da toxicodependência e para o papel de cada um face à questão da droga"[341].

Em suma, as implicações consequentes do princípio da participação preocupam-se em permitir e facilitar a interacção entre cidadão e o poder para que este não se afaste dos reais problemas e das soluções que muitas das vezes se escondem na simplicidade do ser humano.

A prestação de serviços gratuitos a favor da comunidade, prescrita como sanção alternativa às sanções pecuniárias e às alternativas do n.º 2 do artigo 17º da Lei n.º 30/2000, é uma manifestação do princípio da participação da comunidade em geral, ao consciencializá-la de que os seus filhos devem ser curados no seu seio e não fora dela.

O recurso a esta sanção permite-nos criar uma sensação de que a realização do Homem passa pela sua verdadeira inserção social que, consequentemente, depende da sua aceitação na comunidade através do

[340] AAVV, *Estratégia Nacional de Luta...*, p. 53.
[341] *Ibidem.*

labor. O legislador co-responsabiliza a comunidade na luta incessante de todos os seus cidadãos na prevenção do consumo de "drogas".

§ 34º Descriminalização e não despenalização

89. O novo regime legal do consumo de estupefacientes e substâncias psicotrópicas, aprovado pela Lei n.º 30/2000, de 29 de Novembro, que se apresenta como alternativa à tipificação como crime (p. e p. pelo artigo 40º do DL n.º 15/93), alternativa baseada nas teorias e com o fundamento de que o toxicodependente é um doente e de que *não deve ser encarcerado, mas tratado*, e como prossecução de um dos objectivos da *Estratégia Nacional de Luta Contra a Droga*, previsto no n.º 2 do ponto 10 da Resolução do Conselho de Ministros (RCM) n.º 46/99, de 26 de Maio, entrou em vigor a 01 de Julho de 2001.

A descriminalização em *sentido técnico ou estrito*[342], que abrange as drogas constantes das tabelas I a IV em anexo ao DL n.º 15/93, de 22 de Janeiro, sendo que a quantidade da substância tem de se reportar à prevista no mapa a que se refere o artigo 9º da Portaria n.º 94/96, de 26 de Março, não despenaliza as condutas consumir, adquirir e deter para consumo estupefacientes e substâncias psicotrópicas, mas antes mantém-as proibidas como ilícito de mera ordenação social (contra-ordenação, nos termos do n.º 1 do artigo 2º), cuja execução é da competência das autoridades policiais[343].

90. O instituto de arguido (p. no artigo 57º e ss. do CPP) desaparece e passamos a ter o instituto do *indiciado* – cidadão surpreendido a consumir, a adquirir ou a deter para consumo estupefacientes ou substâncias psicotrópicas constantes das tabelas I a IV em anexo ao DL n.º 15/93, cuja quantidade não ultrapasse *a necessária para o consumo médio de 10 dias.*

[342] Sobre o sentido da descriminalização, o nosso estudo "A descriminalização do consumo de drogas: a nova via", *in Policia Portuguesa*, n.º 127, Jan/Fev de 2001, pp. 12 e ss..

[343] Competência atribuída em 2000 aos governos civis, que foi transferida para as autoridades policiais – n.º 2 do artigo 5º da Lei n.º 30/2000 – com a redacção dada pelo artigo 12º do DL n.º 114/2011, de 30 de Novembro.

A alteração do enquadramento legal e natureza jurídica das condutas consumir, adquirir e deter para consumo impõe, consequentemente, uma mudança dos procedimentos de actuação das Autoridades Policiais[344].

O legislador criou um regime específico que estipula a aplicação subsidiária (artigo 26º da Lei n.º 30/2000) do Regime Geral das Contra-Ordenações, aprovado pelo DL n.º 433/82, de 27 de Outubro, alterado pelos Decretos-Lei n.º 356/89, de 17 de Outubro, n.º 244/95, de 14 de Setembro, e 323/2001, de 31 de Agosto e Lei n.º 109/2001, de 24 de Dezembro, que, também, consagra a aplicação subsidiária do CPP, "sempre que da sua aplicação não resulte o contrário" (n.º 1 do artigo 41º).

§ 35º A prevenção

91. A actuação das entidades públicas e privadas que lidam com o fenómeno da droga devem reger-se por parâmetros de intervenção preventiva e activa. A prevenção[345], que foi erigida como princípio estruturante da Estratégia Nacional de Luta Contra a Droga, deve, no

[344] Não podemos confundir com *autoridade de policia criminal*, prevista na al. *d)* do n.º 1 do artigo 1º do CPP, apesar de terem "direitos e deveres equivalentes aos que têm em matéria criminal" (artigo 48º, n.º 2 do RGCO).

[345] A prevenção adoptada pelas ciências sociais e psicológicas seguiu o modelo de saúde pública, sendo que, para Noulis, a prevenção primária se defende com a "«educação sanitária» (...) atribuída aos professores a responsabilidade de assegurar a transmissão de conhecimentos, preceitos de higiene e regras de conduta", para Caplan, a prevenção secundária basear-se-ia em um diagnóstico precoce seguido de um tratamento adequado à patologia e imediato, e que a prevenção terciária se fundaria em um "conjunto de acções destinadas a reduzir a «teoria de defeito residual, a capacidade diminuída no sentido de contribuir para a vida profissional e social da comunidade (...) depois da perturbação mental ter terminado»". Para Corven, "a acção preventiva só faria sentido se ocorresse «por tempo» depois da manifestação de uma condição negativa". Para Lascournes existem dois tipos distintos de prevenção. Um dirigido aos «jovens ainda não marcados pela delinquência» e um outro designado por «grande prevenção», dirigir-se-ia a «grupos mais marginalizados», enquanto para Catalão e Dooley, existem dois tipos de prevenção primária: «prevenção primária proactiva» que visa evitar "a ocorrência de factores de risco"; e «prevenção primária reactiva» que define "um tipo de intervenção que procure melhorar as «respostas» do indivíduo após a exposição deste a situações geradoras de stress" [Alzira Conde Ribeiro Novo, *A toxicodependência na escola*, Lisboa/S. Paulo: Paulinas, 2001, p. 25 e ss.]. Cfr. *supra* § 18º O princípio da prevenção.

essencial[346], ser de patamar ***primário***, cuja promoção de projectos deve procurar:

- Mobilizar *os jovens, os pais, as escolas, as instituições da sociedade civil e os profissionais da comunicação social;*
- Promover *mensagens e acções com base na identificação de factores de risco, de factores protectores e das características específicas dos grupos destinatários;*
- Garantir *a continuidade das* próprias *intervenções preventivas;*
- Inserir *uma informação rigorosa sobre a perigosidade dos diferentes tipos de drogas lícitas e ilícitas;*
- Incluir *as novas drogas sintéticas; e*
- Conferir *prioridade às acções dirigidas ao fim da infância e início da adolescência, bem como a populações com comportamentos de risco*[347].

A intervenção das autoridades policiais tem por base uma actuação incrementada por princípios inerentes a uma política de *proximidade*[348].

92. Contudo e sendo a prevenção "um compromisso e uma tarefa de todos os organismos existentes"[349], a intervenção das autoridades policiais não pode menosprezar o seu papel de actor principal da sociedade, que lhe impõe que actue nos sectores da ***prevenção secundária***, incentivando os consumidores a frequentarem consultas e a efectuarem tra-

[346] Afirmamos "no essencial" porque é no *primeiro patamar* que se pode alcançar grandes e fortes objectivos.

[347] Cfr. o n.º 3 do ponto 10 da *Resolução do Conselho de Ministros* n.º *46/99 de 26 de Maio,* que aprovou a *Estratégia Nacional de Luta Contra a Droga.*

[348] Cfr. *os 30 objectivos da luta contra a droga e a toxicodependência no horizonte 2004,* aprovados pela RCM n.º 30/2001, de 13 Março, *in DR,* I Série-B, p. 1420, Col. 2, e o *Plano de Acção Nacional de Luta Contra a Droga e a Toxicodependência – Horizonte 2004,* aprovado pela RCM n.º 39/2001, de 9 de Abril, *in DR,* I Série-B, p. 2086, Col. 1. Quanto às vantagens e desvantagens do policiamento de proximidade, Diego Torrente Robles, *La Sociedad Policial,* CIS, Barcelona: Universitat, 1997, pp. 24 a 26; Edgard Rotmam, "Conceito de prevenção do crime", *in RPCC,* Ano 8, Fasc. 3º, Julho – Setembro, 1998, pp. 343 e ss. –; Pierre-Henri Bolle, "A polícia de Proximidade: Noção, Instituição, Acção", *in RPCC,* Ano 8 Fasc. 3º, Jul-Set, 1998, pp. 409 e ss..

[349] Cfr. RCM n.º 39/2001, de 9 de Abril, *in DR,* I Série-B, p. 2085, Col. 2.

tamento[350], e da ***prevenção terciária***, ao ajudarem e darem informações correctas no que concerne à reintegração do consumidor no seio familiar e comunitário a que pertence ou noutro.

As autoridades policiais são dos actores sociais que detêm as melhores informações que permitem um melhor conhecimento do meio onde vive o toxicodependente, logo não tem qualquer sucesso a reintegração de um ex-consumidor de drogas no seio familiar onde se preparam e se traficam as drogas ou no seio comunitário onde a maior parte das pessoas consomem drogas. Este papel fundamental foi reconhecido no âmbito da LTE (aprovada pela Lei n.º 166/99, alterada pela Lei n.º 4/2015, de 15 de janeiro) ao impôr às autoridades policiais a obrigatoriedade de elaborarem uma informação sobre a conduta anterior do menor e a sua situação familiar, educativa e social, *ex vi* n.º 2 do artigo 73.º da LTE[351].

Seguindo a nossa posição desde a 1.ª edição desta nossa obra, o legislador chamou, em 2001, as autoridades policiais a promoverem a prevenção secundária e terciária.

A reinserção social do toxicodependente é a pedra marcante do novo regime legal do consumo de droga[352], cujo teor se centra na ideia fulcral de que "o toxicodependente é, fundamentalmente, encarado como um doente susceptível de tratamento e reabilitação"[353], o que impõe às autoridades policiais uma intervenção para além da prevenção primária, obrigando-as a ter um comportamento profissional que faça sentir aos

[350] O Comandante de Esquadra, de posto ou de um grupo operacional pode e deve aconselhar os jovens consumidores a frequentarem uma consulta e a fazerem o tratamento, procurando que tentassem e não ficassem na dúvida de se conseguiam ou não ultrapassar o problema em que estavam envolvidos. Neste patamar podemos afirmar que entidades como a Segurança Social e a Polícia devem ter um papel fulcral.

[351] Face à alteração do n.º 2 do artigo 5º da Lei n.º 30/2000, operada pelo artigo 12º do DL n.º 114/2011, de 30 de Novembro, que atribui a execução das sanções às autoridades policiais, o legislador seguiu a nossa posição.

[352] O DL n.º 15/93, de 22 de Janeiro, teleologicamente considerava que o toxicodependente devia "ser encarado, em primeira linha, como alguém que necessita de assistência médica e que tudo deve ser feito para o tratar, "apesar de se considerar "censurável socialmente o consumo de estupefacientes e de substâncias psico-trópicas". Cfr. preâmbulo *apud* F. Gonçalves, M. J. Alves e M. M. G. Valente, *O Novo Regime Jurídico...*, p. 187.

[353] RCM n.º 39/2001, de 9 de Abril, *in DR*, I Série-B, p. 2092, Col. 2.

actores sociais a sua extrema importância no novo quadro legal e na nova via de intervenção.

§ 36º A actuação policial

93. As autoridades policiais[354] devem ter um desempenho eficaz e eficiente das suas funções de prevenção, consagradas pelo artigo 272º da CRP, defendendo a legalidade democrática (evitando a existência de Contra-Ordenações), garantindo a segurança interna (procurando promover que em todos os locais haja liberdade de circulação e de participação activa dos cidadãos, que os crimes contra o património – consequência directa do consumo de drogas – diminuam) e garantindo os direitos dos cidadãos sem qualquer discriminação[355].

No âmbito da prevenção, a Polícia exerce uma ***função de vigilância*** que procura evitar que se infrinjam as normas e actos das autoridades, cujas infracções podem pôr em causa a legalidade democrática, a segurança em sentido amplo[356] e o pleno exercício dos direitos aos cidadãos.

À polícia compete, também, uma ***função de prevenção em sentido estrito*** que se traduz "na adopção de medidas adequadas" para ilícitos de mera ordenação social, medidas essas que visam a protecção da saúde pública, a vigilância de locais onde os indiciados procuram adquirir e consumir a droga, sem que se restrinja ou limite o exercício dos direitos, liberdades e garantias do cidadão[357], de modo que se promova e execute uma prevenção *secundária* e *terciária* e de prevenção e repressão eficazes e eficientes ao tráfico de droga.

A descriminalização do consumo de droga não pode, alguma vez, funcionar como o bode expiatório da não intervenção das autoridades policiais quando vêem um cidadão a consumir ou a preparar-se para

[354] Sobre a actuação policial, o nosso estudo *Toxicodependência – Adenda*, MAI, 2001.

[355] Cfr. artigo 13º da CRP. e *in fine* do n.º 1 do artigo 272º da CRP.

[356] Entende-se por *segurança em sentido amplo* tudo o que está de acordo com o funcionamento normalizado das instituições democráticas e o exercício pleno e inatingível dos direitos, liberdades e garantias de todos cidadãos, sem qualquer excepção.

[357] Gomes Canotilho e Vital Moreira, *Constituição da República Portuguesa Anotada*, 3.ª Ed., Coimbra Editora, 1993, pp. 956/957. Quanto a esta matéria, o nosso *Teoria Geral do Direito Policial*, 4.ª Edição, Coimbra: Almedina, 2014, pp. 116-120 e 152-157.

consumir ou a adquirir e transportar as substâncias psicotrópicas ou estupefacientes compreendidos nas tabelas I a IV para consumo, descurando-se a prossecução das funções de prevenção através da *vigilância* e da *prevenção em sentido estrito*.

94. À Polícia cabe, desta feita, um papel de actuação imediata e directa no terreno (Rua), onde presenciam a infracção e à qual devem pôr termo, caso a sua actuação não ponha em causa a saúde ou a própria vida do consumidor.

Existirá, inevitavelmente, um conflito de direitos e deveres. O agente de autoridade, caso intercepte o cidadão ***A*** a injectar-se, jamais deve retirar ou ordenar a ***A*** que retire a seringa, uma vez que essa actuação pode pôr em risco a vida do consumidor, podendo esse acto conduzi-lo à sua própria morte. A obtenção da prova cede ao valor fundamental vida, cujo conteúdo e alcance jamais pode ser materialmente posto em causa face a outros valores, tais como: **o valor da verdade material cede e estagna frente à dignidade da pessoa humana e ao valor fundamental vida**.

A não interrupção do acto de injectar não é razão para que não se levante o auto de ocorrência e se efectue a apreensão da seringa, que, certamente, terá resíduos da substância injectada, caso o agente policial tenha necessidade de provar que ***A*** consumiu drogas ou caso este não assuma a sua situação ou não tenha qualquer substância que o possa indiciar como consumidor de estupefacientes e de substâncias psicotrópicas constantes nas tabelas I a IV anexas ao DL n.º 15/93, de 22 de Janeiro.

Capítulo II
Dos Direitos do Indiciado

§ 37º Direitos pessoais

95. O estatuto de *indiciado*[358] não descarna o toxicodependente de **direitos pessoais** que estão consignados na CRP, como o direito à inviolabilidade da *integridade física e moral* (n.º 1 do artigo 25º), o direito «à identidade pessoal, ao desenvolvimento da personalidade, à capacidade civil, à cidadania, ao bom nome e reputação, à imagem, à palavra, à reserva da intimidade da vida privada e familiar e à protecção legal contra quaisquer formas de discriminação» (n.º 1 do artigo 26º)[359], e processuais consignados no RGCO *ex vi* artigo 26º da Lei n.º 30/2000 e no DL n.º 130-A/2001 e no CPP *ex vi* artigo 41º do RGCO.

Estes direitos detêm não apenas uma tutela jurídica civil (artigos 70º, 71º, 72º, 75º, 76º, 79º e 80º do C. Civil), mas também uma tutela jurídico-penal (artigos 180º, 181º, 183º, 192º, e 193º do C. Penal).

O legislador visou criar no *indiciado* um sentimento de responsabilidade e de aceitação da intervenção do Direito através da CDT competente como meio e caminho para a sua futura reinserção social alcançada com o tratamento mais adequado possível à teleologia da intervenção

[358] Cfr. o conceito *supra* § 34.º Descriminalização e não despenalização, Parte III, Capítulo I.

[359] Deve, porém, a lei estabelecer garantias efectivas contra a utilização abusiva ou contrária à dignidade humana de informações relativas às pessoas e famílias (n.º 2 do artigo 26º da CRP) para que se garanta a dignidade pessoal e a identidade genética do ser humano, nomeadamente na criação, desenvolvimento e utilização das tecnologias e na experimentação científica (n.º 3 do artigo 26.º da CRP).

estadual. Ao descriminalizarem-se as condutas do *consumo*, da *aquisição* e da *posse para consumo* com fundamento de retirar o cunho degradante de um julgamento público, evitando-se a sua estigmatização e proscrição do cidadão, não poderia o legislador consagrar como regra a publicidade do processo contra-ordenacional[360-361].

[360] Os defensores da implementação do princípio da *oportunidade*, apesar de considerarem a audiência de julgamento um acto solene, também a caracterizam como uma fase de possível degradação e estigmatização do arguido, apesar do seu carácter solene e de poder ser um dos momentos mais importantes para a defesa e reposição da imagem e da honra do arguido. Sobre o princípio da oportunidade, os nossos *Processo Penal* – Tomo I, 3.ª Edição, pp. 219-234 e *Lei e Crime, o agente infiltrado versus o agente provocador, os princípios do processo penal*, (em co-autoria com FERNANDO GONÇALVES e MANUEL J. ALVES), Coimbra: Almedina, 2001, pp. 164 e ss., ANABELA MIRANDA RODRIGUES, *Código de Processo Penal – Processo Legislativo – Actas*, Lisboa: Assembleia da República, Vol. II – Tomo II, p. 74; J. N. CUNHA RODRIGUES, *Em Nome do Povo*, Coimbra: Coimbra Editora, 1999, pp. 164/165; Lei da Revisão Constitucional n.º 1/97, de 20 de Setembro; ALEXANDRE SOUSA PINTO e MÁRIO JOÃO DE BRITO FERNANDES, *Comentário à IV Revisão Constitucional*, Lisboa: AAFDL, 1999, p. 481; FIGUEIREDO DIAS, *Direito Processual Penal*, (lições coligidas por MARIA JOÃO ANTUNES), Coimbra, 1988-9, p. 93; FERNANDO JOSÉ DOS SANTOS PINTO TORRÃO, *A Relevância Politico-Criminal da Suspensão Provisória do Processo*, Coimbra: Almedina, 2000, pp. 125 e 126; GERMANO MARQUES DA SILVA, *Op. Cit.*, Vol. I, p. 44; TERESA PIZARRO BELEZA, *Actas do Código de Processo Penal*, Lisboa: Assembleia da República – Divisão de Edições, 1999, Vol. II – Tomo II, p. 53; CARLOS ADÉRITO TEIXEIRA, *Princípio da Oportunidade, Manifestações em Sede Processual Penal e sua Conformação Jurídico-Constitucional*, Coimbra: Almedina, 2000; MANUEL DA COSTA ANDRADE, *Actas do Código de Processo Penal*, Lisboa: Assembleia da República – Divisão de Edições, 1999, Vol. II – Tomo II, p. 46. ANABELA MIRANDA RODRIGUES, *Novo Olhar Sobre a Questão Penitenciária – Estatuto Jurídico do recluso e Ressocialização, Jurisdicionalização, Consensualismo e Prisão*, Coimbra: Coimbra Editora, 2000. Sobre o princípio do consenso e da ilustre Professora, *"Os processos Sumário e Sumaríssimo ou a Celeridade e o Consenso no Código de Processo Penal", in RPCC*, Ano 6, 1996, pp. 525 e ss.; MANUEL DA COSTA ANDRADE, *"Consenso e Oportunidade", in Jornadas de Direito Processual Penal – O Novo Código de Processo Penal*, Coimbra: CEJ, Almedina, 1995, pp. 326/327; MANUEL DA COSTA ANDRADE, *Actas do Código de Processo Penal*, Lisboa: Assembleia da República – Divisão de Edições, 1999, Vol. II – Tomo II, p. 44; GERMANO MARQUES DA SILVA, *Curso de Processo Penal*, 4.ª Edição, 2000, Vol. I, p. 73, nota 4; VITAL MOREIRA, na declaração de voto no Ac. do TC n.º 7/87, afirmava que "à face da CRP, o M. P. não dispõe do direito de acusar ou não acusar, competindo-lhe exercer a acção penal, que é uma tarefa do Estado, que o M P deve desempenhar de acordo com critérios de igualdade"; KARL ENGISH, *Pensamento Jurídico*, Lisboa: Fundação Calouste Gulbenkian, p. 220; ANTÓNIO BRAZ TEIXEIRA, *Sentido e Valor do Direito*, Lisboa: INCM, 2.ª Ed., p. 239; o nosso estudo *"Investigação Criminal como Motor de Arranque do Processo Penal", in Polícia Portuguesa*, Ano LXIII, II Série, n.º 123, Março/Abril 2000, pp. 2 e ss..

§ 38º Direito a defensor

96. O *indiciado* como o arguido no processo criminal, tem **direito a defensor**, que pode ser constituído pelo próprio ou pelo seu representante legal ou nomeado quer a requerimento daqueles quer oficiosamente [n.º 1 do artigo 13º do DL n.º 130-A/2001].

O defensor pode e deve acompanhar a audição do indiciado e o desenrolar do processo contra-ordenacional, de forma a poder interrogar o *indiciado* acerca dos factos descritos no auto de ocorrência e da sua personalidade e condições de vida, conforme estipula o n.º 2 do artigo 20º do DL n.º 130-A/2001, para que possa formular uma defesa capaz à reinserção do toxicodependente[362], conforme estipula o n.º 2 do artigo 24º do DL n.º 130-A/2001.

O direito a defensor decorre do consagrado pelo n.º 10 do artigo 32º da CRP, que impõe a aplicação dos mesmos direitos de defesa ao arguido no processo contra-ordenacional. No caso em análise, consideramos que ao indiciado devem ser reconhecidos os mesmos direitos de defesa que ao arguido no processo contra-ordenacional.

§ 39º Direito a audição e defesa

97. Ao *indiciado* não é permitida a aplicação de uma coima ou sanção alternativa sem que antes lhe seja assegurada a possibilidade de, em um prazo razoável, se pronunciar sobre a respectiva sanção pecuniária ou alternativa, nos termos do artigo 50º do RGCO, *mutatis mutandis, ex vi* artigo 26º da Lei n.º 30/2000. Se o consumo de substâncias proibidas constitui contra-ordenação (n.º 1 do artigo 2º da Lei n.º 30/2000), o pro-

[361] Quanto à problemática da publicidade da matéria de facto e dos actos processuais, o nosso estudo "A Publicidade da Matéria de Facto", *in Direito e Justiça*, Revista da Faculdade de Direito da Universidade Católica Portuguesa, Vol. XV, 2001, Tomo 1, pp. 207 e ss..

[362] O defensor é um elemento fundamental no processo de reinserção do indiciado no sentido de que, sendo uma pessoa de sua confiança, quase como seu confessor, deve encaminhá-lo para uma nova vida que começará com as consultas e tratamentos e futura reintegração social. Reiteramos a posição que adoptamos quanto ao papel fundamental que ao defensor deve ser aferido ao longo do processo (seja criminal, seja contra-ordenacional), nos nossos *Processo Penal* – Tomo I, 3.ª Edição, pp. 146-152 e *Lei e Crime...*, pp. 107 e ss..

cesso ter-lhe-á de facultar a sua **audição e defesa** para apresentar as suas alegações quanto à ocorrência, ao sentido da decisão e à medida a aplicar ao caso concreto, conforme n.º 1 do artigo 24º do DL n.º 130-A/2001.

A audição do indiciado, sendo para si um direito inalienável e constitucionalmente consagrado[363], cuja não realização constitui nulidade insanável por força da al. *c*) do artigo 119º e do artigo 122º do CPP, preceitos aplicados subsidiariamente por força do artigo 41º do RGCO que também se aplica subsidiariamente por força do artigo 26º da Lei n.º 30/2000, é um dever processual para a CDT territorialmente competente como se depreende dos artigos 13º, 14º e 24º do DL n.º 130-A/2001 e 10º e 15º da Lei n.º 30/2000 e do artigo 50º do RGCO.

Se o instrutor do processo optar pela audiência escrita e não fornecer ao indiciado "todos os elementos necessários para que fique a conhecer a totalidade dos aspectos relevantes para a decisão, nas matérias de facto e de direito", o processo contra-ordenacional fica ferido de nulidade sanável, arguível nos termos do n.º 1 do artigo 120º do CPP por força do n.º 1 do artigo 41º do RGCO e do artigo 26º da Lei n.º 30/2000[364].

§ 40º Direito à celeridade processual

98. O **direito à celeridade** processual[365] está vincado no espírito do novo quadro legal e constitui inevitavelmente um direito indissociável do *indiciado* no processo por consumo de droga. Desde a elaboração do auto de ocorrência até à audição e tomada de decisão os prazos estipulados demonstram a preocupação de promover um processo célere, mas que garanta indubitavelmente os direitos e garantias e liberdades

[363] O n.º 10 do artigo 32º da CRP estipula que «nos processos de contra-ordenação, bem como em quaisquer processos sancionatórios, são assegurados ao arguido os direitos de audiência e defesa».

[364] Cfr. Assento n.º 1/2003, DR, I S, n.º 21, 25 de Janeiro, pp. 547-559.

[365] A celeridade processual, como valor, como direito, é também um princípio corolário do princípio da presunção de inocência. Quanto a este assunto os nossos *Processo Penal* – Tomo I, 3.ª Edição, pp. 171-173 e *Lei e Crime* ..., Almedina, 2001, pp. 129 e ss., Anabela Miranda Rodrigues, *Processo Legislativo, Actas, Assembleia da República, Lisboa*, Vol. II – Tomo II, p. 74 e *in fine* n.º 2 do artigo 32º da CRP.

do indiciado[366], sendo que às autoridades policiais, como é seu apanágio, incumbe uma rápida promoção procedimental célere, pendendo o mesmo espírito sobre as equipas de apoio técnico e sobre a CDT.

A celeridade processual é um direito do indiciado e um dever para as autoridades administrativas, desde as forças e serviços de segurança até às CDT, espírito que o legislador impôs ao prescrever que, em qualquer fase processual, os serviços competentes devem utilizar os meios informáticos ou outros meios, que facilitem a celeridade processual, *ex vi* artigo 8º do DL n.º 130-A/2001. Quanto ao horário de funcionamento, o legislador preocupou-se em vincar a importância da celeridade processual ao estipular na al. *b*) do n.º 2 do artigo 33º do DL n.º 130-A/ /2001 que a CDT "deve adaptar o seu horário à exigência da celeridade na apreciação dos casos que lhe sejam submetidos".

O princípio da celeridade processual está bem patente no n.º 4 do artigo 14º do DL n.º 130-A/2001 – a CDT territorialmente incompetente deve comunicar a CDT competente «pela via mais célebre, designadamente por telefone» para marcar a data de audição do indiciado – e no n.º 5 do artigo 14º do mesmo diploma – o auto de ocorrência e todos os restantes elementos processuais «podem ser enviados por telecópia ou confirmados por via telefónica».

A celeridade processual é um direito do indiciado materializado nos deveres de actuação célere dos actores Polícia e CDT.

§ 41º Direito a decisão fundamentada

99. A decisão da CDT deve ser **fundamentada**, devendo determinar a medida a aplicar que deve resultar de uma ponderação de todos os elementos previstos no artigo 15º, n.º 4 da Lei n.º 30/2000, tendo principal incidência sobre a personalidade e a culpa do indiciado, devendo ainda a decisão especificar as razões que conduziram à condenação, bem como a escolha da medida a aplicar, nos termos preceituados do artigo 27º do DL n.º 130-A/2001.

A fundamentação, como axioma de um Estado de direito democrático e dever da actuação da CDT, surge como direito do *indiciado* no sentido

[366] Cfr. artigos 9º, 10º, 11º, 12º, 13º, 14º, 24º do DL n.º 130-A/2001, de 23 de Abril.

de poder fiscalizar a decisão e orientar o recurso para a instância judicial competente. Na prossecução de uma administração transparente e vinculada à lei, a fundamentação é um corolário do princípio da transparência da actuação do Estado. Acresce referir que a não fundamentação da decisão gera uma nulidade sanável por aplicação subsidiária do artigo 374º, n.º 2 por remissão do artigo 379º, al. *a*) do CPP *ex vi* do artigo 41º do RGCO *ex vi* do artigo 28º da Lei n.º 30/2000[367].

A fundamentação, como se depreende do n.º 3 do artigo 27º do DL n.º 130-A/2001, apesar de não estar expresso, deve incidir sobre as razões de facto e as razões de direito. Aplicando-se o RGCO, cuja fundamentação da decisão se encontra prescrita na al. *c*) do n.º 1 do artigo 58º, *ex vi* artigo 26º da Lei n.º 30/2000 e do artigo 43º do DL n.º 130-A/2001, que, por sua vez, determina a aplicação subsidiária do processo penal, *ex vi* do artigo 41º do RGCO. Como o CPP prescreve expressamente a fundamentação de facto e de direito, deve, *mutatis mutandis*, aplicar-se subsidiariamente o prescrito pelo n.º 4 do artigo 97º do CPP, ao determinar que "os actos decisivos são sempre fundamentados, devendo ser especificados os motivos de facto e de direito da decisão". Para evitar que as decisões fossem tomadas com violação dos preceitos legais, o legislador impôs que um dos membros da CDT tem de ser jurista, conforme n.º 2 do artigo 7º da Lei n.º 30/2000.

Como decidira o STA, o "dever de fundamentar obriga a que o órgão competente pondere a sua decisão e funcione não só como garantia de legalidade da actividade da Administração, mas também como meio de defesa dos direitos dos Administrados"[368]. A *fundamentação* da decisão permite não só o controlo da legalidade da mesma, como também vale para "convencer os interessados e os cidadãos em geral acerca da sua correcção e justiça", e, ainda, apresenta-se como um "importante meio

[367] Neste sentido o Ac. do STJ de 6 de Maio de 1992, publicado no DR, I-A, de 6 de Agosto de 1992, que fixou jurisprudência obrigatória de nulidade prevista na al. *a*) do artigo 379º do CPP não ser insanável. Cfr. MANUEL S. SANTOS, MANUEL LEAL-HENRIQUES e DAVID BORGES DE PINHO, *Código de Processo Penal Anotado,* Lisboa: Rei dos Livros, 1996, 2º Vol., pp. 393-394, 398, 400, 427-429.

[368] Cfr. AC. STA de Maio de 1983 *apud* nosso estudo *Da Publicação da Matéria de Facto...*, p. 46, nota 76. Neste sentido GERMANO MARQUES DA SILVA, *Curso de Processo Penal*, 2.ª Ed., Lisboa/São Paulo: Verbo, Vol. III, p. 294.

para obrigar a autoridade decidende a ponderar os motivos de facto e de direito da sua decisão, actuando por isso como meio de autocontrolo"[369].

§ 42º Direito de recurso

100. Ao *indiciado* assiste o direito de **recurso** das decisões que a CDT competente tomar para o *tribunal com jurisdição na sede da comissão recorrida* [artigo 8º n.º 2 da Lei n.º 30/2000], *nos termos prescritos no regime geral do ilícito de mera ordenação social* [artigo 31º do DL n.º 130-A/2001] - Tribunal da Comarca –, que se encontra e se aplica, *mutatis mutandis*, conforme o previsto nos artigos 59º a 75º do RGCO.

O direito de recurso é, também, uma garantia de defesa do indiciado que se encontra consagrado no n.º 1 do artigo 32º da CRP, e a materialização do direito de acesso ao direito e do direito à tutela jurisprudencial efectiva dos direitos e interesses legalmente protegidos - artigo 20º e n.º 4 do artigo 268º da CRP.

§ 43º Direito a tratamento

101. O *indiciado* tem, também, o direito a **tratamento** público e/ou privado, sendo que a opção por este caminho determina legalmente a suspensão não só do processo e da decisão [artigos 11º, 13º e 14º da Lei n.º 30/2000 e artigo 21º do DL n.º 130-A/2001], como da própria execução da sanção [artigos 19º e 20º da Lei n.º 30/2000 e do artigo 22º do DL n.º 130-A/2001].

O tratamento deve ser dirigido para a sua reintegração social e deve, essencialmente, respeitar a dignidade da pessoa humana, como um sujeito e nunca como um objecto experimental de terapias inovadoras.

O direito ao tratamento é uma manifestação pura do *princípio humanista,* que fundamentou a descriminalização do consumo da droga, assim como do princípio da prevenção. Sendo o toxicodependente um «doente», não faria qualquer sentido que o tratamento e/ou a cura da

[369] Germano Marques da Silva, *Curso de Processo Penal*, 1.ª Ed., Lisboa/São Paulo: Verbo, Vol. III, p. 290.

doença não fosse um direito daquele e uma tarefa do Estado e da própria sociedade[370]. Direito que se concretiza na sua vertente positiva[371], por o Estado ter tomado medidas e prestações para prevenir esta doença e tratá-la, permitindo ao «doente» que opte pelo serviço público ou privado de saúde.

O direito ao tratamento sobrepõe-se à aplicação de qualquer sanção, como depreendemos dos artigos 11º, 13º, 14º, 19º e 20º da Lei n.º 30/ /2000 e artigo 21º do DL n.º 130-A/2001, mas reforça-se por o legislador ter estipulado que ao consumidor, que solicite espontaneamente a «assistência dos serviços de saúde públicos ou privados», não se aplica o disposto na Lei n.º 30/2000, aplicando o mesmo procedimento se o médico do consumidor o indicar para tratamento aos serviços de saúde públicos e privados, conforme n.ºs 1 e 2 do artigo 3º da Lei n.º 30/2000.

§ 44º Direito a contactar pessoa de sua confiança

102. Ao ser conduzido ao posto policial, o *indiciado* está sob detenção para identificação[372] nos termos da al. *g)* do n.º 3 do artigo 27º da CRP. Estando coarctado na sua liberdade, o indiciado pode, na nossa opinião e sem qualquer rodeio ou pudor, **contactar pessoa** de sua confiança e ser assistido por defensor, que lhe possa levar os documentos ou o possa identificar.

Aplica-se, *mutatis mutandis*, o n.º 9 do artigo 250º do CPP, por aplicação subsidiária, que estipula que "será sempre facultada ao identificando a possibilidade de contactar com pessoa de sua confiança".

Quando a polícia tem necessidade de proceder à revista para a detecção e apreensão de elementos de prova da contra-ordenação, assiste ao *indiciado* o direito de contactar pessoa de sua confiança para presenciar à diligência, *ex vi* do artigo 175º n.º 1 do CPP, *ex vi* artigo 41ºdo RGCO *ex vi* artigo 26º da Lei n.º 30/2000.

[370] Cumpre-se o Consagrado pelo artigo 64º (saúde) da CRP. Quanto à opção pelo tratamento do consumidor ou usuário de drogas no Brasil, Carlos R. Bacilar/ Paulo Rangel, *Comentários Penais...*, p. 52.

[371] Quanto às vertentes positiva e negativa dos direitos económicos, sociais e culturais, Gomes Canotilho e V. Moreira, *Constituição da República...* – I, 4.ª Edição, p. 825.

[372] Cfr. *infra* § 49.º Da identificação e do domicílio.

§ 45º Direito a não publicidade da audição

103. O novo regime legal do consumo de drogas consagra a **não publicidade da audição** do indiciado, *ex vi* do n.º 6 do artigo 13º do DL n.º 130-A/2001. O princípio da não publicidade da audição pode ser afastado desde que o *indiciado* não se oponha e desde que esteja salvaguardada a sua dignidade, sendo o respeito desta a essência e a razão da exclusão de audição pública.

A solenidade do julgamento dá lugar à simplicidade e à reserva da vida do indiciado, permitindo um tempo e um espaço de reflexão para uma possível consciencialização da situação factual de modo a abrir as portas do tratamento. Afasta-se, como princípio, o olhar pesado e de censura do público sobre o consumidor de drogas.

A não publicidade da audição evita a estigmatização do consumidor de estupefacientes ou substâncias psicotrópicas, impedindo-se que tenham acesso ao procedimento pessoas estranhas ao processo e que não tenham qualquer interesse no desenrolar do mesmo. Contudo, o legislador estabeleceu a possibilidade do indiciado dispor desse mesmo direito caso abdique dele ao permitir que o presidente da CDT autorize a assistência de público.

§ 46º Direito de informação e acesso aos dados do registo central

104. O **direito de informação e acesso aos dados do registo central**, que pode ser exercido pelos respectivos titulares ou pelos seus representantes legais, e que deve ser assegurado pelo director de Departamento de Apoio ao processamento de Contra-Ordenações do IPDT, responsável pelo tratamento de dados (artigo 7º, n.º 1 da Portaria n.º 604/2001), está previsto no artigo 8º da Portaria n.º 604/2001, de 12 de Junho, que aprova o Regulamento do Registo Central dos Processos de Contra-Ordenação, *ex vi* n.º 3 do artigo 7º da Lei n.º 30/2000.

Ao *indiciado* ou ao seu representante legal assiste, também, o direito de *informação* e de *acesso* ao andamento do processo contra-ordenacional individual, direito consagrado constitucionalmente no n.º 2 do artigo 268º da CRP, que se encontra também previsto no artigo 61º e ss. do CPA.

O mesmo direito impõe que a informação desejada seja requerida e que o requerente tenha interesse directo no procedimento, podendo o mesmo ser exercido em qualquer fase do procedimento[373]. Como direito do indiciado constitui um dever da CDT de prestar a informação requerida e de permitir o acesso ao procedimento.

§ 47º Direito ao Sigilo

105. O legislador prescreveu a não publicidade da audição do indiciado – n.º 6 do artigo13º do DL n.º 130-A/2001[374] – e, em simultâneo, determinou que a decisão da CDT, absolutória ou condenatória, apenas seria comunicada ao *indiciado* e ao registo central – artigos 28º e 29º do DL n.º 130-A/2001 –, afastando qualquer possibilidade de publicação.

Tendo em conta que a imagem, a reserva da intimidade da vida privada e a honra – bom nome e reputação – do *indiciado* podiam ser afectadas com a publicação ou comunicação de dados pessoais, o legislador, seguindo o consagrado no n.º 2 do artigo 26º da CRP[375], determinou que os membros da CDT estão «sujeitos ao dever de sigilo» – n.º 4 do artigo 7º da Lei n.º 30/2000 – e «os médicos, técnicos e restante pessoal de saúde que assistem o consumidor **estão sujeitos** ao dever de segredo profissional», isentando-os de qualquer responsabilidade caso se recusem a «depor em inquérito ou processo judicial ou a prestar informação sobre a natureza e evolução do processo terapêutico ou sobre a identidade do consumidor» – n.º 3 do artigo 3º da Lei n.º 30/2000.

O dever de sigilo e de segredo profissional[376] imposto àqueles que contactam com o consumidor apresenta-se como uma verdadeira garantia reforçada de direitos fundamentais pessoais, consagrados no artigo 26º da CRP, corolários do princípio do respeito pela dignidade da pessoa humana, e como um verdadeiro direito do *indiciado*.

[373] Diogo Freitas do Amaral *Et Alia, Código De Procedimento Administrativo Anotado*, 3.ª Edição, Coimbra: Almedina, 1999, P.126.

[374] Cfr. *supra* § 45.º O Direito a não publicidade da audição.

[375] Que prescreve «A lei estabelecerá garantias efectivas contra a utilização abusiva, ou contrária à dignidade humana, de informações relativas às pessoas e famílias».

[376] Quando a este assunto *infra* § 63º ponto β. Do dever de sigilo ou de segredo profissional das CDT.

Capítulo III
Dos Procedimentos Processuais

§ 48º Do auto de ocorrência ou auto de notícia

106. Se um cidadão for surpreendido com a quantidade necessária para o consumo médio individual para um período de 10 dias[377], as autoridades policiais elaboram o *Auto de Ocorrência,* mais conhecido por Auto de Notícia por Contra-Ordenação[378].

O *Auto de Ocorrência* é obrigatório sempre que se verifique um evento ou circunstância susceptível de implicar responsabilidade por contra-ordenação[379], devendo do mesmo constar a identidade e o domicílio do indiciado, a descrição das circunstâncias factuais da ocorrência, se houve ou não revista, se foi ou não preciso conduzir à Esquadra, e o auto de Apreensão do estupefaciente ou da substância psicotrópica.

O *indiciado,* após as diligências necessárias para a elaboração do auto da ocorrência, é de imediato colocado em liberdade, devendo do expediente constar as horas a que o indiciado entrou e saiu do posto policial[380].

[377] Quanto à dose diária, mapa a que se refere o artigo 9º da Portaria n.º 94 /96, de 26 de Março.

[378] Cfr. n.º 1 do artigo 4º da Lei n.º 30/2000, de 29 de Novembro, e n.º 1 do artigo 9º do DL n.º 130-A/2001, de 23 de Abril.

[379] O artigo 48º, n.º 1 do DL n.º 433/82, consagra para o processo contra-ordenacional estipulação idêntica à consagrada no artigo 242º, n.º 1, al. *a)* do CPP, para o processo criminal. O auto deve conter todos os requisitos dos artigos 99º, 100º, *mutatis mutandis,* do CPP.

[380] Cfr. artigo 250º do CPP e artigo 27º, n.º 3, al. *g)* da CRP.

O expediente é enviado para a *Comissão para a Dissuasão da Toxicodependência* (*CDT*) territorialmente competente e *pelo meio mais célere*, no prazo máximo de 36 horas após a ocorrência[381], que tem competência para o processamento das contra-ordenações e aplicação das respectivas sanções[382] e que se encontra sediada nas instalações do SICAD, de cada distrito.

O envio do expediente permite que a CDT proceda à audição do indiciado no prazo máximo de 72 duas horas[383] para que aquele se pronuncie "sobre a contra-ordenação que lhe é imputada e sobre a sanção ou sanções em que incorre" pela prática do consumo de estupefacientes[384].

107. A obrigatoriedade de respeitar os pressupostos e requisitos do n.º 1 do artigo 9º do DL n.º 130-A/2001, de 23 de Abril[385], quanto aos autos de contra-ordenação por consumo, aquisição ou detenção para consumo[386], implica que daqueles devem constar todas as informações de que as autoridades policiais tenham conhecimento relativamente ao facto em si, à situação do consumidor, à natureza e circunstâncias do consumo, local, dia, hora, às diligências efectuadas, aos meios de prova.

[381] Cfr. n.º 2 do artigo 9º do DL n.º 130-A/2001, de 23 de Abril.

[382] Cfr. n.º 1 do artigo 5º da Lei n.º 30/2000, de 29 de Novembro.

[383] Cfr. *in fine* do n.º 1 do artigo 11º do DL n.º 130-A/2001, de 23 de Abril.

[384] Cfr. artigo 50º do RGCO, *ex vi* artigo 26º da Lei n.º 30/2000, de 29 de Novembro.

[385] Que são idênticos aos do artigo 243º do CPP.

[386] Devemos recorrer subsidiariamente aos preceitos reguladores da actuação policial do CPP, a mais que o artigo 26º da Lei n.º 30/2000 determina a aplicação subsidiária do regime geral das contra-ordenações na falta de disposição específica da Lei em causa, remetendo este regime para os *preceitos reguladores do processo criminal, devidamente adaptados*, quando este regime não estipular sobre a mesma matéria (artigo 41º do RGCO). O artigo 48º deste diploma determina, também, que as autoridades policiais e fiscalizadoras devem *"tomar conta de todos os eventos ou circunstâncias susceptíveis de implicar responsabilidade por contra-ordenação e tomar as medidas necessárias para impedir o desaparecimento de provas"* (n.º 1), logo depreende-se deste preceito que as autoridades policiais devem proceder de acordo com os artigo 248º e ss. do CPP, devidamente adaptados, para evitar que as provas desapareçam. Além do mais, o n.º 2 daquele preceito estipula que *"as autoridades policiais têm direitos e deveres equivalentes aos que têm em matéria criminal"*. Assim sendo, tudo devem fazer para que os meios de prova sejam assegurados, podendo *"praticar os actos cautelares necessários e urgentes"* para os assegurar (n.º 2 do artigo 249º do CPP).

Tudo o que é do conhecimento das autoridades policiais deve ser descrito no auto de ocorrência, porque são dados fundamentais para que a CDT, na ponderação que tem de realizar aquando das aplicações das sanções, nos termos do n.º 4 do artigo 15º, possa "formular um juízo sobre se *aquele cidadão* é toxicodependente ou não, quais as substâncias consumidas, em que circunstâncias estava a consumir quando foi interpelado *pelas autoridades policiais*, qual o local"[387], de forma que, na aplicação das sanções [coimas – artigo 16º da Lei n.º 30/2000; alternativas – artigo 17º e ss. da Lei n.º 30/2000], a CDT possa realizar uma ponderação concreta e efectiva quer da situação do consumidor, quer da natureza e das circunstâncias do consumo, tendo em conta os parâmetros balizadores do n.º 4 do artigo 15º da Lei n.º 30/2000[388].

108. O auto deve ser assinado pelo autuante e do mesmo deve constar se o indiciado contactou ou não familiar seu ou se a autoridade policial lhe facultou e o mesmo recusou esse contacto[389]. Do mesmo auto deve constar se, caso o indiciado revele incapacidade, as autoridades policiais contactaram e localizaram o representante legal e lhe deram conhecimento da ocorrência e dos motivos da contra-ordenação e se o notificaram para comparecer junto da *CDT* com o indiciado[390].

Do *auto de ocorrência* deve, também, constar se a autoridade policial promoveu ou não a condução do indiciado ao serviço de saúde público para prestação de serviços terapêuticos quando a integridade física do

[387] Cfr. n.º 1 do artigo 10º da Lei n.º 30/2000, de 29 de Novembro. Itálico nosso.

[388] O n.º 4 do artigo 15º preceitua que:

"Na aplicação das sanções, a comissão terá em conta a situação do consumidor e a natureza e as circunstâncias do consumo, **ponderando**, designadamente:

a) A gravidade do acto;

b) A culpa do agente;

c) O tipo de plantas, substâncias ou preparados consumidos;

d) A natureza pública ou privada do consumo;

e) Tratando-se de consumo público, o local do consumo;

f) Em caso de consumidor não toxicodependente, o carácter ocasional ou habitual do consumo;

g) A situação pessoal, nomeadamente económica e financeira, do consumidor."

Negrito nosso.

[389] Conforme estipulam os n.ºs 2 e 5 do artigo 9º do DL n.º 130-A/2001, de 23 de Abril.

[390] Conforme estipulam os n.ºs 2 e 6 do artigo 11º do DL n.º 130-A/2001, de 23 de Abril.

indiciado estiver em perigo[391], se efectuou ou não o teste rápido para determinar a natureza do estupefaciente ou substância psicotrópica, assim como o seu peso[392].

A elaboração do *auto de ocorrência* permite que seja, inevitavelmente, uma peça processual fundamental, ou seja, deve ser um documento com uma descrição minuciosa de toda a envolvência para permitir a aplicação de uma justa e equitativa medida, de forma que esta seja a ponte da responsabilização e de reintegração do *indiciado* para que se possa alcançar, acima de tudo, uma prevenção especial eficaz e eficiente por meio da execução da sanção ou da medida de acompanhamento, cuja execução compete às autoridades policiais.

§ 49º Da identificação e do domicílio

109. Interceptado o presumível consumidor – *indiciado*[393] – as autoridades policiais devem proceder à sua identificação e à determinação do seu domicílio, dados que devem constar do auto de ocorrência[394]. Estas diligências devem ocorrer no período de espaço mais curto possível, evitando-se que sejam postos em causa direitos, liberdades e garantias do indiciado de consumo de estupefacientes ou de substância psicotrópicas.

A restrição da liberdade para identificação deve ser mínima em termos temporais, quer por força do artigo 250º do CPP, quer por imperativo constitucional [artigo 27º, n.º 3 al. *g*) da CRP], cujo espírito também está amalgamado no n.º 2 do artigo 4º da Lei n.º 30/2000 e no n.º 4 do artigo 9º do DL n.º 130-A/2001, de 23 de Abril, onde se preceitua que, quando as autoridades policiais não conseguirem proceder à identificação e ao conhecimento do domicílio do consumidor no

[391] Conforme estipula o n.º 1 do artigo 10º do DL n.º 130-A/2001, de 23 de Abril.

[392] Conforme estipula o n.º 2 do artigo 17º do DL n.º 130-A/2001, de 23 de Abril.

[393] Não nos esqueçamos de que tem qualidade de indiciado aquele que adquirir ou deter uma "quantidade necessária para o consumo médio individual durante o período de 10 dias", n.º 2 do artigo 2º da Lei n.º 30/2000, de 29 de Novembro.

[394] Cfr. al. *c*) do n.º 1 do artigo 9º do DL n.º 130-A/2001, de 23 de Abril.

local e no momento da ocorrência e, desde que se revele necessário[395], aqueles podem *"deter o consumidor para garantir a sua comparência perante a Comissão,* ***nas condições do regime legal para a detenção para identificação****"*[396].

110. O legislador visou limitar e proibir qualquer arbitrariedade na actuação policial, fazendo sentir às autoridades policiais que tudo oqueultrapasseoslimitesconstitucionaiseprocessuais[397]consignaumaactuação ilegal, podendo assim o elemento policial incorrer no crime de *abuso de poder*, p. e p. pelo artigo 382º do CP ou de *denegação de justiça*, por detenção ilegal, p. e p. pelo artigo 369º n º 3 do CP.

O legislador, como já o fizera no Código de Processo Penal (1987)[398], permite à autoridade policial que promova certas medidas de prevenção e cautelares no sentido de identificar, de apreender objectos que serviram ou serviriam para a prática da contra-ordenação e que possam servir de prova e de condução para comparência perante a CDT territorialmente competente.

Mas o legislador consagrou, também e de modo automático, no n.º 2 do artigo 4º da Lei n.º 30/2000, dois limites da própria intervenção policial ao submeter o regime da **identificação:** por um lado, às *condições do regime legal da detenção para identificação,* pois têm de respeitar os pres-

[395] Quando o cidadão em questão já tiver sido identificado em autos anteriores, pensamos que basta fazer a descrição física do mesmo e referir que a identificação do mesmo se presume que seja a constante do auto com o registo n.º (w), cuja cópia se junta.

[396] Itálico e negrito nossos. Quanto à identificação no âmbito contra-ordenacional, o nosso *Teoria Geral do Direito Policial,* 4.ª Edição, pp. 275-279.

[397] Como já referimos, consagrados na al. *g)* do n.º 3 do artigo 27º da CRP e no artigo 250º do CPP.

[398] As medidas cautelares e de polícia, que, como afirma ANABELA MIRANDA RODRIGUES, apesar de serem um risco, a sua consagração é adequada à fase em que se estrutura a prova, ou seja, são meios legais. Consagram-se legalmente meios de actuação e critérios que legitimam a actuação policial, mas cujo âmbito de qualquer discricionalidade é muito apertado. O legislador cede, mas restringe qualquer liberalidade de intervenção policial, que, caso exista, o elemento que de tal fizer uso, incorrerá no crime de *abuso de poder,* p. e p. pelo artigo 382º do C. Penal. *Apud* LEAL-HENRIQUES e SIMAS SANTOS, *O CPP Anotado,* Lisboa: Rei dos Livros, Vol. II, pp. 27 e 28; ANABELA M. RODRIGUES, "O Inquérito no Novo Código de Processo Penal", *in Jornadas de Processual Penal,* Coimbra: Almedina, CEJ, 1995, p. 71.

supostos do artigo 250º do CPP[399] e do artigo 27º, n.º 3, al. *g*) da CRP; e, por outro lado, de submeter a condução ao posto policial à condição negativa de impossibilidade de identificação e de determinação do domicílio do indiciado no local de intercepção.

Quanto à primeira limitação não vemos qualquer problema nem a objectamos. Mas, quanto à segunda limitação, levantamos algumas objecções:

α. muitas vezes ou quase sempre o *indiciado* não possui nem se faz acompanhar de qualquer identificação documental – BI, Passaporte, Passe ou outro documento autenticado que substitua o BI –, impondo-se à AP que conduza o *indiciado* à Esquadra mais próxima para que, no espaço de tempo mais curto, proceda correctamente à identificação;

β. a AP não se faz acompanhar de testes rápidos capazes de analisarem a droga que está na posse do *indiciado*, nem mesmo os Carros Patrulhas, o que, necessariamente, impõe à AP a condução do indiciado à Esquadra mais próxima para se proceder à análise da substância para se saber se estamos perante uma substância proibida constante das tabelas I a IV anexas ao DL n.º 15/93;

γ. a droga encontrada na posse do *indiciado* terá de ser apreendida, nos termos do n.º 1 do artigo 4º e al. *d*) do n.º 1 do artigo 9º do DL n.º 130-A/2001. O Auto de Apreensão tem de ser elaborado e assinado quer pelo autuante quer pelo indiciado, devendo do mesmo constar o que é que se apreendeu e a sua quantidade. Como é sobejamente do conhecimento de todos nós, as AP não têm capacidade para transportar os instrumentos necessários para a elaboração do expediente na via pública;

δ. as AP têm de realizar a designada revista ao *indiciado*, para se saber se ele apenas detém a quantidade que deu de livre e espontânea vontade ou se existe mais alguma droga escondida. A via pública não é o local adequado à realização da revista, logo existe a necessidade de conduzir o presumível *indiciado* à Esquadra mais próxima para se proceder à revista prevista nos artigos 251º e 174º do CPP

[399] *Ex vi* artigos 48º e 49º do RGCO, *ex vi* artigo 26º da Lei n.º 30/2000, de 29 de Novembro.

e, ainda, quando preenchidos os pressupostos, a prevista no artigo 53º do DL n.º 15/93.

Estes procedimentos, que coarctam a liberdade do *indiciado*, fundam-se na designada detenção para identificação e, caso não se efectuasse, estaríamos a fomentar o pequeno tráfico ou o tráfico-consumo. Consideramos que, em uma próxima alteração legislativa, deve estipular-se expressamente a aplicação subsidiária do artigo 250º do CPP.

111. Se o suspeito da prática de um crime não pode permanecer no departamento policial por mais de 6 horas, muito menos um *indiciado* deve permanecer nesse departamento policial mais de 6 horas, mas a autoridade policial pode recorrer a todos os mecanismos consagrados pelo artigo 250º do CPP para averiguar da identificação e do domicílio do *indiciado*[400].

No caso do indiciado ter de ser detido para identificação, a autoridade policial deve providenciar a sua apresentação junto da CDT imediatamente à ocorrência e à elaboração do expediente, desde que aquela esteja a funcionar ou haja um membro em regime de disponibilidade permanente, devendo a apresentação do indiciado ser precedida de um contacto[401].

§ 50º Da apreensão, da análise e da pesagem do produto

112. O *indiciado*, como já se referiu, é aquele que consome ou adquire ou detém para consumir estupefaciente ou substância psicotrópica, condutas que constituem contra-ordenação.

O ilícito de mera ordenação social impõe que o mesmo seja provado quer pela existência da substância proibida, quer através do testemunho

[400] O artigo 49º do RGCO, estipula que "as autoridades policiais podem exigir ao agente de uma contra-ordenação a respectiva identificação", deixando em aberto os mecanismos que permitam a identificação do agente da contra-ordenação, sendo que se devem seguir os pressupostos do artigo 250º do CPP por aplicação subsidiária, *ex vi* artigo 41º, n.º 1 do RGCO e *ex vi* artigo 26º da Lei n.º 30/2000, de 29 de Novembro.

[401] Cfr. n.ºs 1 e 2 do artigo 12º do DL n.º 130-A/2001, de 23 de Abril.

do autuante [artigo 18º do DL n.º 130-A/2001] e de outras testemunhas [artigo 9º, n.º 1, al. *d*) do DL n.º 130-A/2001].

O produto suspeito encontrado com o indiciado, cuja quantidade preencha os requisitos da contra-ordenação[402], está sujeito à **apreensão**[403], que como meio de obtenção de prova, visa evitar o *desaparecimento de provas*[404]. O produto apreendido (plantas, substâncias ou preparações compreendidas nas tabelas I a IV anexas ao DL n.º 15/93, de 22 de Janeiro) é enviado, *no mais curto lapso de tempo, à comissão territorialmente competente, para* ser depositado no comando distrital da polícia que actuou no caso concreto[405].

113. A apreensão e a descrição da natureza do produto e da quantidade tem de constar do auto da ocorrência, o que impele as autoridades policiais a efectuarem a **análise** ao produto para determinar a sua natureza. O designado teste rápido ao produto apreendido permite determinar se estamos ou não perante um caso de droga e se a quantidade é ou não a referida no n.º 2 do artigo 2º da Lei n.º 30/2000, ou seja, se estamos perante uma contra-ordenação ou crime.

No momento em que se analisa o produto, através do Teste Rápido DIK 12, deve efectuar-se a **pesagem** do mesmo, o que permitirá concluir se estaremos ou não perante consumo ou tráfico de droga.

O n.º 2 do artigo 17º do DL n.º 130-A/2001 estipula que as autoridades policiais realizam **análise** *sempre que tenham dúvidas sobre a natureza do produto*. Como se sabe, só sabemos se estamos perante uma substância psicotrópica ou estupefaciente se o teste der positivo, caso contrário ter-se-á de aguardar pelo exame laboratorial. Só é contra-ordenação se o suposto indiciado estiver a consumir ou adquirir ou a deter para consumo *substância psicotrópica ou estupefaciente constante das tabelas I a IV anexas ao* DL n.º 15/93 e se a quantidade for a *necessária para consumo médio individual durante o período de 10 dias*, conforme n.º 2 do artigo 1º e artigo 2º da Lei n.º 30/2000.

[402] Cfr. artigo 2º da Lei n.º 30/2000, de 29 de Novembro.

[403] Cfr. n.º 1 do artigo 4º da Lei n.º 30/2000, de 29 de Novembro.

[404] Cfr. n.ºs 3 do artigo 9º do DL n.º 130-A/2001, de 23 de Abril e n.º 1 do artigo 4º da Lei n.º 30/2000, de 29 de Novembro.

[405] *Ibidem*. É de extrema importância ter em conta os pressupostos do artigo 249º, n.º 1, al. *c*) em conjugação com os artigos 178º, 184º e 185º do CPP, com as devidas adaptações.

A redacção do artigo 17º do DL n.º 130-A/2001 deve ser alterada de modo a que se imponha a obrigatoriedade de análise do produto apreendido e o seu envio ao laboratório Polícia Científica para comprovação ou não da droga em causa.

§ 51º Da revista

114. As autoridades policiais, quando verificarem que alguém está ou se prepara para consumir, adquiriu ou detém na sua posse para consumo próprio plantas, substâncias ou preparações compreendidas nas tabelas I a IV anexas ao DL n.º 15/93, podem proceder "**eventualmente, *à revista***"[406] do consumidor para a detecção e apreensão de elementos de prova da contra-ordenação, nos termos do n.º 1 do artigo 4º da Lei n.º 30/2000.

A **revista**[407], como medida cautelar e de polícia e meio de obtenção de prova e recorrendo subsidiariamente aos preceitos processuais penais, apenas se efectua se estiverem preenchidos, *mutatis mutandis*, os pressupostos consagrados na al. *a*) do n.º 1, artigo 251º do CPP. Tem de existir fundada razão de que aquele cidadão oculta objecto susceptível de servir de prova da prática da contra-ordenação[408] e que se pode perder até que a mesma seja autorizada pela autoridade judiciária (artigo 174º, n.º 2 do CPP).

As revistas, que são medidas de excepção, que se impõem por *periculum in mora* e que são "ditadas apenas pela urgência na aquisição, recolha e preservação de provas em risco de perda, interessando, pois, pô-las em

[406] Sobre a revista no processo penal, os nossos estudos *Processo Penal* – Tomo I, 3.ª edição, pp. 304-305 e 365-376, *Revistas e Buscas,* 2.ª edição, Coimbra: Almedina, 2003, pp. 19-57 e *Lei e Crime...*, pp. 219 e ss.. Negrito nosso.

[407] Nos termos da al. *a*) do n.º 1 do artigo 251º do CPP *ex vi* artigo 41º do DL n.º 433/82, de 27 de Outubro, *ex vi* artigo 26º da Lei n.º 30/2000, de 29 de Novembro. Aplica-se subsidiariamente os preceitos processuais penais, porque nem a Lei n.º 30/2000, nem o RGCO estipulam qualquer regra de procedimento quanto à revista prevista no artigo 4º, n.º 1 da Lei n.º 30/2000, de 29 de Novembro.

[408] Cfr. artigo 48º-A do DL n.º 433/82, de 27 de Outubro, *ex vi* artigo 26º da Lei n.º 30/2000, de 29 de Novembro.

resguardo"[409], estão ainda condicionadas ao advérbio de modo "eventualmente" que não significa que autoridades policiais podem efectuar revistas sempre que seja eventual a suspeita, mas sim quando esta possa ser fundamentada em elementos de facto, que necessariamente fundamentam a matéria de direito.

Contudo, seria ingénuo e inocente se se pensasse que as autoridades policiais não teriam de efectuar a revista, pois, caso não o fizessem, poder-se-ia promover o tráfico de droga. Qualquer cidadão que fosse interceptado diria que era consumidor ou toxicodependente – *indiciado* –, entregaria a quantidade que o qualifica como tal, o que limitaria a actuação policial, caso esta não efectuasse a revista para verificar se o suposto ou não indiciado é consumidor ou se é traficante.

Face ao exposto e como temos defendido, **propomos que seja retirado o advérbio de modo «eventualmente»**, permitindo que a AP proceda à revista como forma de detectar se a droga detida pelo presumível indiciado apenas se destina ao seu consumo ou, também, ao tráfico.

§ 52º Da Questão da Interpretação da Quantidade: Hipótese

115. A questão da interpretação da quantidade de produto é, ainda hoje, levantada por influência da norma revogatória do artigo 40º do DL n.º 15/93[410]. Esta questão pode limitar a actuação desconforme com o Direito. Vejamos os seguintes exemplos e as teses mais discutidas.

O agente ***A*** intercepta ***B*** com 0,7g de heroína, 0,9g de cocaína e 3g de haxixe.

A conduta de ***B*** preenche o quadro legal do consumo de droga ou de tráfico?

A teleologia da Lei n.º 30/2000 impõe que se analise os pressupostos de facto e de direito. Sendo que a quantidade total é de 4,6g de droga (Heroína, Cocaína e Haxixe) e que não ultrapassa os 5g de haxixe do máximo estipulado pelo quadro anexo à Portaria n.º 94/96. A filosofia da Lei n.º 30/2000, na nossa opinião, impõe que ***B***, ao não ultrapassar qual-

[409] Manuel Simas Santos, Manuel Leal-Henriques e David Borges de Pinho, *Código de Processo Penal Anotado*, Lisboa: Rei dos Livros, 1996, 2º Vol., p. 33, anotação ao artigo 251º.

[410] Neste mesmo sentido Rui do Carmo, "Toxicodependência e Medidas alternativas à prisão", in RMP, Ano 35, 137, Jan.-Fev. 2014, pp. 90-91.

quer limite das drogas em causa – heroína 1g, cocaína 2g e haxixe 5g – e ao não ultrapassar no todo o limite máximo permitido quanto a uma das drogas (haxixe), comete um ilícito de mera ordenação social, p. e p. pelo artigo 2º da Lei n.º 30/2000.

Mas se ***B*** tivesse na sua posse uma quantidade que ultrapassasse qualquer dos limites estipulados pela Portaria n.º 94/96, ou seja, detivesse 1,4g de heroína, 0,9g de cocaína e 3,1g de haxixe, na nossa opinião, ***B*** pode, à partida, estar a incorrer no crime de *tráfico de estupefacientes*, p. e p. pelo artigo 21º do DL n.º 15/93 de 22 de Janeiro[411], uma vez que 1,4g de heroína é superior a 1g permitida para o consumo médio de 10 dias, *ex vi* n.º 2 do artigo 2º da Lei n.º 31/2000.

Se ***B*** adquirisse 0,7g de heroína e 4,2g de haxixe, também cometia o ilícito de mera ordenação social, porque não ultrapassa a quantia máxima (5g de haxixe p/10 dias) permitida por lei para o haxixe. *A contrario*, se tivesse adquirido 1,2g de heroína e 3,6g de haxixe, já podia ser detido por tráfico de droga[412], porque existe "a presunção de que o excesso estará conexionado com a actividade de tráfico desligada da finalidade de simples consumo pessoal"[413]. Mas poder-se-ia ou ter-se-ia de apurar se estamos perante uma tipologia de *consumo agravado* (n.º 2 do artigo 40.º do DL n.º 15/93), que, na nossa opinião, se encontra descriminalizado e, por isso, estaríamos no âmbito contra-ordenacional[414].

[411] Dadas as circunstâncias e à quantidade de estupefacientes, pode defender-se que a conduta de *B* se enquadra, em princípio e à primeira vista, no crime de tráfico de droga de menor gravidade, p. e p. pelo artigo 25º do DL n.º 15/93.

[412] Cfr. nota anterior.

[413] Cfr. Ac. do STJ de 2 de Dezembro de 1998, proc. n.º 34 904, *in* www.dgsi. pt/jstj.nsf/. No sentido de que a posse de estupefaciente de quantidade superior a 10 dias consigna a prática de crime de tráfico de menor gravidade, p. e p. pelo artigo 25º do DL n.º 15/93, o Ac. da Relação do Porto de 7 de Dezembro de 2005, em que se delibera que estender o regime de contra-ordenação à posse de 31,018 grs de cannabis para consumo próprio é ilegal e inadmissível, assim como considera absurda a "solução de impunidade" por existir um vazio legal por o consumo agravado estar descriminalizado por revogação do n.º 2 do artigo 40º do DL n.º 15/93, defendida por Rui Pereira, "A descriminação do consumo de droga", *in Liber Discipulorum para Jorge de Figueiredo Dias,* Coimbra: Coimbra Editora, 2003, pp. 1171-1176. Cfr. Ac. relação do Porto de 7 de Dezembro de 1995, *in www.dgsi.pt/.*

[414] Cfr. *supra* §16.º Do tráfico de menor gravidade ou consumo agravado – artigos 25º e 40º, n.º 2 do Decreto-Lei n.º 15/93, de 22 de Janeiro.

116. A fórmula que utilizamos para a destrinça entre consumo e tráfico afasta-se da tese restritiva – que defende que há tráfico de droga a partir do momento em que as quantidades ultrapassem o máximo de qualquer uma das substâncias detidas pelo *indiciado* – e da tese da divisibilidade das quantidades por doses diárias – *p. e.*, 0,5g de cocaína correspondiam a 2 (duas) doses vírgula cinco, ou seja, a dois dias e meio de consumo.

No primeiro exemplo de ***B***, segundo a tese da divisibilidade diária, estaríamos perante uma situação de 17,5 dias, ou seja, 7,5 dias a mais dos 10 dias admitidos por lei. Esta interpretação restritiva e literal matemática pode levar a enquadrar a situação no crime de tráfico ou de pequeno tráfico de estupefacientes. Mas contraria o escopo da descriminalização do consumo, posse e aquisição para consumo.

Quer uma tese quer outra afectam, directa ou indirectamente, a teleologia da descriminalização do consumo, posse e aquisição para consumo de estupefacientes e substâncias psicotrópicas. Face à tese restritiva, o exemplo de ***B***, que detém 0,7g de heroína e 4,2g de haxixe, seria tráfico de droga, crime p. e p. pelo artigo 21º ou crimes p. e p. pelos artigos 25º – tráfico de menor gravidade – ou 26º – traficante-consumidor –, todos do DL n.º 15/93. Seguindo a tese da divisibilidade, as quantidades apresentadas ultrapassam em 5,2 dias – 7 dias de heroína + 8,2 dias de haxixe – o permitido ou consignado como quantidade enquadrável na contra-ordenação, que são doses necessárias para 10 dias de consumo.

A teleologia do diploma da *descriminalização do consumo, posse e aquisição de drogas não se coaduna com uma análise, interpretação e aplicação do artigo 2º da Lei n.º 30/2000 de modo restritivo*, porque podemos estar perante um indiciado que comprou produto estupefaciente para 20 dias para seu consumo e não perante um traficante, ou, perante um indiciado que consome muito mais do que uma dose por dia, que poderia ser punido por tráfico de drogas, ou ser detido, passar um ou dois dias nos calabouços das polícias, ser presente ao juiz, ser-lhe aplicada uma medida de coacção privativa da liberdade e, após o inquérito, concluir-se que estamos perante consumo e não tráfico.

A nossa tese – conjugação dos pesos totais face ao limite da máxima, sem que nenhuma delas ultrapasse o seu limite legal – é mais garantidora dos direitos e liberdades do *indiciado* e vai de encontro com a teleologia da Lei n.º 30/2000 e com o fim preventivo de evitar a promoção do tráfico, além de presumirmos que o teste DIK 12 é um teste de despistagem sujeito a confirmação do Laboratório de Polícia Científica, onde constará a natureza e o peso líquido das drogas.

117. As margens de diferenciação são muito ténues e próximas, mas o legislador procurou evitar que a descriminalização do consumo, aquisição ou/e posse para consumo de estupefacientes e substâncias psicotrópicas se transformasse em um instrumento jurídico proporcionador do tráfico de droga através de redes de pequeno e doméstico tráfico, o que não é muito difícil, porque muitos são os que adquirem 0,9g de heroína e 0,2g de cocaína, sendo esta última para seu consumo, enquanto a primeira é dividida em "palhinhas", que são, *a posteriori*, vendidas a € 5 euros cada, o que lhes permite fazer dinheiro para o seu consumo e para o seu dia-a-dia. Este modelo de tráfico é desenvolvido por muitos consumidores, cuja natureza de actividade se enquadra, hoje, no ilícito de mera ordenação social.

Subsiste, assim, a dúvida de se saber se o legislador conseguiu prevenir e evitar que sob a capota do consumo não prolifere o *tráfico de menor gravidade* (p. e p. pelo artigo 25º do DL n.º 15/93) e o de *traficante-consumidor* (p e p. pelo artigo 26º do DL n.º 15/93). Mas, e como já frisamos anteriormente, discordamos do Tribunal Constitucional por ter decidido que o consumo agravado, p. e p. pelo n.º 2 do artigo 40.º do DL n.º 15/93, não foi revogado pelo artigo 28.º da Lei n.º 30/2000[415].

Na nossa mente perdura essa interrogação, apesar de defendermos que *cabe à Polícia na sua função de prevenção criminal*, quer no sentido de *vigilância*, quer no *sentido estrito promover uma investigação capaz* de *carrear provas credíveis* (testemunhos, apreensões de elevadas quantias monetárias, informações, etc.) *que fundamentem não a instauração de um processo de natureza administrativa, mas antes um processo-crime por tráfico de estupefa cientes*. É, de novo, fazer notar a decisão do Tribunal da Relação de Lisboa no sentido de que os valores expressos no quadro em anexo à Portaria n.º 94/96 são indicativos e da importância de se saber se o agente da infração consome ou não valores superiores à dose média diária. Afere-se desta

[415] Cfr. Acórdãos do TC n.ºs 587/2014 e 79/2015 e *supra* §16.º, ponto 41.

decisão que devemos, para decisão do enquadramento normativo, saber qual a dose de consumo médio diário do agente da infração[416].

A Polícia tem um papel preponderante no deslindamento destes casos, o que lhe impõe a responsabilidade acrescida de uma investigação árdua e eficaz para que a justiça não seja um valor a morrer no vazio da credibilidade humana.

O novo quadro legal responsabiliza duplamente a Polícia quanto à problemática do consumo de drogas: um *novo procedimento* quanto aos casos de consumo; e uma *investigação eficiente e perspicaz*[417] quanto aos casos que, sob a capa do consumo, são redes bem estruturadas na distribuição de estupefacientes e/ou substâncias psicotrópicas.

§ 53º Das medidas preliminares

118. As medidas preliminares[418] – puras medidas de polícia – revestem um teor de ajuda e de apoio imediato e urgente ao *indiciado* quando este demonstre *sinais de descompensação física ou psíquica*, devendo as autoridades policiais providenciar *a sua apresentação em serviço de saúde público*, para que lhe *sejam dispensados os necessários cuidados terapêuticos*, desde que o indiciado não se oponha ou esteja *em perigo a sua integridade*, conforme 1.ª parte do n.º 1 do artigo 10º do DL n.º 130-A/2001.

As autoridades policiais devem, caso o indiciado se oponha e sempre que possível, comunicar *o facto à comissão territorialmente competente ou à do domicílio provisório* para que adopte os procedimentos mais adequados à situação concreta, conforme 2.ª parte do n.º 1 do artigo 10º do DL n.º 130-A/2001.

Quando o *indiciado* for conduzido ao serviço de saúde público devido à sua condição física e psíquica debilitada, as autoridades policiais devem remeter, *de imediato* e *por qualquer meio* (p. e., Fax), *ao presidente da comissão que se afigure territorialmente competente, um registo* que contenha

[416] Cf. Ac. TRL de 29 de setembro de 2017. *In: http://www.dgsi.pt/jtrl.nsf/33182fc732316039802565fa00497eec/a72bc12b831601b0802581b4003bb687?OpenDocument.*

[417] Quanto à investigação, os nossos *Regime Jurídico da Investigação Criminal Comentado e Anotado,* 3.ª Edição, Coimbra: Almedina, 2006 e *Lei e Crime...*, pp. 11 e ss..

[418] Constam do artigo 10º do DL n.º 123-A/2001, de 23 de Abril e são como irmãs gémeas das medidas cautelares do processo criminal.

a identificação, a data e as razões da apresentação do indiciado no serviço de saúde público, conforme n.º 2 do artigo 10º do DL n.º 130-A/2001.

§ 54º *Das comunicações e das notificações*

119. A entidade autuante, após elaboração do auto de ocorrência, deve notificar o indiciado de que tem de se *apresentar na comissão territorialmente competente* no dia ***X*** à hora ***Y***, nunca podendo essa apresentação ultrapassar as 72 horas (n.º 1 do artigo 11º do DL 130-A/2001), sendo que a Comissão pode alterar o dia e a hora da realização da apresentação, quando *seja possível notificar o indiciado ou o seu representante legal* (n.º 4 do artigo 11º do DL n.º 130-A/2001).

Mas, se o indiciado for internado por revelar sinais de descompensação física ou psíquica (n.º 1 do artigo 10º do DL n.º 130-A/2001), a autoridade policial que elaborou o auto, após verificar o documento da alta, emite uma *guia de apresentação na comissão territorialmente competente para o primeiro dia útil imediato* (n.º 7 do artigo 11º do DL n.º 130-A/2001).

Se o *indiciado revelar qualquer incapacidade*[419], as autoridades policiais, no mais curto espaço de tempo, devem contactar e localizar o representante legal para o informarem da conduta do representado e de o notificarem de que tem de comparecer com o indiciado na comissão na data e hora estipuladas (n.º 2 do artigo 11º do DL n.º 130-A/2001). Estas diligências devem constar do auto de ocorrência (n.º 6 do artigo 11º do DL n.º 130-A/2001).

As autoridades policiais devem também informar o indiciado ou o seu representante legal de que *podem constituir defensor ou requerer a sua nomeação oficiosa* (n.º 3 do artigo 11º do DL n.º 130-A/2001).

[419] Entenda-se incapacidade de exercício de direitos, que pode ser acidental (artigo 257º do CC), por razões de menoridade (artigos 118º e ss. do CC), de interdição (artigos 138º e ss. do CC) e de inabilitação (artigos 152º e ss. do CC). Não se enquadram neste preceito os menores de 16 anos de idade, cujo regime se rege pelo DL n.º 147/99, por serem inimputáveis em razão da idade *ex vi* artigo 10º do DL n.º 433/82, de 27 de Outubro. Cfr. *infra* Capítulo IV – Do Procedimento quanto aos menores, interditos e inabilitados.

§ 55º Funções de fiscalização e de colaboração

120. Às autoridades policiais, de acordo com o *princípio da colaboração* consagrado no n.º 2 do artigo 9º da Lei 30/2000[420], compete também a fiscalização do cumprimento das sanções alternativas à coima, principalmente as que estão previstas da al. *a*) a *g*) do n.º 2 do artigo 17º da Lei n.º 30/2000[421], com especial incidência quanto às al. *b*), *d*) e *f*), cuja execução eficaz e eficiente depende essencialmente de uma colaboração interinstitucional, que tem como base o profissionalismo e o sentido de responsabilidade e de respeitabilidade dos limites, deveres e direitos que cabe a cada instituição e aos seus elementos, sendo estes as pedras fundamentais do funcionamento de cada instituição.

A colaboração da execução das sanções e das medidas alternativas é solicitada aos serviços e às autoridades por meio de ofício pelas autoridades policiais, conforme artigo 25º da Lei n.º 30/2000, alterado pelo artigo 12º do DL n.º 114/2011, de 30 de Novembro.

[420] O n.º 2 do artigo 9º da Lei 30/2000 prescreve que, para o cumprimento do disposto no diploma em análise, quer a Comissão, quer as autoridades policiais podem recorrer a outras entidades (serviços públicos de saúde – para tratamentos e para apresentações periódicas; serviços de reinserção social; autoridades policiais; e autoridades administrativas), actores fundamentais da problemática da droga que têm uma voz e um papel activo a desempenhar. Não nos podemos esquecer de que o consumidor é um ser humano, escravo de um vício medonho e destruidor.

[421] O n.º 2 do artigo 17º estipula que:

"Sem prejuízo do disposto no n.º 2 do artigo 15º a comissão pode aplicar as seguintes sanções, em alternativa à coima ou a título principal:

a) Proibição de exercer profissão ou actividade, designadamente as sujeitas a regime de licenciamento, quando daí resulte risco para a integridade do próprio ou de terceiros;

b) Interdição de frequência de certos lugares;

c) Proibição de acompanhar, alojar ou receber certas pessoas;

d) Interdição de ausência para o estrangeiro sem autorização;

e) Apresentação periódica em local a designar pela comissão;

f) Cassação, proibição da concessão ou renovação de licença de uso e porte de arma de defesa, caça, precisão ou recreio;

g) Apreensão de objectos que pertençam ao próprio e representem um risco para este ou para a comunidade ou favoreçam a prática de um crime ou de outra contra-ordenação".

Capítulo IV
Do Procedimento quanto aos Menores, Interditos e Inabilitados

§ 56º Dos menores

121. O legislador foi cauteloso ao abranger os menores pelo presente diploma[422], tendo em conta que são um grupo de risco e uma idade propícia a aventuras e experiências simples e complexas. Contudo, o regime a aplicar aos menores levanta várias questões, como, p. e., quais os menores a que se refere o texto legal:

- O artigo 3º, n.º 1 da Lei n.º 30/2000, estipula que "tratando-se de menor, (...), caso o seu representante legal solicite a assistência de serviços de saúde públicos ou privados" não se aplica o regime legal do consumo de droga aprovado por este diploma. Do preceito extrai-se que *a contrario,* caso o seu representante legal não solicite a assistência de serviços de saúde públicos ou privados, este regime aplicar-se-á aos casos previstos no citado preceito.
- O n.º 6 do artigo 14º do DL n.º 130-A/2001, prescreve que "sempre que a comissão onde o indiciado se apresenta inicialmente concluir que o mesmo é menor de 16 anos, assegura que lhe é prestado apoio através de serviço público de saúde habilitado", desde que o seu representante legal manifeste de forma expressa a sua concordância sem que haja lugar ao registo da contra-ordenação.

[422] Quanto ao menor vítima e menor delinquente, o nosso *Direito de Menores – Estudo Luso Hispânico Sobre Menores em Perigo e Deliquência Juvenil,* (Co-autoria com Nieves Sanz Mulas), Lisboa: Âncora Editora, 2003.

- O RGCO, no seu artigo 10º, estipula que os menores de 16 anos de idade são inimputáveis em razão de idade, relativamente ao cometimento de factos que a lei tipifica como ilícitos de mera ordenação social, como o consumo de estupefacientes e substâncias psicotrópicas constantes das tabelas I a IV anexas ao DL n.º 15/93, conforme artigos 1º e 2º da Lei n.º 30/2000.

122. Na nossa opinião, o n.º 1 do artigo 3º da Lei n.º 30/2000, ao referir-se ao *menor*, **pressupõe o menor com idade compreendida entre os 16 e os 18 anos**, a mais que a partir dos 16 já é imputável quanto à prática de ilícitos de mera ordenação social, *a contrário* artigo 10º do DL n.º 433/82 – RGCO.

Como argumentos, apresentamos:

- o facto do legislador ter prescrito no n.º 6 do artigo 14º do DL n.º130-A/2001, que, sendo menor de 16 anos, ao mesmo deve ser prestado apoio médico com a concordância expressa do seu representante legal, sem que exista qualquer registo de contra-ordenação e sem aplicação de qualquer sanção pecuniária ou alternativa quanto à prática do facto que a lei qualifica como contra-ordenação (n.º 1 do artigo 2º da Lei n.º 30/2000).
- o recurso à Lei Tutelar Educativa, aprovada pela Lei n.º 166/99, de 14 de Setembro, não se afigura correcto, porque aplica-se quando o menor de 12 a 16 anos comete um facto qualificado pela Lei como crime (artigo 1º) e não como ilícito de mera ordenação social, como o consumo de drogas. Neste sentido, a *Comissão para a Reforma do Sistema de Execução de Penas e Medidas*, no seu relatório final, apresenta como proposta que "as situações identificadas pela Comissão como para delinquência (sc., abuso de bebidas alcoólicas, prostituição e **consumo de drogas**) não devem ser abrangidas pela intervenção tutelar educativa, mas sim por outras entidades e órgãos, nomeadamente pelo sistema administrativo e judiciário cível de protecção"[423].
- segundo a nossa opinião, esta situação enquadra-se na Lei de Protecção de Crianças e Jovens em Perigo, aprovada pela Lei n.º 147/

[423] Cfr. Relfin *apud* Anabela Miranda Rodrigues e António Carlos Duarte-Fonseca, *Comentário da Lei Tutelar Educativa*, Coimbra: Coimbra Editora, 2000, p. 431.

/99, principalmente no artigo 3º, n.º 2, al. *e*), que considera como *criança em perigo* aquela que se dedica a certos consumos que ponham em causa a sua *saúde, segurança, formação, educação ou desenvolvimento.* Neste contexto enquadram-se as crianças que se dedicam ao consumo, à aquisição e à detenção de drogas para consumo[424], sendo que estas condutas desviantes põem, indubitavelmente, em causa a sua saúde, a sua segurança, a sua formação, a sua educação ou o seu desenvolvimento.

- orientação amalgamada já no n.º 2 do artigo 78º da LTE, ao prescrever que *se o crime for de consumo de estupefacientes ou substâncias psicotrópicas, o Ministério Público procede ao arquivamento liminar do inquérito e, sendo caso disso, encaminha o menor para serviços de apoio e tratamento, se não tiver notícia do cometimento ou do perigo de cometimento de facto qualificado como crime de diferente espécie.* Hoje, na consagração de uma política de diversão e de oportunidade, em que se privilegia a solução terapêutica[425], a conduta referida – consumo de estupefacientes ou substância psicotrópica – não comina a prática de um crime, pois passou a contra-ordenação. Mas a LTE já estipula(va) que o menor devia ser encaminhado para tratamento.
- Consciente de que não podemos tratar o consumidor no interior de cárcere, o legislador prescreveu como uma das medidas tutelares a imposição de obrigações que têm por finalidade melhorar o *aproveitamento escolar,* a *formação profissional* e *fortalecer as condições psicológicas necessárias ao desenvolvimento da personalidade do menor.* Como imposição, o legislador prescreveu os programas de tratamento – médico, médico-psiquiátrico, – médico-psicológico ou equiparado –, visando, de entre outras situações, o tratamento de consumo habitual de estupefacientes, conforme al. *b*) do n.º 3, al. *e*) do n.º 2 e o n.º 1 do artigo 14º conjugado com a *e*) do n.º 1 do artigo 4º da LTE.

[424] Sendo a quantidade superior à necessária para o consumo médio individual durante o período de 10 dias (n.º 2 do artigo 2º da Lei n.º 30/2000), estaremos perante um caso de tráfico de droga, devendo aplicar-se a Lei n.º 166/99 que aprova a Lei Tutelar Educativa.

[425] Neste mesmo sentido veja-se ANABELA MIRANDA RODRIGUES e ANTÓNIO C. DUARTE-FONSECA, *Comentário da Lei Tutelar...*, p. 191.

Em suma, o regime legal do consumo de drogas aprovado pela Lei n.º 30/2000, aplica-se, na nossa opinião e quanto aos menores, às condutas – consumo, aquisição ou posse de estupefacientes ou substâncias psicotrópicas para consumo – praticadas pelos menores com idade superior a 16 anos.

Ao menor de 16 anos de idade deve aplicar-se a LPCJP, aprovada pela Lei n.º 147/99, alterada pelas Leis n.ºs 31/2003 e 142/2015, cuja actuação da Comissão de Protecção de Menores deve ser articulada com a CDT territorialmente competente. Caso o representante legal, a criança ou jovem não dêem consentimento para a intervenção da Comissão de Protecção – artigos 9º[426] e 10º da LCPJP –, impõe-se a intervenção judicial *ex vi* das als. *b*) e *c*) do artigo 11º da LPCJP.

§ 57º Dos interditos

123. A interdição, como instituto jurídico de incapacidade de exercício de direitos, conforme artigo 138º, n.º 1 do C. Civil, é, antes de mais, um instituto de protecção do próprio interditando, uma vez que o interdito não fica incapaz para o gozo dos seus direitos, mas sim de exercê-los. Devido à natureza física ou psíquica da interdição, conforme n.º 1 do artigo 138º do C. Civil, o interditando fica em uma situação de dependência quanto ao exercício dos direitos de que é sujeito.

A interdição é aplicável a maiores de idade (n.º 2 do artigo 138º do C. Civil), cuja legitimidade de requerimento pertence ao cônjuge do interditando, quando casado, ao tutor ou ao curador, a qualquer parente sucessível ou ao Ministério Público (n.º 1 do artigo 141º do C. Civil). Caso o interditando esteja sob o poder paternal, além dos progenitores, apenas o Ministério Público tem legitimidade para requerer a interdição (n.º 2 do artigo 141º do C. Civil), que pode ser requerida e decretada

[426] Este artigo foi alterado pela Lei n.º 114/2015, de 8 de Setembro, tendo ampliado os titulares do consentimento expresso que antes se resumia aos pais, ao representante legal ou à pessoa que tenha a guarda de facto. As lacunas que a jurisprudência foi elencando parecem agora dissipadas. Quanto ao consentimento a ser prestado e que, neste campo, se impõe, aconselha-se a leitura dos pontos 1.1. e 2. a 2.6. da Directiva Conjunta entre a PGR e a CNPCJR: http://www.pgdlisboa.pt/docpgd/files/Directiva%20Conjunta%20PGR%20CNPCJR.pdf.

no ano anterior à maioridade (n.º 2 do artigo 138º do C. Civil). O interditando é equiparado, *mutatis mutandis*, ao menor, *ex vi* artigo 139º do C. Civil.

124. A interdição por *anomalia psíquica*, cujo conceito ultrapassa o campo da doença mental[427], enquadra-se em uma concepção ampla e determina, automaticamente e por força da lei, a inimputabilidade[428] do autor da contra-ordenação pelo consumo, aquisição ou posse de droga para consumo. O *indiciado* detentor de uma anomalia psíquica, um dos fundamentos da interdição, é inimputável porque não possui o "mínimo de capacidade de autodeterminação que o ordenamento jurídico requer para a responsabilidade"[429] contra-ordenacional.

A *anomalia psíquica*, propriamente dita, constitui o *pressuposto biológico* da inimputabilidade, sendo que esta está condicionada a um outro *pressuposto psíquico ou normativo*, que consiste na "incapacidade de avaliar a ilicitude do facto ou de determinar de harmonia com essa avaliação", ou seja, como afirma Figueiredo Dias, na "incapacidade do agente para ser influenciado pelas normas"[430].

Contudo, o legislador, no n.º 1 do artigo 3º da Lei n.º 30/2000, não se referiu somente aos inimputáveis por anomalia psíquica, mas também, e bem, aos *interditos*, aos quais, caso o *representante legal solicite assistência através dos serviços de saúde públicos ou privados*, não se aplica o novo regime legal do consumo de drogas, cujo consumo das substâncias psicotrópicas e de estupefacientes constantes das tabelas I a IV anexas ao DL n.º 15/93 constitui contra-ordenação (artigo 2º da Lei n.º 30/2000).

A inclusão da incapacidade por interdição para excluir a imputabilidade, a "consciência lúcida e vontade livre"[431], quanto ao cometimento

[427] O conceito de anomalia psíquica abrange um campo vasto de doenças que vão desde "as perturbações de consciência", às "oligofrenias, às psicopatias, às neuroses, às pulsões". Manuel Simas Santos, Leal-Henriques e David Borges de Pinho, *Código Penal Anotado,* Lisboa: Rei dos Livros, 1996, Vol. I, p. 213.

[428] Sobre a temática de inimputabilidade, Carlota Pizarro de Almeida, *Modelos de Inimputabilidade – Da Teoria à Prática,* Coimbra: Almedina, 2000.

[429] Manuel S. Santos, M. Leal-Henriques e David B. de Pinho, *Código Penal...*, p. 213.

[430] *Apud* Manuel S. Santos, M. Leal-Henriques e David B. de Pinho, *Código Penal...*, p. 214.

[431] Carlota Pizarro de Almeida, *Modelos de Inimputabilidade...*, p. 72.

da contra-ordenação por consumo de drogas, visa ultrapassar e ir mais além do que a inimputabilidade do consumidor prevista no artigo 11º do RGCO, aplicado subsidiariamente *ex vi* artigo 26º da Lei n.º 30/2000.

O legislador, ao se referir aos *interditos*, procurou excluir a aplicação da sanção (coima ou alternativa) não só no caso dos consumidores inimputáveis por *anomalia psíquica*, que, na opinião de Mota Pinto, abrange "deficiências do intelecto, da afectividade ou da vontade"[432], mas também nos casos em que o consumidor sofra de *surdez-mudez ou cegueira*, fundamentos da interdição (n.º 1 do artigo 138º do C. Civil).

A inimputabilidade em função da *anomalia psíquica* no âmbito do direito do ilícito de mera ordenação encontra-se prevista, como já se referiu, no artigo 11º do RGCO, sendo que o legislador entendeu abranger os outros fundamentos fulcrais da incapacidade por interdição.

Contudo e como o novo regime de consumo de drogas considera o ***indiciado* um doente, não aceitamos que se sujeite o afastamento do novo regime legal do consumo de drogas à condição da solicitação para *assistência de serviços de saúde públicos e privados*.** Cria-se a ideia de que se *dá com uma mão* e se *tira com a outra*, apesar de defendermos, como o legislador, que é necessária uma intervenção activa do representante legal, cujo conteúdo se expressa nos artigos 11º, 13º, 15º, 19º, 20º, 23º e 24º do DL n.º 130-A/2001.

§ 58º Dos inabilitados

125. A inabilitação[433], como afirma Mota Pinto, é "uma fonte de incapacidade" que resulta "de uma decisão judicial". A declaração de incapacidade advém de três possíveis patamares: *anomalias psíquicas, surdez-mudez ou cegueira* "que provoquem uma mera fraqueza de espírito e não uma total inaptidão do incapaz"[434]; *habitual prodigalidade* que "abrange os indivíduos que praticam habitualmente actos de delapidação patrimonial (...), actos de dissipação, de despesas desproporciona-

[432] Carlos Alberto da Mota Pinto, *Teoria Geral do Direito Civil*, 3.ª Edição, Coimbra: Coimbra Editora, 1996, p. 228.

[433] Sobre o regime de incapacidade por inabilitação, os arts. 152º e ss. do C. Civil.

[434] Carlos A. da Mota Pinto, *Teoria Geral...*, 3.ª Edição, p. 236.

das aos rendimentos, improdutivas, e injustificáveis"[435]; e *abuso de bebidas alcoólicas ou de estupefacientes*, cujo fundamento "tem de se reportar ao carácter (...) *e* ao estado actual do sujeito"[436].

O legislador, em 1966, considerava que o *abuso de estupefacientes* era fundamento para a declaração de incapacidade por inabilitação, porque se reconhecia que do seu hábito de consumo iria, consequentemente, resultar quer a destruição do seu património, quer a sua morte lenta, morte física e psíquica, o que representava um "perigo actual de actos prejudiciais ao património"[437].

126. A Lei n.º 30/2000, no n.º 1 do artigo 3º, prescreve para os *inabilitados* o mesmo regime que estipula para os menores e para os interditos. A análise efectuada quanto aos interditos, aplica-se aos inabilitados com as devidas adaptações.

Os consumidores, cuja inabilitação tenha sido declarada judicialmente, beneficiam da não aplicação do novo regime legal do consumo de drogas, ou seja, não são sancionados com uma coima ou sanção alternativa, desde que o *representante legal solicite a assistência dos serviços de saúde públicos ou privados*. Esta sujeição ou condição parece-nos, como já referimos quanto aos interditos, inadequada e inaceitável face aos fundamentos teleológicos da descriminalização.

Como já referimos, quando a inabilitação se fundamenta no pressuposto da anomalia psíquica, como no regime de interdição, o consumidor é inimputável *ex vi* artigo 11º do RGCO por força do artigo 26º da Lei n.º 30/2000.

§ 59º Conclusão capitular

127. As autoridades policiais, sempre que, na sua actuação no âmbito da toxicodependência, interceptem um consumidor com mais

[435] *Ibidem.*

[436] *Ibidem.*

[437] *Idem*, p. 237.

de 16 anos e menos de 18 anos[438], interdito ou inabilitado, devem proceder de acordo com o descrito no Capítulo III – Dos procedimentos – desta Parte, tendo especial atenção ao artigo 11º (*comunicações*) do DL n.º 130-A/2001[439].

[438] Chamamos atenção para o facto de que um cidadão só tem 17 anos e 19 anos no dia a seguir ao do dia de nascimento. Sobre este assunto, MANUEL S. SANTOS, LEAL-HENRIQUES e DAVID B. DE PINHO, *Código Penal...*, p. 211; PIRES DE LIMA e ANTUNES VARELA, *Código Civil anotado*, 4.ª Edição, Coimbra: Coimbra Editora, 1987, Vol. I, anotações aos artigos 279º e 296º, pp. 256 e 271.

[439] Cfr. *supra* § 54.º Das comunicações e das notificações.

Capítulo V
Das Comissões para a Dissuasão da Toxicodependência

§ 60º Natureza, atribuições e competência

α. *Natureza*

128. A Comissão para a Dissuasão da Toxicodependência (CDT), criada especialmente para o processamento das contra-ordenações pelo consumo, aquisição e detenção para consumo de estupefacientes e substâncias constantes das tabelas I a IV e para aplicação das respectivas sanções, possui *natureza administrativa*, cuja tutela cabe ao Ministro responsável pela coordenação da política da droga e da toxicodependência[440].

A CDT não é um órgão jurisdicional, mas sim um órgão administrativo do poder executivo[441], cujo serviço desenvolvido é de natureza pública, estando vinculada aos princípios norteadores de actuação da Administração Pública[442].

[440] Cfr. n.º 3, do artigo 5º da Lei n.º 30/2000 e n.º 3 do artigo 2º do DL n.º 130-A/2001, de 23 de Abril.

[441] É importante reter esta ideia fundamental para compreender a nossa análise crítica quanto às medidas alternativas às coimas, previstas no n.º 2 do artigo 17º da Lei n.º 30/2000, de 29 de Novembro. *Infra* Capítulo VI – Das Sanções e do Tratamento do artigo 17º da Lei n.º 30/2000, de 29 de Novembro.

[442] Cfr. artigo 266º da CRP e os artigos 1º e ss. do CPA.

β. *Atribuições*

129. As atribuições da CDT são as de processamento dos autos de contra-ordenação elaborados pelas autoridades policiais, as de decisão e aplicação das correspondentes sanções, cabendo-lhe para o efeito a obrigatoriedade de obediência aos princípios da legalidade, da proporcionalidade, da igualdade, da imparcialidade, da boa-fé e de justiça, acompanhados pela prossecução do interesse público da diminuição de consumidores e de toxicodependentes e dos riscos sanitários e higiénicos, que apenas se realizará quando os direitos e interesses legalmente protegidos de cada cidadão (indiciado ou não) sejam respeitados[443].

A CDT, como órgão administrativo, está desta feita subordinada à Constituição e à legalidade democrática – n.º 2 do artigo 3º da CRP –, devendo a sua actividade respeitar e promover os citados princípios, *ex vi* artigo 266º, n.º 2 da CRP. A CDT está, assim, subordinada à Constituição e ao Direito, por força do n.º 1 do artigo 3º do CPA.

A própria natureza da infracção – ilícito de mera ordenação social – não poderia ter como órgão que processasse as contra-ordenações e aplicasse as sanções respectivas um órgão judicial, devendo este ser chamado somente em sede de recurso ou quando um direito do *indiciado* não esteja a ser respeitado pela CDT, *ex vi* n.º 4 do artigo 268º da CRP.

O próprio cariz e fundamento da *descriminalização*, que é de *sentido técnico,* ao permitir uma materialização mais visível e eficaz dos princípios do consenso e da oportunidade[444] impõe que não seja um órgão jurisdicional a processar as contra-ordenações e a aplicar as correspondentes sanções, ou seja, ao descriminalizar-se uma conduta humana não faria

[443] Cfr. n.º 1 do artigo 266º da CRP e o conceito de interesse público de Friedrich Hayek *apud* Manuel Fontaine Campos, *O Direito e a Moral no Pensamento de Friedrich Hayek*, Porto: UCP, 2000, p. 106.

[444] Estamos perante uma nova política criminal, que procura retirar o ser humano da estigmatização e da proscrição automática inferida pelo pendor do fumo judicial. Acompanhamos Cristina Líbano Monteiro, quando afirma que "causa alguma estranheza uma tão acentuada dependência do poder instituído de uma comissão que, apesar de tudo, vai julgar cidadãos", "O consumo de droga...", *in RPCC*, Ano 11, Fasc. 1º, p. 80.

qualquer sentido manter a mesma estrutura e o mesmo *iter* judicial, mas por si sempre fiscalizado e controlado[445].

γ. *Competência*

130. A competência, que prevalece neste regime, é a competência territorial do domicílio, sendo a funcional e material subsidiária.

A CDT territorialmente competente para conhecer do ilícito de mera ordenação social *in casu* é a CDT do domicílio do *indiciado*, nos termos da 1.ª parte do n.º 2 do artigo 2º do DL n.º 130-A/2001 e da 1.ª parte do n.º 1 do artigo 8º da Lei n.º 30/2000.

Contudo, casos há, e não poucos, em que o próprio *indiciado* por pudor e protecção da própria família procura não indicar o seu domicílio, o que implica que este é desconhecido das autoridades policiais. Nestes casos, a CDT territorialmente competente é a da área em que o indiciado foi encontrado na posse ou a adquirir ou a consumir droga, conforme a 2.ª parte do n.º 2 do artigo 2º do DL n.º 130-A/2001 e n.º 1 do artigo 8º da Lei n.º 30/2000. A primeira parte do preceito segue a regra do domicílio, enquanto a segunda segue a regra do local da consumação da infracção.

131. Imaginemos que ***A*** tinha sido interceptado em Leiria na posse de droga, cuja infracção comina a prática da contra-ordenação prevista no artigo 2º da Lei n.º 30/2000, no dia 10 de Maio, sem que tenha comparecido perante a CDT do Distrito de Leiria. No dia 16 de Maio, ***A*** volta a ser interceptado no Porto a consumir droga, cuja infracção comina a prática de uma contra-ordenação, sem que também tenha sido presente

[445] A *Descriminalização Stricto Sensu* do consumo da droga introduz uma filosofia nova: quando um cidadão é sujeito de um processo crime e de um processo contra-ordenacional por consumo, a *autoridade judiciária manda extrair certidão, remetendo-a à comissão territorialmente competente, ex vi* artigo 41º do DL n.º 130-A/2001. O RGCO determina que a autoridade competente para o processo criminal também é competente para conhecer do processamento da contra-ordenação, *ex vi* n.º 1 do artigo 38º. O legislador, perante a especificidade e a teleologia da Lei n.º 30/2000, escolheu o caminho da desjudicialização do conhecimento da contra-ordenação, caso contrário cairia em contradição quanto aos fins da descriminalização.

ou comparecido junto da CDT do Porto. No dia 19 de Maio, em Lisboa, volta de novo a ser interceptado na posse de drogas, cuja quantidade comina a prática de contra-ordenação, sem que tenha dado qualquer domicílio e em que este é desconhecido das autoridades, mas é presente junto da CDT do Distrito de Lisboa.

É a CDT de Lisboa competente para conhecer das anteriores infracções e processar as contra-ordenações e aplicar as respectivas sanções?

Na nossa opinião e por aplicação das regras do conflito de competências previstas no artigo 37º do RGCO, que se aplica subsidiariamente *ex vi* artigo 43º do DL n.º 130-A/2001 e artigo 26º da Lei n.º 30/2000, *mutatis mutandis*, a CDT de Lisboa pode processar as três anteriores contra-ordenações por ter sido a primeira a ouvir o indiciado pela prática da contra-ordenação, *ex vi* al. *a)* do preceito.

Se nenhuma das CDT tivesse ouvido ***A*** poderia conhecer das três contra-ordenações a que primeiro tivesse requerido a sua audição al. *b)* e, caso assim não fosse possível, a que tivesse recebido os autos de ocorrência da contra-ordenação primeiro, al. *c)*, que de acordo com os prazos estipulados pelo DL n.º 130-A/2001, seria a CDT de Leiria.

§ 61º Composição e funcionamento das Comissões para a Dissuasão da Toxicodependência

132. As CDT exercem as suas funções nas instalações do SICAD, ou que estes, para o efeito, disponibilizarem, nos termos do n.º 1 do artigo 5º da Lei n.º 30/2000 e n.º 1 do artigo 2º do DL n.º 130-A/2001.

As CDT, que devem contar com o apoio administrativo e apoio técnico do SICAD [por força da al. *l*) do n.º 2 do artigo 2º do DL n.º 17/ /2012, de 26 de Junho], cabendo a este os encargos com os membros das CDT, conforme n.ºs 3 e 5 do artigo 5º da Lei n.º 30/2000, são compostas por três pessoas, sendo uma o presidente e devendo uma delas ser jurista[446], conforme n.ºs 1 e 2 do artigo 7º da Lei n.º 30/2000. O período de funcionamento da CDT é de três anos, conforme n.º 1 do artigo 3º do DL n.º 130-A/2001.

[446] Forma de promover um processo que respeite os direitos e interesses legalmente protegidos de cada *indiciado*.

A CDT tem, obrigatoriamente, um membro jurista designado pelo Ministro da Justiça sendo que os outros dois são designados pelo Ministro da Saúde e pelo membro do governo responsável pela coordenação da política da droga e da toxicodependência entre médicos, psicólogos, sociólogos, técnicos de serviço social ou outros com um *curriculum* adequado à área da toxicodependência, conforme estipula o n.º 2 do artigo 7º da Lei n.º 30/2000.

A CDT engloba vários saberes científicos que permitem a acerção de uma decisão capaz de promover a prevenção secundária e terciária e a prevenção especial[447] adequadas a reinserir o consumir seja ou não toxicodependente.

133. O SICAD disponibiliza uma *equipa de apoio técnico e técnico-administrativo* à CDT[448], que fica na dependência directa do presidente da comissão[449] e que tem de executar, de acordo com o conteúdo funcional da categoria correspondente, as tarefas que lhe forem incumbidas, especialmente:

- realizar o mais *célere* possível, cumprindo os prazos, *todas as diligências que lhe sejam determinadas* para que o normal desenvolvimento dos processos seja assegurado, nos termos da al. *a)* do artigo 7º do DL n.º 130-A/2001;
- *consultar o registo central dos processos de contra-ordenação*, instituído pelo artigo 6º da Lei n.º 30/2000, regulamentado pela Portaria n.º 604/2001, de 12 de Junho, que deve ser mantido e gerido pelo SICAD, conforme al. *b)* do artigo 7º do DL n.º 130-A/2001 [por força da al. l) do n.º 2 do artigo 2º do DL n.º 17/2012, de 26 de Junho];
- *apoiar tecnicamente a* CDT a decidir relativamente à escolha das sanções a aplicar ao indiciado, conforme estipula a al. *c)* do artigo 7º do DL n.º 130-A/2001;
- por iniciativa da CDT, realizar uma *avaliação psicóloga do indiciado* de modo que se alcance um conhecimento preliminar da sua persona-

[447] Quanto ao princípio da prevenção *supra* § 18º

[448] Cfr. n.º 1 do artigo 6º do DL n.º 130-A/2001, de 23 de Abril.

[449] Cfr. *ab initio* artigo 7º do DL n.º 130-A/2001, de 23 de Abril.

lidade e trajectória de vida, al. *d)* do artigo 7º, n.º 1 do artigo 20º e n.º 2 do artigo 16º do DL n.º 130-A/2001;

- *emitir pareceres e efectuar relatórios*, al. *c)* do artigo 7º do DL n.º 130--A/2001;
- *assegurar o encaminhamento dos consumidores* que se devem dirigir às entidades de saúde, assim como acompanhá-los ao longo do tratamento, *ex vi* al. *f)* do artigo 7º do DL n.º 130-A/2001;
- *fazer o acompanhamento dos consumidores*, cujo processo de contra--ordenação se encontre provisoriamente suspenso (artigo 11º e 13º da Lei n.º 30/2000), cuja determinação da sanção também se encontre suspenso (artigo 14º da Lei n.º 30/2000) e cuja execução da sanção também tenha sido suspensa (artigos 19º e ss. da Lei n.º 30/2000), principalmente quando a suspensão se deve ao consumidor ter aceite voluntariamente o tratamento e quando ao consumidor foi determinada a prestação de serviços gratuitos a favor da comunidade (artigo 19º, n.º 1 e n.º 3 do artigo 17º da Lei n.º 30/2000), *ex vi* al. *g)* do artigo 7º do DL n.º 130-A/2001;
- *informar-se sobre o desenvolvimento do tratamento*, caso tenha sido consequência directa de um processo de contra-ordenação por consumo, aquisição ou posse para consumo de droga, e sobre a existência ou não de reincidência, *ex vi* al. *h)* do artigo 7º do DL n.º 130-A/2001;
- *informar a CDT do "terminus"* do período de suspensão do processo de suspensão, da determinação da sanção ou de suspensão de sanção para que a mesma possa arquivar ou declarar extinto o processo ou a sanção, *ex vi* al. *i)* do artigo 7º do DL n.º 130-A/2001e n.º 1 do artigo 23º da Lei n.º 30/2000;
- *criar e manter*, de forma ordenada e no respeito pelos direitos dos indiciados, um *arquivo dos processos de contra-ordenação* que permitirá uma fiscalização ou controlo jurisdicional em caso de ilegalidades ou de violação dos princípios a que está subordinada a actuação da CDT, *ex vi* al. *j)* do artigo 7º do DL n.º 130-A/2001.

Ao SICAD cabe assegurar o apoio necessário nas "matérias jurídicas e processuais relacionados com o âmbito das suas atribuições na área de toxicodependência", assim como outros apoios que se revelem convenientes e não estejam cometidos legalmente a outra entidade, conforme artigo 36º do DL n.º 130-A/2001 e al. *l*) do n.º 2 do artigo 2º do DL n.º 17/2012, de 26 de Janeiro.

As equipas de apoio funcionam como um suporte técnico e técnico-administrativo que permitirão uma intervenção em tempo útil, o que provoca uma maior celeridade processual[450] e, por consequência, uma possível prevenção secundária e terciária mais eficiente nos resultados e objectivos a alcançar: ressocialização e reintegração do consumidor de drogas.

134. O funcionamento da CDT está subordinado não só ao princípio da legalidade, mas também ao princípio da celeridade processual[451], cuja apreciação dos casos *in concreto* impõe a sua consagração, pelo que o legislador o prescreveu na al. *a)* do n.º 2 do artigo 33º do DL n.º 130-A/2001. O legislador procurou evitar que os processos de contra-ordenação pelo consumo de droga se estendessem *ad infinitum* como acontecia com os processos crimes por consumo.

Contudo, a celeridade processual jamais deve ser alcançada à custa da restrição ou "aniquilação" dos direitos pessoais, das liberdades e das garantias processuais[452] do indiciado.

Neste sentido, o horário de funcionamento das CDT tem de ter como primado não só o *serviço público*, que deve ser prestado à sociedade em geral e ao indiciado em particular, mas também o *princípio da celeridade* processual que deve começar com o atendimento e recepção dos processos iniciados com os autos de ocorrência elaborados pelas autoridades policiais.

A CDT deve funcionar no mínimo 5 dias e um mínimo de 40 horas por semana, conforme al. *a)* do n.º 2 do artigo 33º do DL n.º 130-A/2001, podendo, fora do horário de funcionamento, ter um membro da comis-

[450] Que como princípio se afigura como direito do *indiciado* e dever da CDT. Cfr. *supra* Capítulo VII – Dos Direitos do Indiciado.

[451] *Ibidem.*

[452] Quanto ao princípio da celeridade processual os nossos *Processo Penal* – Tomo I, 3.ª Edição, pp. 171-173 e *Lei e Crime...* pp. 129 e 130; Anabela Miranda Rodrigues, "A Celeridade do Processo Penal – Uma visão de Direito Consagrado" *in Actas de revisão do Código de Processo Penal*, Assembleia da República – revisão de Edições, 1999, Vol. II – Tomo II, p. 75; e Germano Marques da Silva, *Curso de Processo Penal,* Lisboa/S. Paulo: Verbo, 2000, Vol. I, pp. 79 e 80.

são e um elemento da equipa de apoio técnico em *regime de disponibilidade permanente*: contactáveis e disponíveis para se apresentarem na sede, nos termos do n.º 3 do artigo 33º do DL n.º 130-A/2001.

135. A comissão reúne em *sessão* sempre que se processe a *audição* de um indiciado ou de outra pessoa ligada ao processo [por exemplo, agente de autoridade autuante – artigo 18º do DL n.º 130-A/2001] e quando a reunião tem como finalidade: *pronunciar-se sobre qualquer matéria, ex vi* n.º 1 do artigo 35º do DL n.º 130-A/2001.

A *Reunião em Sessão* compreende a presença de todos os membros da CDT, *ab initio* do n.º 2 do artigo 35º do DL n.º 130-A/2001, excepto se um dos membros não puder estar presente em razão de qualquer um dos impedimentos previstos na Lei Geral (artigo 44º e ss. do CPA). Caso em que o presidente da CDT ou o seu substituto têm voto de qualidade, 2.ª parte do n.º 2 do artigo 35º do DL n.º 130-A/2001.

Imaginemos que ***A*** é sobrinho de um vogal da Comissão ou do Presidente da mesma, qualquer um deles não pode intervir, *ex vi* al. *b)* do n.º 1 do artigo 44º do CPA, devendo o mesmo comunicar o facto, por força do n.º 1 do artigo 45º, e suspender a sua actividade no procedimento, conforme n.º 1 do artigo 46º do CPA. Cabe ao impedido "tomar todas as medidas que forem inadiáveis em caso de urgência ou de perigo, as quais deverão ser ratificadas pela entidade que o substitui" *ex vi* n.º 2 do artigo 46º do CPA.

Contudo, como a Comissão é um órgão colegial, o legislador seguiu a regra geral ao determinar que funciona sem o membro impedido ficando o presidente ou quem o substitua com voto de qualidade, n.º 1 do artigo 35º do DL n.º 130-A/2001 em conjugação com o n.º 2 do artigo 47º do CPA. A substituição do presidente da CDT segue as regras do artigo 41º do CPA: como a lei não designa o substituto, este deve ser o membro mais antigo (n.º 2), cabendo-lhe o exercício das funções de presidente da CDT, (n.º 3).

O legislador ao determinar que a CDT deve reunir em *sessão* quando procede a *audições* e quando tem de se *pronunciar* sobre qualquer matéria relativa à toxicodependência, procurou evitar que os pressupostos e a aquisição destes, assim como as decisões sejam tomadas apenas por uma pessoa, procurando que o consenso se alcance e se busque a melhor solução para o *indiciado.*

§ 62º Princípios e deveres que norteiam a actividade da Comissão para a Dissuasão da Toxicodependência

α. *Princípios gerais*

136. O n.º 3 do artigo 7º da Lei n.º 30/2000 remete para Portaria Conjunta do Ministro das Finanças, do Ministro da Reforma do Estado e de Administração Pública e do Membro do Governo responsável pela coordenação da política da droga e da toxicodependência a definição do *estatuto* dos membros da CDT.

Ao abrigo do designado preceito, a Portaria n.º 428-A/2001, de 23 de Abril, regula os aspectos específicos do estatuto dos membros da CDT – remuneração (artigo 1º), regime da segurança social (artigo 2º), duração e horário de trabalho (artigo 3º), incompatibilidades (artigo 4º), direito à carreira (artigo 5º) – e, como direito subsidiário a aplicar, estipula o regime geral da função pública (artigo 6º).

É com o recurso ao direito subsidiário que se aplicam os princípios e os deveres gerais a que estão vinculados os funcionários e agentes da Administração Pública melhor e mais actual, os trabalhadores em funções públicas, previstos no artigo 73º da Lei Geral do Trabalho em Funções Públicas [LTFP], aprovado pela Lei n.º 35/2014, de 20 de Junho[453].

137. Os membros da CDT, sendo esta uma autoridade administrativa, *no exercício das suas funções estão exclusivamente ao serviço do interesse público, ex vi* da al. *a*) do n.º 2 e do n.º 3 do artigo 73º da LTFP, princípio consagrado no n.º 1 do artigo 266º da CRP.

A presunção do interesse público deve ser o início e o fim da actividade da Administração Pública[454], de modo que aqueles criem no

[453] O Estatuto Disciplinar dos Trabalhadores em Funções Públicas, aprovado pela Lei n.º 58/2008, de 9 de Setembro, alterado pelo DL n.º 47/2013, de 5 de Abril, foi revogado pela al. *d*) do n.º 1 do artigo 42º da Lei n.º 35/2014, de 20 de Junho, que aprovou a LTFP. Esta Lei integrou, neste quadro jurídico, a matéria dos direitos e deveres dos agentes – trabalhadores – da Administração Pública conforme se afere dos artigos 70º-73º da LTFP.

[454] Contudo, há a referir que o interesse público – que, *in casu concreto,* se prende com a tutela de saúde pública, da ordem, da tranquilidade e da segurança pública – não pode olvidar o interesse particular do consumidor – tratamento e reinserção na comunidade. Tem de se socorrer do princípio da «concordância prática» para que nenhum dos interesses ani-

público a *confiança*[455] e a credibilidade necessárias em um Estado de direito democrático, tendo como barómetro a *imparcialidade*[456] na sua actuação.

O princípio da imparcialidade[457] impõe aos membros da CDT que têm de "actuar de forma isenta em relação *aos indiciados* através de uma conduta recta que não favoreça amigos e prejudique inimigos"[458], ou seja, a imparcialidade apresenta-se-nos "como a aplicação da ideia de igualdade e, portanto, *como* um corolário do princípio de justiça"[459].

A imparcialidade inibe os membros das CDT "de intervirem em quaisquer procedimentos, actos que digam respeito a questões do seu interesse pessoal ou familiar, ou de pessoas com quem tenham relações de especial proximidade", constituindo assim "um meio de *protecção da confiança* do público". Pretende-se, desta feita, que "haja confiança nas autoridades que tomam as decisões"[460], promovendo-se a isenção ou rectidão da conduta dos seus membros[461].

quile o outro e se alcance e harmonize o máximo dos dois interesses. Quanto ao princípio da «concordância prática» no âmbito da administração pública – *maxime* polícia –, o nosso *Teoria Geral do Direito Policial*, 4.ª Edição, pp. 239-244.

455 Quanto à relação de confiança que deve reger a actividade da Administração Pública, o nosso *Teoria Geral do Direito Policiail*, 4.ª Edição, pp. 214-216.

456 Não se pode apenas exigir ao poder judicial que desempenhe as suas funções com imparcialidade, mas primeiramente a todos os funcionários e agentes da Administração Pública que, diária e directamente, lidam com os cidadãos. Se estes não intervêm junto dos cidadãos com a imparcialidade que lhes é exigível, uma vez que é a outra face da justiça, como expressa o artigo 6º do CPA, não podemos exigir que uns actuem de acordo com os primados do princípio da imparcialidade e que outros não se vinculem ou tentem actuar de acordo com os seus ditames. Quanto ao princípio da imparcialidade, o nosso *Teoria Geral do Direito Policial*, 4.ª Edição, pp. 232-237.

457 O princípio da imparcialidade impõe à Administração que use "um critério uniforme no prosseguimento do interesse público", [Ac. do STA de 28 de Setembro de 1993, *in* AD n.º 389, p. 516 e ss.]. Cfr. al. *c*) do n.º 2 e n.º 5 do artigo 73º da LTFP.

458 Diogo Freitas do Amaral *et Alii*, *Código de Procedimento Administrativo Anotado*, 3.ª edição, Coimbra: Almedina, 1997, p. 44, anotação ao artigo 6º. Itálico nosso.

459 *Ibidem*. Itálico nosso.

460 Se o órgão tomar uma decisão para a qual estava impedido, a mesma deve ser considerada ilegal. *Idem*, pp. 44 e 45.

461 Sobre a violação do dever que incumbe sobre os funcionários e agentes de administração de criar a confiança do público, Ac. do STA de 90-12-06, Ap. DR. de 95-03-22, p. 7362.

As CDT devem desenvolver o seu trabalho em obediência ao *princípio da justiça*[462] que emerge da prossecução "de valores jurídicos fundamentais"[463], tais como a igualdade, a proporcionalidade, a boa fé, a razoabilidade e a equidade da actividade administrativa, o que implica que os membros das CDT estão subordinados "a critérios de justiça material"[464] própria de um Estado de direito democrático.

β. *Deveres gerais*

138. Aos membros das CDT cabe actuarem em obediência aos deveres de isenção, de zelo, de lealdade, de sigilo, de correcção, de assiduidade e de pontualidade.

A **isenção**, exigida aos membros da CDT, funda-se no princípio de que a actuação deve respeitar o princípio da igualdade dos cidadãos, ou seja, os membros devem prosseguir o processo contra-ordenacional sem que se deixem levar por pressões e interesses particulares que lhe possam trazer benefícios económicos ou outros, melhor, devem proceder de forma *independente* de quaisquer pressões quer internas quer externas[465].

O legislador procurou evitar que os membros das Comissões pudessem pôr em causa o dever de isenção na sua actuação diária, ao sujeitá-los ao regime de incompatibilidades[466] e impedimentos[467] aplicados aos funcionários e agentes de Administração Pública, *ex vi* artigo 4º da Portaria n.º 428-A/2001.

A isenção impõe aos membros da CDT que devem actuar de forma imparcial, promovendo o princípio da justiça da actividade administrativa sancionatória, e de forma independente, sendo que, estando impe-

[462] Na linha do aresto citado na nota anterior, a "violação do princípio de justiça constitui fundamento autónomo do recurso contencioso". *Ibidem*. Quanto ao princípio da justiça, o nosso *Teoria Geral do Direito Policial*, 4.ª Edição, pp. 237-239.

[463] *Ibidem*.

[464] *Ibidem*.

[465] Neste mesmo sentido, MANUEL LEAL-HENRIQUES, *Procedimento Disciplinar*, 3.ª Edição, Lisboa: Rei dos Livros, 1997, p. 41. Cfr. artigo 73º da LTFP.

[466] Cfr. DL n.º 49/99.

[467] Cfr. artigo 44º e ss. do CPA.

dido de exercer a função, não a pode prosseguir sob pena da decisão ser ilegal[468].

139. Aos membros da CDT exige-se que conheçam as normas legais e as instruções emanadas do SICAD e que possam aperfeiçoar os seus conhecimentos científicos, e técnicos, assim como aos métodos de trabalho de forma que exerçam as suas funções com eficácia e correcção, ou seja, que actuem de acordo com os parâmetros do dever de **zelo**[469].

Aos membros das CDT pede-se que actuem com *eficiência* e *correcção* promovendo com *zelo*[470] as atribuições e competências incumbidas, sendo que o não respeito do dever de zelo consigna negligência ou incompetência profissional[471]. Acompanhamos a posição adoptada pelo Ac. do STA de 3 de Fevereiro de 1999 ao afirmar que "o dever de zelo *proíbe a execução negligente* das tarefas impostas ao funcionário"[472], incorrendo assim em uma "infracção disciplinar, por violação do dever de zelo, *aquele que* incorre em conduta omissiva, por não ter adoptado o adequado método de trabalho"[473].

[468] Sobre o *dever de isenção*, os Acórdãos do STA de 89-10-10, *in BJM*, n.º 390, p. 443; de 90-02-20 –, Ap. DR. de 12 de Janeiro de 1995, p. 1265; de 92-05-05, Ap. DR. de 29 de Novembro de 1994, p. 408. Consubstancia a violação do dever de isenção "a utilização por decisão própria, para fins privados e defesa de interesses particulares do funcionário, de documentos oficiais que lhe estão confiados por causa e para a realização de funções públicas", Ac. STA de 90-11-08, *in* AJ n.º 13. p. 14. "O dever de isenção proíbe ao funcionário uma actuação que, ofendendo o regular funcionamento do serviço, é praticada com o objectivo de alcançar uma qualquer vantagem", Ac. STA de 99-02-03, *in www.dgsi.pt/jsta.nsf.* O dever de isenção impõe "uma actuação independente face aos interesses particulares, sejam estes de que índole for", Ac. STA de 97-05-15, *in www.dgsi.pt/jsta.nsf.* Cfr. al. *b*) do n.º 2 e n.º 4 do artigo 73º da LTFP.

[469] Cfr. al. *e)* do n.º 2 e n.º 7 do artigo 73º da LTFP.

[470] O dever de zelo consubstancia na sua génese o de aplicação profissional, conforme se retira do AC. do STA de 9 de Março de 1999, *in* www.dgsi.pt/jsta.nsf/. O mesmo dever proíbe que o membro da CDT execute negligentemente as tarefas que lhe estão impostas, da mesma forma que a qualquer funcionário da Administração pública, Cfr. Ac. do STA de 03/02/99, *in www.dgsi.pt/jsta.nsf/.*

[471] Cfr. M. Leal-Henriques, *Procedimento Disciplinar*, 3.ª Ed., p. 41.

[472] Cfr. *www.dgsi.pt/jsta.nsf/.* Itálico nosso.

[473] Cfr. Ac. do STA de 2 de Dezembro de 1993, proc. n.º 31441 *apud* M. Leal-Henriques, *Procedimento Disciplinar*, 3.ª Ed., p. 50. Itálico nosso.

A *correcção* que aqui expomos não se confunde com o *dever de correcção*, previsto na al. *h)* do n.º 2 e do n.º 10 do artigo 73º da LTFP[474]. Aquela consiste em a actividade ser recta, no sentido de que deve estar de acordo com o princípio da justiça e que deve ser a que as normas legais impõem para o caso *sub judice.*

140. A actuação dos membros da CDT está vinculada aos ditames da **lealdade**[475] que, como dever, subordina as funções daquela aos objectivos das suas atribuições e à prossecução do interesse público.

O dever de lealdade que "se impõe naquela parte da vida que liga o funcionário ao seu emprego público, e não à sua vida privada", e que "não comporta apenas relações do destinatário em relação jurídica de emprego na estreiteza do respectivo objectivo, mas tem um leque mais amplo, *englobante igualmente dos deveres* que, embora não confinados àquele ou às posições jurídicas de subordinação à hierarquia, todavia concorrem para o *prestígio e dignidade da função* ou até maximização

[474] Que analisaremos de seguida. Ac. STA de 9 de Março de 1999 decidiu que:
"I – O **dever de zelo** e de aplicação profissional previsto no artigo 3º n.º 4 al. *b)* do DL n.º 24/84 implica que o exercício de funções seja feito com eficiência e correcção. E, funcionário eficiente é aquele que é eficaz, que produz, sendo correcto o funcionário que actua de acordo com o seu dever, tendo uma actuação isenta de erros designadamente, não é eficiente o funcionário que actua com demasiadas delongas ou atrasos que prejudicam a actuação da Administração, já que, devendo ponderar com atenção e cuidado o que faz, não lhe é lícito demorar os assuntos em que intervém, para além do estritamente necessário.
II – A **omissão de diligências essenciais** para a descoberta da verdade implica que tenham sido omitidas diligências relacionadas com a prova de factos que violem os deveres gerais ou especiais decorrentes da função exercida, ou os factos que podem agravar o grau da culpabilidade do funcionário, mas já não os factos meramente acessórios, que, não pondo em causa o núcleo essencial dos factos que violam os deveres gerais ou especiais da função exercida, ou que fazendo, embora, diminuir o seu grau de culpabilidade, não contenham com o grau de pena aplicada.
III – Viola o dever de zelo e de aplicação profissional o Delegado do Procurador da República, que, no âmbito das suas funções retardou, exageradamente, a ponderação e a cautela que seriam de adoptar para determinar uma medida cautelar de prisão preventiva em relação a indiciado por crime de tráfico de estupefacientes, quando, pela sua passividade, a medida em causa acabou por ser tomada tardiamente, possibilitando a fuga do referido indiciado".

[475] Cfr. al. *g)* do n.º 2 e n.º 9 do artigo 73º da LTFP.

dos efeitos em vista de conduta mais adequada à satisfação do interesse público"[476].

141. Aos membros da CDT também lhes é exigido que actuem com **correcção**[477], devendo tratar com respeito todos aqueles indiciados que sejam presentes para audição, e, posterior aplicação de sanção pecuniária ou de medida alternativa ou para encaminhamento para tratamento e respectiva suspensão provisória do processo ou da determinação da sanção ou da execução da sanção.

O tratamento com respeito estende-se a todos quantos apoiam tecnicamente e técnico-administrativamente a CDT. Estamos perante um dever que é prosseguido quando os funcionários e agentes procedem de acordo com a ética, com os bons costumes e educação. O legislador visou materializar o princípio do respeito pela dignidade da pessoa humana.

142. A **assiduidade**[478], que consiste na obrigação do funcionário e agente da Administração comparecer de forma *regular* e *contínua* ao serviço e "a servir bem durante as horas de trabalho que lhe são impostas"[479], cuja violação consigna a ausência ilegítima ou falta de assiduidade, e a **pontualidade**[480], que compreende o comparecimento ao serviço dentro das horas designadas e o cumprimento integral dos horários[481], são deveres inerentes aos membros das CDT que se materializaram nos arts. 33º a 35º do DL n.º 130-A/2001.

Aos membros das Comissões (CDT) impõe-se, desta feita, que actuem de acordo com os princípios que devem nortear a actividade administrativa e, consequentemente, na obediência dos deveres que impendem sobre os funcionários e agentes de Administração Pública, com fim de realização do interesse público que mais não é do que a súmula dos interesses particulares.

[476] Cfr. Ac. do STA de 7 de Fevereiro de 1995, proc. n.º 34 878 *apud* M. Leal-Henriques, *Procedimento Disciplinar*, 3.ª Ed., p. 51.

[477] Cfr. a al. *h)* do n.º 2 e n.º 10 do artigo 73º da LTFP.

[478] Cfr. al. *i*) do n.º 2 e n.º 11 do artigo 73º da LTFP.

[479] Cfr. M. Leal-Henriques, *Procedimento Disciplinar*, 3.ª Ed., p. 41.

[480] Cfr. al. *j*) do n.º 2 e n.º 11 do artigo 73º da LTFP.

[481] Neste sentido, M. Leal-Henriques, *Procedimento Disciplinar*, 3.ª Ed., p. 41.

§ 63º Da actividade específica

α. *Da audiência do indiciado*

143. Aos membros das CDT cabe processar as contra-ordenações e aplicar as sanções, atribuições que apenas se obtêm com o respeito dos direitos e garantias do cidadão.

A CDT, antes de tomar qualquer decisão, deve ouvir o indiciado e dar-lhe a oportunidade de se defender de facto e de direito, podendo para o efeito ser assistido por defensor[482] que pode também inquirir o *indiciado* sobre factos relatados no auto de ocorrência e sobre factos respeitantes à sua personalidade e às condições da sua vida, nomeadamente, económicas e financeiras. No caso de possível aplicação de uma sanção, o defensor pode proferir sumariamente as alegações oralmente ou por escrito até ao fim da sessão em que devam ser proferidas, conforme n.º 2 do artigo 20º e n.º 2 do artigo 24º do DL n.º 130-A/2001.

Pende sobre a Comissão o *dever de audição* do indiciado[483], que pode ocorrer após a intercepção do indiciado pelas autoridades policiais, caso não seja possível identificá-lo e conhecer do seu domicílio e caso a CDT esteja em funcionamento ou haja um membro em regime de disponibilidade permanente, devendo a entidade policial comunicar *a priori*[484] esse facto à CDT ou ao membro que esteja em regime de disponibilidade permanente, nos termos do n.º 4 do artigo 9º e dos n.ºs 1 e 2 do artigo 12º do DL n.º 130-A/2001 e do n.º 2 do artigo 2º da Lei n.º 30/2000.

O auto de ocorrência elaborado por entidade policial deve ser "enviado pelo meio mais célere à comissão (...) territorialmente competente, de modo que seja recebido até trinta e seis horas depois daquela ocorrência" (n.º 2 do artigo 9º do DL n.º 130-A/2001), sendo que o indiciado é notificado pela entidade autuante para se apresentar na CDT,

[482] O defensor, como já se referiu, pode *ser constituído* pelo indiciado ou seu representante, ou *nomeado* pela comissão *oficiosamente* ou a *requerimento* do indiciado ou do seu representante, n.º 1 do artigo 13º do DL n.º 130-A/2001, de 23 de Abril.

[483] A audição do indiciado está fortemente vinculada ao princípio da celeridade processual.

[484] Via fax ou telefonicamente. Após comunicação da entidade policial, a CDT ou o membro de Serviço podem marcar o dia da audição e determinar o acompanhamento do indiciado por um técnico até ao dia da audição, conforme n.ºs 3 e 4 do artigo 12º do DL n.º 130-A/2001.

cujos dia e hora jamais devem ultrapassar as 72 horas[485] após a ocorrência (n.º 1 do artigo 11º do DL n.º 130-A/2001.

144. O indiciado está obrigado a comparecer no dia para que foi notificado, caso não o faça, o presidente da comissão deve promover todas as diligências convenientes e necessárias que assegurem a presença do indiciado em um prazo que não exceda os 15 dias, *ex vi* n.º 3 do artigo 13º do DL n.º 130-A/2001. Se, passados os 15 dias, a audição não se puder realizar, a CDT prescinde da audição presencial do indiciado, prosseguindo o processo e garantindo sempre oportunidade de defesa[486], *ex vi* n.º 5 do artigo 13º do DL n.º 130-A/2001.

O adiamento da audição nunca pode ter por fundamento a falta de defensor constituído ou nomeado, *ex vi* n.º 4 do artigo 13º do DL n.º 130--A/2001, uma vez que não o esteja a comissão deve nomeá-lo oficiosamente. A CDT, *se algo obstar à audição imediata*, pode marcar um novo dia e hora para a audição (n.º 2 do artigo 14º do DL n.º 130-A/2001). A nova data não pode exceder o prazo de 15 dias, *ex vi in fine* do n.º 3 do artigo 13º do DL n.º 130-A/2001, em obediência à materialização do princípio da celeridade processual.

Outro fundamento de adiamento da audição imediata do indiciado é a comissão a que foi mandado apresentar-se inicialmente ser territorialmente incompetente, devendo o indiciado ou o seu representante ser notificado do dia e hora e da comissão territorialmente competente[487], *ex vi* n.º 3 do artigo 14º do DL n.º 130-A/2001.

A CDT, onde se apresentou o indiciado ou o seu representante, deve contactar, pelo meio mais célere (telefone), a CDT territorialmente competente para que se determine o dia e hora da audição do indiciado, sendo o processo original enviado àquela no prazo de 24 horas, podendo, ainda, enviar-se por telecópia os elementos processuais apurados no auto de ocorrência e na primeira audição, nos termos dos n.ºs 4 e 5 do artigo 14º do DL n.º 130-A/2001.

[485] O legislador precaveu o fim de semana e a existência de feriados.

[486] Através de nomeação de defensor.

[487] Que se apura através do domicílio ou das regras de conflito da competência.

145 A CDT reúne em sessão[488] para proceder à audição do indiciado, que se inicia com a leitura do auto de ocorrência e com a identificação do indiciado, sendo este interrogado sobre o seu domicílio[489] e consulta o registo central[490] de modo que obtenha informação da existência ou não de qualquer registo prévio da contra-ordenação, nos termos do n.º 1 do artigo 4º do DL n.º 130-A/2001.

A comissão promove a audição do indiciado, interrogando-o sobre questões que considere pertinentes[491]: eventuais antecedentes em matéria contra-ordenacional da mesma matéria; circunstâncias em que se encontrava aquando da interpelação pela autoridade policial, se estava ou não a consumir, se estava a consumir em local público ou em local de acesso ao público, que droga é que consumia e se consome mais que uma droga; caso a interpelação tenha resultado da *detenção* ou *aquisição* de estupefacientes e substâncias psicotrópicas, saber como é que foram adquiridas e como é que as detinha; a sua situação económica, social e familiar; os meios de subsistência; e outros condicionantes da vida.

A *audição do indiciado*, como direito deste e dever da CDT, visa reunir todos os elementos necessários para que formule um juízo sobre se o indiciado é toxicodependente ou consumidor não toxicodependente. Se for toxicodependente a CDT não pode aplicar uma sanção pecuniária, mas antes uma das medidas alternativas, *ex vi* n.º 2 do artigo 15º da Lei n.º 30/2000.

A natureza do consumidor é fundamental para a decisão a tomar pela CDT, cujo escopo o legislador precaveu expressamente na lei uma vez que se o consumidor toxicodependente muitas das vezes não tem dinheiro para comprar a sua dose diária, nem para comer, não faria qualquer sentido que ao mesmo fosse aplicada uma sanção pecuniária[492].

O conhecimento da natureza do consumidor é de extrema importância para a decisão da suspensão provisória ou não do processo[493], da sus-

[488] Cfr. artigo 35º, n.º 1 do DL n.º 130-A/2001, de 23 de Abril.

[489] Para que a comissão determine se é territorialmente competente.

[490] Cfr. Portaria n.º 604/2001, de 12 de Junho.

[491] Cfr. n.º 7 do artigo 14º do DL n.º 130-A/2001, de 23 de Abril.

[492] O n.º 2 do artigo 15º da Lei n.º 30/2000 é uma manifestação do princípio humanista e do princípio do pragmatismo. *Vide supra* – Princípios que nortearam a descriminação.

[493] Se o indiciado for *consumidor não toxicodependente* e se *não tiver* qualquer *registo prévio* de processo contra-ordenacional da mesma matéria, a CDT pode decidir pela suspensão pro-

pensão da determinação da sanção em caso de tratamento voluntário[494] e da suspenção da execução da sanção[495].

146. Da audição do indiciado, a CDT pode decidir-se pela proposta da realização ou não de exames e perícias psicológicas, assim como procedimentos de diagnóstico (análises de sangue, de urina ou outras), que se apresentem necessárias e adequadas à conclusão de se saber se o indiciado é ou não um consumidor toxicodependente[496]. O plano de tratamento a elaborar pela CDT em conjunto com as equipas de apoio técnico, com os serviços de saúde e de reinserção social[497] e com a colaboração dos familiares[498], que devem colaborar no plano terapêutico[499], depende fundamentalmente do resultado e conclusões que forem retiradas da audição do indiciado.

A CDT, para que se efectue uma melhor avaliação do indiciado, quer pela *ocorrência* quer pelo conhecimento da sua personalidade, pode determinar que a audição se processe com a presença de um psicólogo

visória do processo; se for *consumidor toxicodependente* e *aceite tratamento* e *não tenha* qualquer *registo prévio*, também a CDT pode decidir pela suspensão provisória do processo; o mesmo caminho deve ser seguido se for *consumidor toxicodependente com registo prévio* que aceite o tratamento. Cfr. artigo 11º da Lei n.º 30/3000 e artigo 21º do DL n.º 130-A/2001, de 23 de Abril.

[494] Tratando-se de *consumidor toxicodependente* que aceite, voluntariamente, sujeitar-se a tratamento, a CDT pode decidir pela suspensão da determinação da sanção. Cfr. n.º 2 do artigo 14º da Lei n.º 30/2000 e artigo 22º do DL n.º 130-A/2001, de 23 de Abril.

[495] Caso seja *consumidor toxicodependente* cujo "diagnóstico" preveja a *iniciabilidade do tratamento*, a CDT pode decidir-se pela suspensão da execução da sanção, impondo-lhe que se apresente periodicamente perante Serviços de Saúde, visando a melhoria das suas condições de higiene, *ex vi* n.º 1 do artigo 19º da Lei n.º 30/2000. Mas, se for um *consumidor não toxicodependente*, a suspensão da execução da sanção, analisadas as condições pessoais do consumidor, do tipo de consumo e do tipo de plantas, depende de se concluir ou não que é a *forma mais adequada* de se prevenir o consumo e da aceitação ou não da proposta de acompanhamento e da sujeição às medidas previstas nas als. *a)* a *d)* do n.º 2 do artigo 17º *ex vi* n.ºs 2 e 3 do artigo 19º, ambas da Lei n.º 30/2000, de 29 de Novembro.

[496] Cfr. n.º 2 do artigo 16º do DL n.º 130-A/2001, de 23 de Abril.

[497] Cfr. n.º 3 do artigo 16º do DL n.º 130-A/2001, de 23 de Abril.

[498] Os familiares ou amigos que habitem com o indiciado podem deter uma informação mais ampla sobre a sua trajectória de vida e sobre as medidas de tratamento já adoptadas. Neste sentido, o n.º 1 do artigo 15º do DL n.º 130-A/2001, de 23 de Abril.

[499] Cfr. n.º 2 do artigo 15º do DL n.º 130-A/2001, de 23 de Abril.

ou técnico cientificamente apto à circunstância, podendo-lhe realizar perguntas que tiver por convenientes e relevantes[500].

O legislador, que procurou evitar que qualquer decisão sobre o *indiciado* seja tomada de "ânimo leve", ao consagrar a obrigatoriedade de nomeação ou constituição de defensor[501] e da sua presença, visou promover um processo de contra-ordenação cuja decisão deve ser o fruto de uma análise profunda e bem fundamentada na busca incessante de prevenir o consumo e reinserir o indiciado através do melhor tratamento.

A audição do indiciado, cuja decisão jamais deve ser tomada sem a sua realização[502], é a materialização da promoção dos direitos de audiência e de defesa, assim como das garantias de defesa, consagrados nos n.º 1 e 10 do artigo 32º da CRP.

β. *Do dever de sigilo ou de segredo das Comissão para a Dissuasão da Toxicodependência*

147. Às CDT cabe uma atitude administrativa isenta, zelosa, leal, correcta, pontual e assídua, deveres inerentes a uma Administração de serviço público, que preconiza a prossecução do interesse público interligado e simultâneo à realização dos interesses e direitos dos cidadãos, cuja confiança e credibilidade imputam àquelas uma redobrada responsabilidade devido à natureza da função, que está intimamente conexa ao seu objecto de estudo e análise: consumo, aquisição e detenção para consumo de estupefacientes e substâncias psicotrópicas.

Falamos em estudo e análise, porque a natureza da matéria contra-ordenacional em causa obriga a um esforço de pesquisa profunda para que os objectivos da descriminalização do consumo de drogas não sejam uma utopia engasgada à nascença e liquidada no percurso do processo de contra-ordenação, cujo escopo não é 'punir' com uma coima ou uma

[500] Cfr. n.º 1 do artigo 20º do DL n.º 130-A/2001, de 23 de Abril.

[501] Que também pode dirigir perguntas ao indiciado quer sobre os factos da ocorrência, quer sobre a sua personalidade e condições de vida (n.º 2 do artigo 20º do DL n.º 130-A/2001, de 23 de Abril).

[502] Excepto o caso previsto nos n.ºs 3 e 5 do artigo 13º do DL n.º 130-A/2001, de 23 de Abril.

medida alternativa ou principal, mas sim o tratamento e a reinserção do consumidor seja ou não toxicodependente.

Os membros das CDT, como trabalhadores em funções públicas[503], estão obrigados ao dever de sigilo ou de guardar segredo, conforme no n.º 4 e do n.º 9º do artigo 3º do RDFAACRL, quer pela sua materialização no n.º 4 do artigo 7º da Lei n.º 30/2000, que estipula que *os membros da comissão estão sujeitos ao dever de sigilo relativamente aos dados pessoais constantes do processo*[504]. Desta feita, os membros das CDT devem guardar segredo dos dados pessoais de que tenham tido conhecimento em virtude das suas funções que não se destinem a ser do conhecimento geral, ou seja, do domínio público[505].

O n.º 4 do artigo 7º da Lei n.º 30/2000, de acordo com o princípio da não absolutização total do segredo[506], estipula como excepção ao dever de segredo ou sigilo:

a) as prescrições legais relativas à protecção da saúde pública e ao processo penal, isto é, em casos em que exista o ***dever legal de revelação***[507], como um surto de epidemias, de calamidade pública, de doenças infecto-contagiosas;

b) o ***dever de ofício***, como perícias e exames médicos em sede de processo crime;

c) por ***motivos científicos***, como palestras, conferências para estudiosos da mesma matéria;

d) por ***necessidade de defesa***, como nas acções judiciais em que se coloca em causa a dignidade profissional do médico ou do perito, o dever de sigilo cede em prol do interesse colectivo da saúde pública, do apuramento da verdade judicial, de avanços e novos

[503] Cfr. artigos 4º, 5º e 6º da Portaria n.º 428-A/2001, de 23 de Abril.

[504] O novo regime jurídico do trabalho em funções públicas não estipula o dever de sigilo e de segredo como estava previsto na al. *e*) do n.º 4 e n.º 9 do artigo 3º do RDFAACRL.

[505] Cfr. n.º 9 do artigo 3º do RDFAACRL. O dever de sigilo ou segredo funciona como um corolário do direito de não publicidade da audição do indiciado, consagrado pelo n.º 6 do artigo 13º do DL n.º 130-A/2001 , de 23 de Abril. Cfr. *supra* § 36º Direito a não publicidade de audição.

[506] Manuel de Oliveira Leal-Henriques e Manuel José Carrilho de Simas Santos, *Código Penal Anotado,* 3.ª Edição, Lisboa: Rei dos Livros, 2000, II Vol., p. 582.

[507] Existem *doenças contagiosas de declaração obrigatória*, conforme Portaria n.º 766/86 de 26 de Dezembro.

rumos da ciência médica e de defesa da dignidade e de direitos individuais.

O mesmo dever de sigilo estende-se aos elementos das equipas de apoio técnico, *ex vi* n.º 4 do artigo 6º do DL n.º 130-A/2001. Na nossa opinião inicial e em princípio, consideramos que não era necessário consagrar neste diploma o dever de sigilo, uma vez que já está previsto no RDFAACRL, que se aplicava aos funcionários e agentes da Administração Pública.

Mas o legislador precaveu-se, e ainda bem, por duas ordens de razão: a primeira, quanto aos momentos legislativos futuros, que fez cair este dever em 2008, com a aprovação do Estatuto Disciplinar dos Trabalhadores que exercem funções públicas, aprovado pela Lei n.º 58/2008, de 9 de Setembro, cuja não previsão desta decisão de sigilo e de segredo se manteve na actual LTFP, aprovada pela Lei n.º 35/2014, de 20 de Junho, que revogou expressamente a EDTFP; a segunda, prende-se com os que apoiam tecnicamente a CDT, porque podem não ser funcionários e agentes da Administração Pública, sujeitando-os desde logo ao mesmo dever que sobre aqueles recai.

148. O n.º 4 do artigo 7º da Lei n.º 30/2000 sujeita os membros da CDT ao sigilo quanto a ***dados pessoais*** do indiciado que constem do processo.

> Questão que se nos afigura pertinente levantar é se o membro ***A*** pode divulgar que, quanto ao processo contra-ordenacional de ***B***, por ter sido interpelado pelas Autoridades Policiais a consumir estupefacientes, têm sido chamados a depor várias entidades (***c***, ***d***, ***e***, ...), que a quantidade era de 0,95g de Heroína e que se encontrava na seringa, cuja análise ao sangue deu que **B** é seropositivo. Pode a conduta de **A** preencher a violação do dever de segredo imposto pelo n.º 4 do artigo 7º da Lei n.º 30/2000? Caso seja afirmativa a resposta, que bens jurídicos ***A*** ofendeu?

A identidade, como direito fundamental, é um dado pessoal, cujo conhecimento foi obtido devido às suas funções de membro da CDT, logo a conduta de ***A*** é merecedora de reprovação criminal e disciplinar, além de também o ser no plano civil. ***A*** revelou factos que estão sujeitos ao sigilo ou segredo (que ***B*** era indiciado em um processo de contra-ordenação por consumo de Heroína), violou o dever de sigilo previsto na al. *e)* do n.º 4 e no n.º 9 do artigo 3º do RDFAACRL, podendo tal conduta consignar o crime de *violação de segredo por funcionário*, p. e p. pelo artigo 383º do CP.

A caracterização do bem jurídico tutelado com a incriminação da *revelação do segredo* (p. e p. pelo artigo 195º do CP) está longe de ser alcançada, sendo que estão em causa duas teses: uma supra-individual – o «interesse comunitário da confiança na descrição e reserva de determinados grupos profissionais» –; outra pessoal ou individual – a «esfera privada do indivíduo»[508], sendo que prevalece, na opinião de Costa Andrade, a tese da preservação da esfera individual *lato sensu*. Neste caso académico, em o agente do crime é funcionável[509], pensamos que será difícil enquadrar a conduta de A no tipo de crime p. e p. pelo artigo 195º do CP, sendo para nós mais claro o seu enquadra/o na tipologia p. e p. pelo artigo 383º do CP.

Quanto à *violação do segredo por funcionário* (p. e p. pelo artigo 383º do CP), como no caso em análise, o bem jurídico não é, na nossa opinião, pessoal, mas sim comunitário, ou seja, a confiança depositada na descrição e reserva em certos grupos profissionais, como os trabalhadores que exercem funções públicas.

A conduta de ***A*** ao revelar que ***B*** é sujeito de um processo contra-ordenacional por consumo de heroína e as entidades ouvidas no processo, factos de que teve conhecimento por ser membro da CDT e que devia ser mantido em segredo por interesse público, pode consignar o crime de *violação de segredo por funcionário*, p. e p. pelo artigo 383º do CP. Contudo, o preceito exige *dolo específico*[510], isto é, que ***A*** tenha revelado aqueles factos com a *intenção* de obter um benefício para si ou para outrem ou com a *consciência* de prejudicar ***B*** ou o interesse público (descredibilizando a dignidade que o processo merece e a confiança que a sociedade depositou nas CDT).

[508] Manuel da Costa Andrade, "Violação de segredo", *in Comentário Conimbricence do Código Penal*, Coimbra: Coimbra Editora, Vol. I, p. 773 e ss.

[509] Sobre o conceito do funcionário, artigo 386º do CP.

[510] *Hoc sensu*, Manuel de Oliveira Leal-Henriques e Manuel José Carrilho de Simas Santos, *Código Penal...*, II Vol., p. 1643.

Ao revelar ainda que ***B*** é seropositivo, a conduta de ***A*** pode preencher o estipulado pela al. *d)* do n.º 1 do artigo 192º do CP, consignando o crime de devassa da vida privada, cujo bem jurídico tutelado é a reserva da privacidade *stricto sensu*, isto é, a intimidade de cada um[511].

Toda a conduta de ***A*** coloca-nos em sede de concurso real de crimes heterogéneo, uma vez que foram violados, em princípio, dois bens jurídicos distintos: «confiança depositada na descrição e reserva de determinados grupos profissionais» e a reserva da privacidade *stricto sensu*.

γ. *Mandado de condução*

149. Uma das questões pertinentes é a de se saber como se procede se o indiciado não comparecer na CDT à data para qual foi notificado pela Autoridade Policial (AP) ou por um membro da Comissão: emite-se um mandado de condução ou a AP procura encontrar o cidadão de modo a poder conduzi-lo sem mandado de condução à Comissão?

Quer a Lei n.º 30/2000 quer o DL n.º 130-A/2001 não detêm qualquer normativo que implique a condução forçada do *indiciado*, sendo que a Comissão não pode decidir sem proceder à audiência daquele, sob pena de nulidade insanável[512], *ex vi* da al. *c)* do artigo 119º e do artigo 122º do CPP *ex vi* artigo 41º do RGCO *ex vi* artigo 26º da Lei n.º 30/2000.

Apesar do n.º 2 do artigo 4º da Lei n.º 30/2000 prescrever que, na impossibilidade de identificar o consumidor no local da ocorrência, «poderão as autoridades policiais, se tal se revelar necessário, deter o consumidor para garantir a sua comparência perante a comissão, nas condições do regime legal da detenção para identificação»[513], o «regime legal da detenção para identificação» afere-se da al. *g)* n.º 3 do artigo 27º da CRP conjugado com os pressupostos do artigo 250º do CPP.

[511] Sobre a devassa da vida privada, os nossos estudos *Da Publicação da Matéria de Facto nos Processos Disciplinares*, Lisboa: ISCPSI, 2000, pp. e ss.; "Videovigilância", *in Polícia Portuguesa*, Ano LXIII, II Série, n.º 123, Maio/Junho, 2000, pp. 4 e 5; "A Publicidade da Matéria de Facto", *in Direito e Justiça*, RFDUCP, pp. 207 e ss.

[512] Sobre este assunto *supra* §§ 29º e 30º.

[513] Cfr. também o n.º 4 do artigo 9º do DL n.º 130-A/2001, de 23 de Abril.

Mas, deste preceito, não se afere a possibilidade da AP conduzir ou a Comissão solicitar, com base neste preceito, à AP que conduza, sob detenção, o indiciado para se proceder à audiência.

150. Uma das soluções é esperar que o indiciado seja de novo interceptado pela AP e, depois de saber se se encontra algum membro na Comissão, conduzi-lo de imediato nos termos do artigo 12º, n.º 1 em conjugação com o artigo 9º, n.º 4 do DL n.º 130-A/2001. Solução prática, mas amoral e despida de qualquer fundamento jurídico face aos princípios inerentes ao Estado de direito democrático, colocando, desde logo, em perigo de execução e materialização o princípio da celeridade – direito do indiciado.

Caso não se opte por esta solução prática e, presumivelmente, morosa, resta-nos saber se podemos aplicar subsidiariamente, *mutatis mutandis*, o artigo 273º, n.º 1 do CPP, na parte em que se prescreve a possibilidade da autoridade de polícia criminal (APC)[514] poder emitir mandado de notificação de comparência, devendo a CDT solicitar à APC a emissão do mesmo. Parece-nos uma solução, também, desajustada e contraditória face aos princípios da descriminalização e do regime contra-ordenacional.

Uma próxima alteração legislativa deve contemplar a possibilidade da CDT emitir mandado de comparência ou solicitar a outra autoridade – p. e., a APC – que emita um mandado de condução e comparência para audiência/audição na Comissão respectiva.

δ. *Da destruição da 'droga'*

151. Outra questão que se coloca é o destino da droga após a conclusão do processo. Três questões se levantam *a priori*:

* por um lado e tendo em conta o preceituado no artigo 17º do DL n.º 130-A/2001, de 23 de Abril, no qual se determina que a comissão envia as substâncias para análise sempre que o indiciado negue a sua natureza – n.º 1 – e a autoridade policial realiza a análise sem-

[514] Nos termos da al. *d)* do n.º 1 do artigo 1º do CPP, considera-se APC «os directores, oficiais, inspectores e subinspectores da polícia e todos os funcionários policiais a quem as leis respectivas reconhecem aquela qualificação».

pre que tenha dúvidas quanto à natureza da substância[515], ficando a incerteza se a CDT deve ou não enviar as substâncias para o Laboratório de Polícia Científica com a finalidade de comprovar se estamos na verdade na presença de uma substância proibida;

* por outro lado, apesar do regime jurídico do consumo de drogas ser especial, não faz sentido que se processe sem que haja a prova correcta e infalível de que estamos perante uma contra-ordenação por consumo de droga;
* e, ainda, podemos levantar a questão da pesagem líquida da droga, pois a que se encontra com o indiciado e é apreendida pela autoridade policial detém um peso e a que, por regra, resulta do laboratório com o peso líquido é outro, sendo que nos interrogamos em qual peso se deve apoiar a CDT para alcançar a quantidade da planta[516] e para a decisão final.

Como se depreende da al. *d)* do n.º 4 do artigo 15º da Lei n.º 30/2000, «o tipo de plantas, substâncias ou preparados consumidos» ou que se encontram na sua posse deve ser relevante para a tomada de decisão da comissão quanto à coima ou a medida alternativa a aplicar, permitindo-lhe fundamentar a decisão final – artigo 27º do DL n.º 130-A/2001. Pois, a prova de que as substâncias não se enquadram nas tabelas I a IV anexas ao DL n.º 15/93 pode conduzir à absolvição do indiciado, conforme se retira do n.º 1 do artigo 27º do DL n.º 130-A/2001.

Caso as substâncias fossem enviadas ao laboratório, que pensamos que possa ser uma das soluções, a sua destruição seguiria os termos do artigo 62º do DL n.º 15/93. Vejamos o problema vigente.

152. O artigo 42º do DL n.º 130-A/2001, de 23 de Abril, estipula que «as substâncias apreendidas e enviadas à comissão são destruídas nos termos legais», tendo em conta que o n.º 1 do artigo 4º da Lei n.º 30/ /2000, prescreve que as substâncias «são perdidas a favor do estado».

[515] Temos defendido que a autoridade policial deve fazer sempre o teste rápido para verificar se estamos perante um produto constante da tabela I a IV do DL n.º 15/93, de 22 de Janeiro. Cfr. *supra* § 50.º.

[516] Neste mesmo sentido Rui do Carmo, "Toxicodependência...", *in* RMP, 137, pp. 90-91.

Hoje, as instituições policiais e as CDT[517], onde pode existir substâncias apreendidas a aguardar a resolução do processo, podem interrogar-se como destruir ou que destino dar as substâncias *supostamente* psicotrópicas[518].

Seguindo o preceituado no artigo 42º do DL n.º 130-A/2001, podemos recorrer subsidiariamente ao RGCO ou ao DL n.º 15/93, prevendo este a destruição de drogas apreendidas.

Quanto ao RGCO, os artigos 22º a 25º prescrevem as normas relativas à perda de objectos do arguido no processo de contra-ordenação, sendo de possível aplicação, neste caso, os artigos 22º – perda de objectos perigosos –, o artigo 24º – efeitos da perda – e o artigo 25º – perda independente de coima.

Em primeiro lugar, dever-se-iam declarar perdidas as substâncias «que serviram ou estavam destinados a servir para a prática» da contra-ordenação prevista no artigo 2º da Lei n.º 30/2000, por representarem, devido à sua natureza, «grave perigo para a comunidade» ou por existir «sério risco da sua utilização para a prática de um crime ou contra-ordenação», conforme o n.º 1 do artigo 22º do RGCO e o n.º 1 do artigo 4º da Lei n.º 30/2000.

A decisão definitiva ou transitada em julgado de perda de objectos – substâncias psicotrópicas – «determina a transferência da propriedade para o Estado», conforme artigo 24º do RGCO. Mas a perda de objectos perigosos pode verificar-se mesmo que não haja «procedimento contra o agente ou a este não seja aplicada uma coima», nos termos do artigo 25º do RGCO. Posição reforçada pelo n.º 1 do artigo 4º da Lei n.º 30/2000 que preceitua que as substâncias «são perdidas a favor do Estado».

Na nossa opinião, as substâncias psicotrópicas são objectos perigosos para a comunidade em geral e não devemos considerar que a apreensão prevista no artigo 4º, n.º 1 da Lei 30/2000, no artigo 9º, n.º 3 do DL n.º 130-A/2001, e, subsidiariamente, n.º artigo 48º-A do RGCO fun-

[517] Como exemplo apontamos a Região Autónoma da Madeira em que a CDT e a Polícia não sabem como proceder quanto à destruição das substâncias apreendidas.

[518] Afirmamos *supostamente* porque não foi realizada a prova científica que certifique que aquele produto é heroína ou é cocaína ou é haxixe ou é uma droga sintética y, z (...). Preocupa-nos que a prova, segundo a lei, se possa fazer única e exclusivamente com base no teste rápido e com a confirmação pelo indiciado.

ciona como decisão definitiva e que a perda se verifica no momento da apreensão.

Do RGCO, que se aplica subsidiariamente[519], conjugado com o artigo 1º da Lei n.º 30/2000, podemos aplicar a decisão de perda das substâncias psicotrópicas que se transferem para a esfera jurídica do Estado e que essa perda se pode verificar ainda que não tenha sido aplicada qualquer coima. Contudo, fica a dúvida quanto ao destino e destruição das substâncias – «objectos perigosos» –, cuja solução se deve basear no artigo 62º do DL n.º 15/93, que tem como epígrafe *exame e destruição das substâncias.*

153. A entidade competente para ordenar a destruição das substâncias apreendidas, no âmbito do tráfico e cultivo, é a «autoridade judiciária competente», conforme estipula o n.º 1 e 4 do artigo 62º do DL n.º 15/93[520]. Pergunta-se: a que autoridade judiciária se refere o legislador? Pois, qualificadas com essa natureza jurídica, temos o MP, o JIC e o Juiz, nos termos da al. *b)* do n.º 1 do artigo 1º do CPP.

Defendemos que o legislador pretendia determinar autoridade judiciária competente da fase processual em curso, ou seja, MP no inquérito, JIC na instrução e Juiz no julgamento. Levanta-se a questão de saber como é possível existir a intervenção destas autoridades judiciárias em um só processo quanto à decisão de destruição das substâncias.

Quanto à mesma apreensão existem duas destruições por incineração:

* o perito do laboratório, após o exame, deve proceder à «recolha, identificação, pesagem, bruta e líquida, acondicionamento e selagem de uma amostra, que deve ser guardada até que seja «proferida decisão definitiva» por tribunal competente. Tribunal este que deve ordenar a destruição da amostra guardada em cofre dos serviços que procede à investigação – conforme n.ºs 2, 3, 5 e 6 do artigo 62º do DL n.º 15/93.

[519] Cfr. artigo 26º da Lei 30/2000 e artigo 43º do DL n.º 130-A/2001, de 23 de Abril.

[520] Não pretendemos abordar o normativo do n.º 7, quanto à cedência de droga para fins didácticos, de formação ou investigação criminal, cujo pedido deve passar pelo Gabinete de Combate à Droga do MJ e solicitado ao magistrado nomeado para a análise dos pedidos de cedência.

* o remanescente, caso haja e que tenha de ser recolhido, identificado, pesado, acondicionado, selado, é destruído por ordem da autoridade judiciária competente na fase processual em curso. A ordem de destruição é emitida no prazo de cinco dias depois da junção do relatório do exame laboratorial. O despacho que ordena a destruição da droga deve ser cumprido no prazo de trinta dias, devendo a droga ficar arrecadada no cofre-forte até ao momento da destruição – conforme n.ºs 2, 4 e 5 do artigo 62º do DL n.º 15/93.

Quer num caso quer no outro a destruição faz-se por incineração, devendo estar presente: um magistrado, um funcionário do OPC respectivo, um técnico de laboratório. Do acto lavra-se *auto de destruição*, devendo ser assinado pelos presentes.

154. Face ao exposto, somos da opinião de que a CDT só pode destruir as substâncias apreendidas e a si enviadas, depois de decisão definitiva do processo – de absolvição ou de condenação –, onde a CDT declara as substâncias perdidas a favor do Estado. Consideramos que o despacho que ordena a destruição da droga, como fiscalização e controlo da legalidade da decisão, devia ser solicitado e proferido pelo MP.

A CDT é um órgão administrativo e a destruição de provas deve seguir os preceitos do artigo 62º do DL n.º 15/93, por a Lei n.º 30/2000 e o DL n.º 130-A/2001 não especificarem os termos concretos da destruição e se remeter para legislação geral. Contudo, mesmo que seja a CDT a decidir e a destruir as substâncias, deve elaborar auto de destruição.

Caso seguíssemos o estipulado nos artigos 22º a 25º do RGCO e do n.º 1 do artigo 4º da Lei n.º 30/2000 e tendo em conta que nada estipula quanto ao fim último a dar aos objectos perdidos a favor do Estado, dever-se-ia aplicar subsidiariamente as normas do CP – *ex vi* artigo 32º do RGCO –, no qual se estipula que o juiz pode «ordenar que sejam, total ou parcialmente, destruídos ou postos fora do comércio» esses objectos – conforme n.º 3 do artigo 109º do CP.

Capítulo VI
Das Sanções e do Tratamento

§ 64º Da natureza das sanções

155. A Lei n.º 30/2000, como consequência da contra-ordenação por consumo, aquisição ou detenção para consumo, determina a aplicação de uma coima desde que o agente da infracção seja *consumidor não toxicodependente* e não lhe tenha sido suspenso provisoriamente o processo ou não lhe tenha sido suspensa a determinação da sanção[521] ou não lhe tenha sido suspensa a execução da sanção[522], *ex vi* 1.ª parte do n.º 1 do artigo 15º. Mas a CDT não está vinculada a aplicar única e somente uma coima, pode, em alternativa, aplicar uma sanção não pecuniária, *ex vi* 2.ª parte do n.º 1 do artigo 15º, feita a ponderação dos pressupostos consignados no n.º 4º e em função da necessidade de prevenção do consumo de drogas, nos termos do n.º 3, ambos do mesmo preceito.

Do regime jurídico do consumo de drogas nasceram novas sanções, diferentes da coima, para a aplicação aquando da verificação da contra-ordenação, afastando-se, desta feita, do Regime Geral das Contra-Ordenações, cuja aplicação obedece ao regime subsidiário (artigo 26º da Lei n.º 30/2000). Como afirma Cristina Líbano Monteiro,

[521] Se realizarmos uma interpretação restritiva do artigo 14º da Lei n.º 30/2000, de 29 de Novembro, poderíamos afirmar que a suspensão da determinação da sanção em caso de tratamento voluntário apenas se aplicaria aos *consumidores toxicodependentes*, mas entendemos que, respeitando o princípio da igualdade, a mesma política de oportunidade deve ser extensiva aos *consumidores não toxicodependentes*.

[522] Cfr. artigo 2º, n.º 1, e artigos 11º, 14º, 16º, 19º da Lei n.º 30/2000, de 29 de Novembro.

«ao lado da tradicional coima, de natureza pecuniária, *surge* um leque de outras medidas sancionatórias que em nada equivalem ao "castigo metal" e que são – ponto importante – as únicas imponíveis a consumidores toxicodependentes»[523].

156. O n.º 1 do artigo 17º da Lei n.º 30/2000 estipula como alternativa à coima uma sanção de admoestação[524], que, consistindo *em uma censura oral,* em que *consumidor é expressamente alertado para as consequências do seu comportamento e instado a abster-se de consumir,* nos termos do n.º 2 do artigo 18º, deve ser aplicada se as *condições pessoais do agente,* o *tipo de consumo* e o *tipo de plantas, substâncias ou preparações consumidas* forem um indicador de que o agente se absterá no futuro de consumir, nos termos do n.º 1 do artigo 18º da Lei n.º 30/2000.

O n.º 2 do artigo 17º consagra um leque de sanções que podem ser aplicadas em alternativa ou a título principal. Essas coimas são alternativas quanto aos consumidores não toxicodependentes, mas já são principais no que se refere aos consumidores toxicodependentes[525]. A novidade, como afirma Cristina Líbano Monteiro[526], é a aprovação de sanções não monetárias como sanções principais, uma vez que o artigo 21º do RGCO já previa sanções acessórias não pecuniárias.

O legislador, partindo da tradicional coima, promoveu a flexibilização do sistema de forma que as sanções a aplicar se adaptem às situações

[523] Continuando afirma que "a Lei n.º 30/2000 inventa sanções não pecuniárias (...) para ilícitos que classifica de mera ordenação social", [Cristina Líbano Monteiro, "O consumo de drogas...", *in RPCC,* Ano 11, Fasc. 1º, p. 70]. Quanto à questão da constitucionalidade das sanções alternativas, sufragamos a opinião de Cristina L. Monteiro, pois o legislador não está impedido de alargar o leque de sanções estabelecido pelo RGCO [al. *c)* do n.º 1 do artigo 165º da CRP], sendo que não estamos no âmbito da *ultima ratio* do poder punitivo, ou seja, não se pune uma contra-ordenação com uma pena privativa da liberdade, nem o RGCO se pode considerar uma lei com valor reforçado, "cujo desrespeito consubstancia uma inconstitucionalidade indirecta [CRP, artigo 112º, n.º 3, e artigo 280º, n.º 2, al. *a)*]". *Idem,* pp. 70 e 71.

[524] Que deve ser aplicada quando a decisão for definitiva e proferida imediatamente se o indiciado renunciar à interposição de recurso (n.ºs 3 e 4 do artigo 18º da Lei n.º 30/2000), manifestação plena do princípio da celeridade processual. Quanto à admoestação, artigo 51º do RCGO.

[525] Cfr. n.º 1 e 2 do artigo 15º da Lei n.º 30/2000, de 29 de Novembro.

[526] Cristina Líbano Monteiro, "O consumo de drogas...", *in RPCC,* Ano 11, Fasc. 1º, p. 71.

de cada agente, a mais que não faria qualquer sentido que um toxicodependente que vive, em regra, em uma «penúria económico-financeira» e que, muitas das vezes para angariar fundos monetários para consumir, pratica factos que a lei qualifica como crimes contra a propriedade (furtos, roubos)[527], tivesse de pagar uma quantia monetária. Caso tivesse sido esta a política criminal seguida, quase que arriscaríamos a avançar com um cenário de aumento da criminalidade.

§ 65º Da determinação, da aplicação e da execução das sanções

α. *Do princípio da legalidade e da oportunidade*

157. O artigo 43º do RGCO consagra o princípio da legalidade, impondo à polícia ou às entidades fiscalizadoras o dever de investigação "sempre que tenham notícia da prática de uma contra-ordenação (...) e acusar sempre que obtiverem indícios suficientes desse facto e de quem foi o seu autor"[528].

Analisado este ditame, a ideia de que a descriminalização do consumo de drogas permitiria uma maior aplicabilidade do princípio da oportunidade[529] na promoção processual cai, em primeira análise, por terra[530]. Contudo e estudado o novo regime jurídico, defendemos que o princípio da legalidade vincula a actuação da polícia e da CDT, mas, como já afirmamos, não é absoluto. Nenhum princípio é absoluto. E como afirma Anabela M. Rodrigues, "não se deve conferir validade absoluta a qualquer dos princípios opostos"[531].

[527] Falamos, com a doutrina, dos *toxicodependentes-delinquentes*. Cfr. Rui do Carmo, "Toxicodependências...", *in RMP*, 137, p. 95.

[528] *Idem*, pp. 81 e 82.

[529] Sobre o princípio da oportunidade como materialização de uma nova política criminal, os nossos *Processo Penal* – Tomo I, 3.ª Edição, pp. 219-234 e *Lei e Crime...*, pp. 164 e ss..

[530] Cristina Líbano Monteiro, "O consumo de droga...", *in RPCC*, ano 11, Fasc. 1º, p. 81. No sentido de que há uma desvalorização do princípio da oportunidade, A. G. Lourenço Martins, "Droga – Nova Política...", *in RPCC*, Ano 11, Fasc. 3º, pp. 428 e ss..

[531] Anabela Rodrigues, *"O Inquérito no Novo Código..."*, *in Jornadas de Processo Penal*, CEJ, p. 74.

A Lei n.º 30/2000, ao consagrar a suspensão provisória do processo (artigo 11º), a suspensão da determinação da sanção em caso de tratamento voluntário (artigo 14º) e a suspensão da execução da sanção (artigo 19º), promove, inevitável e obrigatoriamente, o recurso ao princípio da oportunidade.

Esta opção não significa que a polícia e/ou a autoridade administrativa não procedam de acordo com a lei, mas que entre a aplicação de uma coima pecuniária ou de uma sanção não pecuniária e o tratamento e a reinserção e a reintegração do consumidor ou do toxicómano, se opte pela segunda via e não pela primeira. O legislador procurou estipular o mesmo caminho processual que consagrou para o processo penal[532].

β. *Das entidades competentes*

158. A autoridade administrativa competente para o processamento e aplicação das sanções é a Comissão para a Dissuasão da Toxicodependência, *ex vi* n.º 1 do artigo 5º da Lei n.º 30/2000, que está sediada no SICAD, de cada distrito.

A novidade não se prende com a entidade competente para julgar contra-ordenações e aplicar coimas, que fora criada «*ad hoc*»[533], mas sim a sua criação «do nada»[534].

A execução das coimas, como se estipula no n.º 2 do artigo 5º, é da competência das autoridades policiais, que pode e/ou deve *oficiar os serviços e as autoridades aos quais deva ser pedida colaboração para a execução* das sanções ou medidas decretadas, conforme artigo 25º da Lei n.º 30/2000.

γ. *Da determinação, da execução e do cumprimento das sanções*

159. Quanto aos critérios a seguir na determinação e na aplicação das sanções, o legislador, prevalecendo a prevenção especial[535] e colo-

[532] Cfr. artigos 280º, 281º, 392º e 16º, n.º 3 do CPP, e os nossos *Processo Penal* – Tomo I, 3.ª Edição, pp. 227-234 e *Lei e Crime...*, pp. 170 e ss..

[533] Cristina Líbano Monteiro, "O consumo de droga...,", *in RPCC* Ano 11, Fasc. 1º, p. 80.

[534] *Ibidem*.

[535] Neste sentido, Cristina Líbano Monteiro, "O consumo de droga...", *in RPCC* Ano 11, Fasc. 1º, p. 79. Apesar de estar vincado o teor teleológico da prevenção geral.

cando a culpa como um elemento de ponderação, procurou estipular vectores de orientação à CDT.

A CDT, relativamente à determinação da sanção, tem de considerar a *necessidade de prevenir o consumo de estupefacientes e substâncias psicotrópicas*, conforme n.º 3 do artigo 15º, sabendo desde logo que tem como limite o factor temporal, cuja duração da sanção pode variar de um mês a três anos, conforme artigo 24º.

No que respeita à aplicação das sanções, nos termos do n.º 4 do artigo 15º, a CDT deve ter "em conta a situação do consumidor e a natureza e as circunstâncias do consumo, ponderando, designadamente:

a) A gravidade do acto;
b) A culpa do agente;
c) O tipo de plantas, substâncias ou preparados consumidos;
d) A natureza pública ou privada do consumo;
e) Tratando-se de consumo público, o local do consumo;
f) em caso de consumidor não toxicodependente, o carácter ocasional ou habitual do consumo;
g) A situação pessoal, nomeadamente económica e financeira, do consumidor".

No âmbito do CP, prevê-se que se apliquem penas não detentivas desde que as finalidades da reacção criminal sejam alcançadas por outro meio, o que não acontece neste regime "especial" de contra-ordenações.

A CDT tem de escolher uma (quando se aplicar coima – artigo 16º – ao consumidor não toxicodependente) ou mais sanções (se forem as previstas no n.º 2 do artigo 17º)[536] de entre várias iguais, que permitam a recuperação, a reinserção e a reintegração do *indiciado* na sociedade e previnam o consumo de drogas.

160. Outra questão que levanta dúvidas e interrogações é a solução que deve ser encontrada caso o ***indiciado*** **não cumpra a sanção que lhe foi imposta.**

Se o *indiciado* se encontrar na situação prevista pelo artigo 19º – suspensão da execução da sanção – seria normal que, em caso de inter-

[536] Neste sentido Cristina Líbano Monteiro, "O consumo de droga...", *in RPCC* Ano 11, Fasc. 1º, p. 80.

rupção do cumprimento das condições impostas pela CDT, executasse a sanção, até por imperativo dos n.ºs 2 e 3 do artigo 23º da Lei n.º 30/2000. Contudo, interrogamo-nos se, sendo o fundamento do artigo 19º a melhoria das condições sanitárias do consumidor toxicodependente e prevenir o consumo por parte do consumidor não toxicodependente, a interrupção do cumprimento das condições impostas, de acordo com o n.º 3 deste preceito, legitima, com toda a lógica, o regresso à sanção aplicada. Dúvidas que persistem, pois não há regimes ou sistemas perfeitos.

O problema não se coloca quando ao consumidor não toxicodependente é aplicada uma coima, cujo não cumprimento da mesma no prazo de 10 dias após o trânsito em julgado da decisão da CDT, que deve converter a sanção pecuniária em uma sanção não pecuniária com um mínimo de horas de trabalho gratuito a favor da Comunidade, como se afere do artigo 30º do DL n.º 130-A/2001.

Cabe, após despacho da conversão da sanção pecuniária em sanção alternativa, às autoridades policiais diligenciarem a execução da mesma, ou seja, a colocação do "visado em instituição pública ou particular de solidariedade social" [n.ºs 3 e 4 do artigo 30º do DL n.º 130-A/2001] para cumprimento das horas de trabalho e respectivas tarefas que lhe forem atribuídas. O problema coloca-se caso o visado não cumpra esta medida alternativa.

Mas a dúvida maior e pertinente é a de se saber se o indiciado não cumprir a sanção originária aplicada, se ao mesmo é imputada a prática do *crime de desobediência*, p. e p. pelo artigo 348º do CP, por aplicação subsidiária do artigo 32º do RCGO *ex vi* artigo 26º da Lei n.º 30/2000. Acompanhamos Cristina Líbano Monteiro quando afirma que "esperamos sinceramente que a ninguém ocorra a ideia de o incriminar por desobediência"[537], pois toda a teleologia do novo regime 'cairia por terra': a substituição da experiência estigmatizante do tribunal por consumo teria nova revivescência por incriminação por desobediência.

Consideramos que é ilógico e, neste caso, contrário a teleologia da Lei n.º 30/2000, punir com o crime de *desobediência* o incumprimento de uma coima, sanção de um ilícito de mera ordenação social, ou seja, não

[537] Cristina Líbano Monteiro, "O consumo de droga...,", *in RPCC* Ano 11, Fasc. 1º, p. 75 e nota 9.

faz sentido que se pretenda que "o não cumprimento de sanções impostas por autoridade administrativa seja considerado crime, *o que* seria admitir que afinal a contra-ordenação justifica a prisão, ou só funciona perante a ameaça última da pena privativa da liberdade"[538].

Quanto à suspensão provisória do processo (artigo 11º) e à suspensão da determinação da sanção em caso de tratamento voluntário (artigo 14º), a interrupção daquele deve conduzir ao prosseguimento do processo e à determinação da sanção respectiva, *ex vi* n.º 3 do artigo 13º e n.º 2 do artigo 14º. O problema surge, de novo, caso o indiciado, após a aplicação da sanção originária, não cumpra a sanção imposta pela autoridade administrativa.

A opção *crime de desobediência*, p. e p. pelo artigo 348.º do CP, carece de fundamento político-criminal e demonstra a existência de um direito administrativo sancionatório sem força epistemológica e axiológica autónoma.

§ 66º Do tratamento dos consumidores

161. O tratamento espontâneo está previsto no artigo 3º da Lei n.º 30/2000. O n.º 1 do artigo 3º prescreve que ao consumidor não é aplicado o disposto no presente diploma se solicitar o tratamento junto dos serviços de saúde públicos ou privados.

A interpretação deste preceito pode levantar algumas dúvidas quando confrontado com o estipulado no artigo 11º – *suspensão provisória do processo* – e quando o consumidor toxicodependente, que tenha ou não registo prévio de processo contra-ordenacional anterior no âmbito do novo regime jurídico, aceite submeter-se a tratamento (n.ºs 2 e 3) –, com o artigo 14º – *suspensão da determinação da sanção* – no caso do «consumidor toxicodependente aceitar sujeitar-se, voluntariamente, a tratamento em serviço público ou privado devidamente habilitado» (n.º 1).

O artigo 3º fala-nos do *tratamento espontâneo*, aquele que emerge da vontade própria do consumidor sem que tenha sido interceptado por qualquer autoridade policial ou não esteja com um processo contra-ordenacional por consumo, posse ou aquisição para consumo suspenso

[538] *Ibidem*. Itálico nosso.

provisoriamente ou não tenha suspensa a determinação da sanção. No artigo 3º enquadram-se, além dos menores, interditos e inabilitados, os consumidores que se dirigem à CDT, afirmando ser consumidores e que desejam ser inscritos em um programa de tratamento promovido por serviços de saúde públicos e privados.

Equiparado ao n.º 1 do artigo 3º, o legislador prescreveu que qualquer médico que, no exercício da sua actividade profissional, constatar que o consumidor necessita de medidas de tratamento ou assistência, de que não disponha, pode assinalá-los aos serviços de saúde públicos. Ou seja, como já se encontra em tratamento espontâneo no seu médico, o consumidor beneficia do mesmo regime determinado no n.º 1 *ex vi* do n.º 2 do artigo 3º.

162. Diferente é o caso do consumidor toxicodependente que é interceptado pela autoridade policial (AP) e, no decurso do processo, p. e., na *audiência*, afirma aceitar «submeter-se a tratamento», devendo o processo ser suspenso provisoriamente até ao máximo de três anos ou até ao fim do tratamento, sem que tenha existido qualquer interrupção indevida por parte do consumidor toxicodependente – conforme artigo 11º, n.º 2 e 3 e artigo 13º, n.ºs 1 e 2, al. *b)* da Lei n.º 30/2000.

A decisão pelo tratamento não é espontânea, mas é indirectamente forçada ou voluntariamente "imposta" pela situação em que o consumidor toxicodependente se encontra.

163. Diverso é, também, o tratamento prescrito no artigo 14º da Lei n.º 30/2000. Apesar da lei falar em tratamento «voluntário», entendemos que o advérbio de modo «voluntariamente» tem de ser interpretado de forma a enquadrá-lo no momento processual em que se encontra o processo. Duas situações podem ocorrer no plano do n.º 1 do artigo 14º:

- após a análise do processo, decorrida a audiência e as alegações da defesa, e da CDT ter verificado que o *indiciado* tem afirmado que desejava efectuar um programa de tratamento público ou privado e optar por fazer um despacho de suspensão da determinação da sanção, podendo a mesma decorrer ao longo de três anos;
- outra situação enquadrável neste preceito pode ser aquela em que o *indiciado*, após notificação da sanção que lhe é aplicável, decidir

«aceitar sujeitar-se voluntariamente, a tratamento», podendo-o fazer por escrito ou de forma verbal.

O regime prescrito no artigo 14º aplica-se em uma fase mais avançada do processo do que o regime prescrito no artigo 11º, que, por sua vez, se aplica em uma fase posterior, quando o consumidor já é *indiciado* em um processo contra-ordenacional, do que o regime do artigo 3º da Lei n.º 30/2000.

O legislador apontou três regimes de modo a dar amplitude à CDT para promover uma política criminal de reintegração do toxicodependente na sociedade, tendo vingado, neste ponto, o princípio da humanidade.

CONCLUSÃO

164. A descriminalização em sentido estrito ou técnico do consumo, aquisição e detenção para consumo de estupefacientes e substâncias psicotrópicas não deve ser encarada como uma descriminalização de facto, ou seja, uma despenalização pela possível dificuldade na exequibilidade deste regime legal do consumo de drogas.

A aceitabilidade e a eficácia e/ou eficiência deste quadro legal depende fundamentalmente da dinâmica e do empenhamento que as autoridades policiais promoverem e da capacidade que as CDT tiverem para prosseguir as suas atribuições e competências, assim como da resposta da sociedade face às solicitações da CDT: p. e, no âmbito do trabalho a favor da comunidade.

A prevenção e a "luta" contra o consumo de droga não passa unicamente por aqueles actores sociais, que são apenas o início de um processo longo e complexo. As suas actividades inserem-se em uma sociedade onde se encaixam vários actores sociais, responsáveis solidários da mesma prevenção e "luta", ou seja, onde todos nós nascemos, crescemos e morremos.

165. A descriminalização em sentido técnico do consumo de drogas, cuja proibição se materializa através do ilícito de mera ordenação social, veio criar um regime especial desde: a competência para o processamento das contra-ordenações; a alteração do estatuto de consumidor arguido para *indiciado* ; a separação da qualidade do indiciado – consumidor não toxicodependente e consumidor toxicodependente – que implica a impossibilidade de aplicar uma coima ao toxicodependente, ao qual deve ser aplicada uma medida alternativa, criadas como "sanções" não pecuniárias.

O regime reforça o seu cariz especial ao afastar, *ex vi* do artigo 41º do DL n.º 130-A/2001, de 23 de Abril, a regra do artigo 38º do RGCO, em que o Tribunal Criminal – face ao concurso de crime e contra-ordenação – era competente para conhecer da matéria criminal e contra-ordenacional, deixando de poder conhecer da matéria contra-ordenacional no âmbito do consumo de droga, impondo-se-lhe que mande "extrair certidão, remetendo-a, (...), à comissão territorialmente competente".

A sua especialidade aumenta quando o consumo vive «a parede meias» com o *tráfico de droga*, crime p. e p. pelos arts. 21º e ss. do DL n.º 15/93, de 22 de Janeiro, cuja qualificação como crime ou como contra-ordenação depende, na essência e na prática, da quantidade com que o *indiciado* é interceptado. No âmbito do tráfico de droga, existem outros modelos de exteriorização jurídica, cujas condutas são tipificadas como crime – *tráfico de menor gravidade*, p. e p. pelo artigo 25º e *traficante-consumidor*, p. e p. pelo artigo 26º – e tocam os vértices do consumo.

A especificidade do regime jurídico do consumo de drogas face ao RGCO pode, ainda, ser detectada quanto à extinção da inimputabilidade a todas as causas de interdição, assim como da inabilitação, afastando-se do artigo 11º do RGCO.

O regime contra-ordenacional do consumo de drogas é, também, especial por impor um rigor muito mais vincado às autoridades policiais quer quanto ao tratamento a dar ao expediente, profundamente célere e descritivo de todos os pormenores que possam qualificar o indiciado, quer quanto aos pontos previstos no n.º 4 do artigo 5º da Lei n.º 30/2000.

Como regime específico, levantou e levanta vários problemas jurídicos de relevância prática, descortinados ao longo do texto – a inconstitucionalidade do artigo 29º da Lei n.º 30/2000 por violação dos arts. 29º n.º 1 e 18º, n.º 2 da CRP; a inconstitucionalidade do artigo 17º da Lei n.º 30/2000 por violação do n.º 4 do artigo 32º da CRP; a interpretação restritiva ou extensiva da norma revogadora do artigo 28º da Lei n.º 30/2000, que influencia a integração do n.º 2 do artigo 40º do DL n.º 15/93; a conjugação do novo ordenamento jurídico com determinados preceitos do DL n.º 15/93.

Como temos defendido, a exequibilidade de uma norma não passa por vigorar, mas pela vontade que cada um de nós – sociedade, em geral, polícia, comissões, advogados, juizes, procuradores, técnicos, em especial – tem de se transformar em um "instrumento de justiça".

166. A **busca incessante** dos **melhores instrumentos legais** que permitam um **regime** capaz de produzir um efeito **mais ressocializador e reintegrador do consumidor na sociedade** faz parte da nosso **pensamento dialéctico**, cujo escopo não se centra na pura e simples resolução da questão, mas se estende à chamada de atenção para as vicissitudes de qualquer alternativa de intervenção do Estado.

Mas consagrar-se um regime que se funda na possível eficácia da sua exequibilidade, que possa pôr em causa não só bens jurídicos fundamentais da sociedade e dos cidadãos, mas também a credibilização das instituições, que, muitas vezes sem meios, têm lutado de forma activa modelo de prevenção activo e deitar todo esse trabalho para o lado como se a droga tivesse vencido tudo e todos, preocupa-nos intensamente.

167. Esperamos que **a descriminalização em sentido estrito ou técnico** do consumo, aquisição e detenção para consumo de estupefacientes e substâncias psicotrópicas **não seja uma descriminalização de facto**, ou seja, **uma despenalização pela possível dificuldade na exequibilidade deste regime legal do consumo de drogas.**

Contudo, defendemos que a **aceitabilidade** e a **eficácia** e/ou **eficiência** deste quadro legal depende fundamentalmente da dinâmica e do empenhamento que as autoridades policiais promoverem e da capacidade que as CDT tiverem de prosseguirem com as suas atribuições e competências.

A política criminal do ser humano, que temos defendido, exige a todos os actores sociais – formais e não formais – que encontrem nas normas jurídicas em vigor o verdadeiro sentido de um Estado de direito material social democrático: o respeito e a edificação contínua da dignidade da pessoa humana.

BIBLIOGRAFIA

AAVV, *Estratégia Nacional de Luta Contra a Droga* (ENLCD) (aprovada pela Resolução do Conselho de Ministros (RCM) n.º 46/99 de 26 de Maio), Lisboa: INCM, 1999.

ALMEIDA, Carlota Pizarro de, Modelos *de Inimputabilidade – Da Teoria à Prática*, Coimbra: Almedina, 2000.

ALVES, Manuel João e GONÇALVES, Fernando e VALENTE, Manuel M. Guedes, *Lei e Crime, o agente infiltrado versus o agente provocador, os princípios do processo penal*, Coimbra: Almedina, 2001.

—, *O Novo Regime do Agente Infiltrado Comentado e Anotado – Legislação Complementar*, Coimbra: Almedina, 2001.

AMARAL, Diogo Freitas do *et Alii*, *Código de Procedimento Administrativo Anotado*, 3.ª Edição, Coimbra: Almedina, 1999.

ANDRADE, Manuel da Costa, "Consenso e Oportunidade", *in Jornadas de Direito Processual Penal – O Novo Código de Processo Penal*, CEJ, Coimbra: Almedina, 1995.

—, "A 'dignidade penal' e a carência de tutela penal' como referência de uma doutrina teleológico-racional do crime", *in Revista Portuguesa de Ciência Criminal*, fase. 2º, Abril – Junho, 1992.

—, *"Violação de segredo"*, *in Comentário Conimbricense do Código Penal* – I, Coimbra: Coimbra Editora, 1999.

—, *Actas do Código de Processo Penal* – Vol. II – Tomo II, Lisboa: Assembleia da República – Divisão de Edições, 1999.

ANDRADE, José Carlos Vieira de, Os *Direitos Fundamentais na Constituição Portuguesa de 1976*, 2.ª Edição, Coimbra: Almedina, 2001.

ANDRADE, José Robin de, "Reflexões sumárias sobre o fundamento da descriminalização do consumo de droga", *in Forum Iustitiae – Sociedade & Direito*, Ano II, n.º 17, Dezembro de 2000.

BACILA, Carlos Roberto e RANGEL, Paulo, *Comentários Penais e Processuais penais à lei das Drogas*, Rio de Janeiro: *Lumen Juris* Editora, 2007.

Balsa, Casimiro, Vital, Clara e Urbano, Cláudia, *III Inquérito Nacional ao Consumo de Substâncias Psicoativas na População Portuguesa – Relatório Preliminar* 2012, Lisboa: CESNOVA, 2013, consultado em *www.sicad.pt.*

Beleza, Teresa Pizarro, *Actas do Código de Processo Penal* – Vol. II – Tomo II, Lisboa: Assembleia da República – Divisão de Edições, 1999.

Bolle, Pierre-Henri, "A polícia de proximidade: noção, instituição, acção", *in Revista Portuguesa de Ciência Criminal,* Ano 8, Fase. 3º, Julho-Setembro, 1998.

Borges, J. Marques, *Dos Crimes de Perigo Comum e dos Crimes Contra a Segurança das Comunicações,* Lisboa: Rei dos Livros, 1985.

Caballero, Francis e Bision, Jann, *Droit de la Drogue,* 2.ª Edition, Paris: Dalloz, 2000.

Caetano, Marcello, *Manual de Ciência Política e Direito Constitucional* – Tomo I, 6.ª Edição, Coimbra: Almedina, 1996.

Campos, Manuel Fontaine, *O Direito e a Moral no pensamento de Friedrich Hayek,* Porto: UCP, 2000.

Canotilho, J. J. Gomes e Moreira, Vital, *Constituição da República Portuguesa Anotada,* 3.ª Ed., Coimbra: Coimbra Editora, 1993.

Canotilho, J. J. Gomes, *Direito Constitucional e Teoria da Constituição,* 3.ª Edição, Coimbra: Almedina, 1999.

—, *Estudos sobre Direitos Fundamentais,* Coimbra: Coimbra Editora, 2003.

Carmo, Rui do, "Toxicodependência e medidas alternativas à prisão", *in RMP,* Ano 35, 137, Jan-Mar, 2014.

Correia, Eduardo, "Direito Penal e Direito de Mera Ordenação Social", *in Direito Penal Económico e Europeu: Textos Doutrinários* – I, Coimbra: Coimbra Editora, 1998.

Costa, José de Faria, "Ler Beccaria Hoje", *apud* Cesare Beccaria, *Dos Delitos e das Penas* (Tradução de José de Faria Costa), Lisboa: Fundação Calouste Gulbenkian, 1998.

—, *Noções Fundamentais de Direito Penal (Fragmenta iuris poenalis).* 4.ª Edição. Coimbra: Coimbra Editora, 2015.

Cunha, J. M. Damião, "Propagação de doença, alteração de análises ou de receituário", *in Comentário Conimbricense do Código Penal-Parte Especial,* Coimbra: Coimbra Editora, 1999, Tomo II.

Dias, Jorge de Figueiredo, "O Movimento de Descriminalização e o Ilícito de Mera Ordenação Social", *in Direito Penal Económico e Europeu: Textos Doutrinários,* Coimbra: Coimbra Editora, 1998, Vol. I.

—, *Código Penal – Actas e Projectos da Comissão de Revisão,* Lisboa: Ministério da Justiça & Rei dos Livros, 1993.

—, *Código Penal – Actas e Projectos da Comissão de Revisão,* Lisboa: Ministério da Justiça & Rei dos Livros, 1993.

—, *Direito Processual Penal* (lições coligidas por Maria João Antunes), Coimbra, 1988-9.

—, "Uma proposta alternativa ao discurso da criminalização/descriminalização das drogas", *in Droga: Situação e Novas Estratégias*. Debates, Presidência da República, Lisboa: INCM, 1998.

Duarte-Fonseca, António C. e Rodrigues, Anabela Miranda, *Comentário da Lei Tutelar Educativa*, Coimbra: Coimbra Editora, 2000.

Engish, Karl, *Pensamento Jurídico* (Tradução do alemão *Einführung in das Juristische Denken* de João Baptista Machado), Lisboa: Fundação Calouste Gulbenkian, 1996.

Faria, Miguel, *Direitos Fundamentais e Direitos do Homem*, 3.ª Edição, Lisboa: ISCPSI, 2001, Vol. I.

Faria, Paula Ribeiro de "Ofensa à Integridade Física Grave", *in Comentário Conimbricense do Código Penal – Parte especial*, Coimbra: Coimbra Editora, Tomo I (artigo 144º).

Fernandes, Luís A. Carvalho, *Teoria Geral do Direito Civil* – I, 2.ª Edição, Lisboa: Lex, 1995.

Fernandes, Mário João e Pinto, Alexandre Sousa, *Comentário à IV Revisão Constitucional*, Lisboa: AAFDL, 1999.

Gonçalves, Fernando, Alves, Manuel João e Valente, Manuel M. Guedes, *Lei e Crime, o agente infiltrado versus o agente provocador, os princípios do processo penal*, Coimbra: Almedina, 2001.

—, *O Novo Regime do Agente Infiltrado Comentado e Anotado – Legislação Complementar*, Coimbra: Almedina, 2001.

Gonçalves, Manuel Lopes Maia, *Código Penal Português Anotado e Comentado – Legislação Complementar*, 14.ª edição, Coimbra: Almedina, 2001.

—, *Código Penal Português Anotado e Comentado*, 12.ª edição, Coimbra: Almedina 2001.

Kelsen, Hans, *A Justiça e o Direito Natural* (Tradução do alemão João Baptista Machado), Coimbra: Almedina, 2001.

Larenz, Karl, *Metodologia da Ciência do Direito* (Tradução do alemão *Methodenlehre der Rechtswissenschaft* de José Lamego), Lisboa: Fundação Calouste Gulbenkian, 1989.

Leal-Henriques, Manuel, Santos, Manuel Simas e Pinho, David Borges de, *Código de Processo Penal Anotado* – I, Lisboa: Rei dos Livros, 1996.

—, *Código Penal Anotado* – I, Lisboa: Rei dos Livros, 1996.

—, *Procedimento Disciplinar*, 3.ª edição, Lisboa: Rei dos Livros, 1997.

—, *Código Penal Anotado* – II, 3.ª Edição, Lisboa: Rei dos Livros, 2000.

—, *O Código de Processo Penal Anotado* – II, Lisboa: Rei dos Livros, 2000.

Lima, Pires de e Varela, Antunes, *Código Civil anotado*, 4.ª Edição, Coimbra Editora, 1987, Vol. I.

Locke, John, *Ensaio sobre o Entendimento Humano*, [Tradução do inglês *An Essay Concerning Human Understanding* de Eduardo Abranches de Soveral (Coord.)], Lisboa:

Funadação Calouste Gulbenkian, 1999.

MARTINS, A. G. Lourenço, "Droga – Nova Política Legislativa", in *Revista Portuguesa de Ciência Criminal,* Ano 11, Fasc. 3º, Julho-Setembro, 2001.

MAUTNER, Thomas (Dir.), *Dicionário de Filosofia* (Tradução de Desidério Murcho, Victor Guerreiro e Sérgio Miranda), Lisboa: Edições 70Lda., 2010.

MONTEIRO, Cristina Líbano, "O consumo de droga na política e na técnica legislativa: Comentário à Lei n.º 30 /2000", *in RPCC*, Ano 11, Fasc. 1º, Janeiro-Março 2001.

MOREIRA, Vital e CANOTILHO, J. J. Gomes, *Constituição da República Portuguesa Anotada*, 3.ª Ed., Coimbra: Coimbra Editora, 1993.

MOUTINHO, José Lobo, *O Arguido e Imputado no Processo Penal*, Lisboa: UCE, 2000.

NOVO, Alzira Conde Ribeiro, *A Toxicodependência na Escola*, São Paulo: Paulinas, 2001.

PEREIRA, Rui, "A descriminalização do consumo de droga", *in Lider Discipulorum para Figueiredo Dias*, Coimbra: Coimbra Editora, 2003.

PINHO, David Borges de, SANTOS, Manuel Simas e LEAL-HENRIQUES, Manuel, *Código de Processo Penal Anotado* – II, Lisboa: Rei dos Livros, 1996.

—, *Código Penal Anotado* – I, Rei dos Livros, Lisboa, 1996.

PINTO, Alexandre Sousa e FERNANDES, Mário João de Brito, *Comentário à IV Revisão Constitucional*, Lisboa: AAFDL, 1999.

PINTO, Carlos Alberto da Mota, *Teoria Geral do Direito Civil*, 3.ª Edição, Coimbra: Coimbra Editora, 1996.

PINTO, Frederico de Lacerda da Costa, "O Ilícito de Mera Ordenação Social e a Erosão do Princípio da Subsidiariedade de Intervenção Penal", *in Direito Penal Económico e Europeu,* Coimbra: Coimbra Editora, 1995, Vol. I.

POIARES, Carlos Alberto, *Análise Psicocriminal das Drogas – O Discurso do Legislador*, Porto: Almeida & Leitão, Ld.ª, 1998.

RAWLS, John, *Uma Teoria para a Justiça* (Tradução do inglês *A Theory of Justice* de Carlos Pinto Correia), Editorial Presença, Lisboa, 1995.

ROBLES, Diego Torrente, *La sociedad Policial,* Barcelona: CIS-Universitat Barcelona, 1997.

RODRIGUES, Narciso da Cunha, *Em Nome do Povo*, Coimbra: Coimbra Editora, 1999.

RODRIGUES, Anabela Miranda e DUARTE-FONSECA, António C., *Comentário da Lei Tutelar Educativa*, Coimbra: Coimbra Editora, 2000.

RODRIGUES, Anabela Miranda, *A Determinação da Medida da Pena Privativa da Liberdade,* Coimbra: Coimbra Editora, 1995.

—, "A Celeridade do Processo Penal – Uma visão de Direito Consagrado" *in Actas de revisão do Código de Processo Penal*, Assembleia da República – Divisão de Edições, 1999, Vol. II – Tomo II.

—, "O inquérito no novo Código de Processo Penal", *in Jornadas de Processual Penal,* Coimbra: Almedina, CEJ, 1995.

—, "Os processos Sumário e Sumaríssimo ou a Celeridade e o Consenso no Código de Processo Penal", *in RPCC,* Ano 6, 1996, pp. 525 e ss..

—, *Código de Processo Penal – Processo Legislativo – Actas,* Assembleia da República, Lisboa, Vol. II – Tomo II.

—, *Novo Olhar Sobre a Questão Penitenciária – Estatuto Jurídico do recluso e Ressocialização, Jurisdicionalização, Consensualismo e Prisão,* Coimbra: Coimbra Editora, 2000.

ROTMAM, Edgard, "O Conceito de prevenção do crime", *in Revista Portuguesa de Ciência Criminal,* Ano 8º, Fase. 3º, Julho – Setembro, 1998.

ROXIN, Claus, *Política Criminal y Sistema del Derecho Penal* (Tradução do alemão *Kriminalpolitik und Strafrechtssystem* de Francisco Muñoz Conde), 2.ª Edição (1.ª Reimpressão), Buenos Aires: Hammurabi, 2002.

—, *Derecho Penal. Parte General. Fundamentos. La Estructura de la Teoria del Delito* – Tomo I (Tradução do *alemão Strafrecht. Allgemeiner Teil, Band I: Grundlagen. Der Aufbau der Verbrechenslehre,* 2.ª Ed., 1994, de Diego-Manuel Luzón, Miguel Díaz y Garcia Conlledo e Javier de Vicenrte Remesal), Madrid: Civitas, 1999.

SANDEL, Michael J., *O Liberalismo e os Limites da Justiça* (Tradução do inglês *Liberalism and the Limits of Justica* de Carlos Pacheco do Amaral), Lisboa: Fundação Calouste Gulbenkian.

SANTOS, Almeida Santos, *Avisos à Navegação,* Notícias Editorial, Lisboa, 2000.

SANTOS, Manuel José Carrilho de Simas e LEAL-HENRIQUES, Manuel de Oliveira, *Código Penal Anotado* – II, 3.ª Edição, Lisboa: Rei dos Livros, 2000.

—, *O Código de Processo Penal Anotado* – II, Lisboa: Rei dos Livros, 2000.

—, *Código Penal Anotado* – I, Lisboa: Rei dos Livros, 1996.

—, *Código de Processo Penal Anotado* – II (com DAVID BORGES DE PINHO), Lisboa: Rei dos Livros, Lisboa, 1996.

SILVA, Germano Marques da, *Curso de Processo Penal,* 4.ª Edição, Lisboa/S. Paulo: Verbo, 2000, Vol. I.

—, *Curso de Processo Penal,* Lisboa/S. Paulo: Verbo, 1.ª Edição (1994), 2.ª Edição (2000) vol. III.

—, *Direito Penal Português,* Lisboa/S. Paulo: Verbo, 1997, Vol. I.

SOARES, J. A. da Silva Soares, "Droga", *in Enciclopédia Polis,* Lisboa/S. Paulo: Verbo, Vol. 2, 1984.

TEIXEIRA, António Braz, *Sentido e Valor do Direito,* Lisboa: INCM, 2.ª Edição. Lisboa.

TEIXEIRA, Carlos Adérito, *Princípio da Oportunidade, Manifestações em*

Sede Processual Penal e sua Conformação Jurídico-Constitucional, Coimbra: Almedina, 2000.

TORRÃO, Fernando José dos Santos Pinto, *A Relevância Politico-Criminal da Suspensão Provisória do Processo,* Coimbra: Almedina, 2000.

SCHUR, Edwin, *Crimes without Victims. Deviant Behavior and Public Policy,* Englewood Cliffs, N. J.: Prentice-Hall, 1965.

VALENTE, Manuel M. Guedes, *Teoria Geral de Direito Policial,* 4.ª e 5.ª Edições, Coimbra: Almedina, 2014 e 2017.

—, *Do Ministério Público e da Polícia. Prevenção Criminal e Acção Penal como Execução de uma Política Criminal do Ser Humano,* Lisboa: UCE, 2013.

—, *Segurança. Um Tópico Jurídico em Reconstrução.* Lisboa: Âncora Editora, 2013.

—, *Direito Penal do Inimigo e do Terrorismo. O «Progresso ao Retrocesso».* São Paulo: Almedina Brasil Ltda., 2010.

—, "A descriminalização do consumo da droga: a nova via", *in Polícia Portuguesa,* Ano LXIIV, n.º 127, Jan//Fev., 2001.

—, "Investigação Criminal como Motor de Arranque do Processo Penal", *in Polícia Portuguesa,* Ano LXIII, II Série, n.º 123, Março//Abril 2000.

—, "Videovigilância", *in Polícia Portuguesa,* Ano LXIII, II Série, n.º 123, Maio/Junho, 2000.

—, *A Publicação da Matéria de Facto nas Condenações nos Processos Disciplinares,* ISCPSI, 2000.

—, "Novo Regime Legal do Consumo de Drogas: Uma Nova atitude", *in Polícia Portuguesa,* Ano LXIV, II Série, n.º 128, Março/Abril, 2001.

—, *Lei e Crime, o agente infiltrado versus o agente provocador, os princípios do processo penal* (Co-autoria com Fernando Gonçalves e Manuel João Alves), Coimbra: Almedina, 2001.

—, *O Novo Regime do Agente Infiltrado Comentado e Anotado – Legislação Complementar* (Co-autoria com Fernando Gonçalves e M. João Alves), Coimbra: Almedina, 2001.

—, *Toxicodependência – Consumo ilícito da droga (adenda ao texto de apoio),* – MAI, 2001.

—, "Condução de veículos em estado de embriaguez ou sob influência de estupefacientes ou substâncias psicotrópicas", *in Polícia Portuguesa,* Ano LXIV, II Série, n.º 131, Setembro/Outubro, 2001.

—, "A Publicidade da Matéria de Facto", *in Direito e Justiça* – Revista da Faculdade de Direito da Universidade Católica Portuguesa, Vol. XV, 2001, Tomo 1.

—, *Revista e Buscas,* Coimbra: Almedina, 2003 (1.ª Edição), 2005 (2.ª Edição).

—, *Direito de Menores – Estudo Luso-Hispânico sobre Menores em Perigo e Delinquência Juvenil* (Co-autoria com NIEVES SANZ MULAS), Lisboa: Âncora Editoria, 2003.

—, *Regime Jurídico da Investigação Criminal – Comentado e Anotado,* Coimbra: Almedina, 2003 (1.ª Edição),

2004 (2.ª Edição) e 2006 (3.ª Edição).
—, *Processo Penal* – Tomo I, 3.ª Edição, Coimbra: Almedina, 2010.
VENTURA, João Paulo, "Toxicodependência, Motivação, Comportamento Delituoso e Responsabilidade Criminal: Alguns Nexos de Comprovada Causalidade", *in Revista Portuguesa de Ciência Criminal*, Ano 7, 1997, pp. 461 e ss..

DIPLOMAS

Constituição da República Portuguesa.

Código Civil.

Código Penal.

Código Processo Penal.

Código de Procedimento Administrativo.

Lei n.º 30/2000, de 29 de Novembro.

Lei n.º 35/2014, de 20 de Junho.

Lei n.º 49/2008, de 27 de Agosto.

Lei n.º 58/2008, de 9 de Setembro.

Decreto-Lei n.º 130-A/2001, de 23 de Abril.

Decreto-Lei n.º 15/93, de 22 de Janeiro.

Decreto-Lei n.º 433/82, de 27 de Outubro.

Decreto-Lei n.º 49/99, de 16 de Fevereiro.

Decreto-Lei n.º 221/2007, de 29 de Maio.

Decreto-Lei n.º 17/2012, de 26 de Janeiro.

Decreto-Lei n.º 114/2011, de 30 de Novembro.

Portaria n.º 428-A/2001, de 23 de Abril.

Portaria n.º 604/2001, de 12 de Junho.

Portaria n.º 94/96, de 26 de Março.

Portaria n.º 154/2012, de 22 de Maio.

Resolução do Conselho de Ministros n.º 46/99 – *in INCM*, 2.ª Edição, 1999.

Resolução do Conselho de Ministros n.º 30/2001, de 13 Março, *in DR*, I Série-B.

Resolução do Conselho de Ministros n.º 39/2001, de 9 de Abril, *in DR*, I Série-B – *Plano de Acção Nacional de Luta Contra a Droga e a Toxicodependência – Horizonte 2004.*

JURISPRUDÊNCIA

Ac. TC n.º 43/86, de 19 de Fevereiro de 1986.

Ac. TC n.º 7/87, de 9 de Janeiro de 1987. DR, 33, S I, 1º S, 87-02-09.

Ac. TC n.º 587/2014, de 17 de Setembro de 2014, *in* www.tribunalconstitucional.pt

Ac. TC n.º 79/2015, de 28 de Janeiro de 2015, *in* www.tribunalconstitucional.pt

Ac. do TC n.º 63/2017, de 14 de Fevereiro de 201, *in* http://www.tribunalconstitucional.pt/

Ac. do STJ, de 2 de Dezembro de 1998, Proc. n.º 34 904, *in* www.dgsi.pt/jstj.nsf/.

Ac. do STJ, de 27 de Janeiro de 1998, Proc. n.º 32 918, *in* www.dgsi.pt/jstj.nsf/.

Ac. STJ, de 21 de Setembro de 2011, Proc. n.º 556/08.0GVIS.C1.S1, *in* www.dgsi.pt/jstj.nsf/.

Ac. STJ, de 8 de Maio de 2013, Proc. n.º 39/10.8PFBRG.S2, *in* www.dgsi.pt/jstj.nsf/.

Ac. STJ, de 25 de Junho de 2008, *in* DR, IS, n.º 150, de 5 de Agosto de 2008, e www.dgsi.pt/jstj.nsf/.

Ac. STJ, de 8 de Maio de 2013, *in* www.dgsi.pt/jstj.nsf/.

Ac. STJ, de 18 de Junho de 2015, *in* www.dgsi.pt/jstj.nsf/.

Ac. do STA, de 3 de Fevereiro de 1999, *in* www.dgsi.pt/jsta.nsf/.

Ac. do STA, de 2 de Dezembro de 1993, Proc. n.º 31 441, *in* www.dgsi.pt/jsta.nsf/.

Ac. do STA, de 28 de Setembro de 1993, *in AD* n.º 389 & *in* www.dgsi.pt/jsta.nsf/.

Ac. do STA, de 7 de Fevereiro de 1995, Proc. n.º 34 878, *in* www.dgsi.pt/jsta.nsf/.

AC. do STA, de 9 de Março de 1999, *in* www.dgsi.pt/jsta.nsf/.

Ac. do STA, de 6 de Dezembro de 1990, Ap. DR. 95-03-22, & *in* www.dgsi.pt/jsta.nsf/.

Ac. do STA, de 8 de Novembro de 1990, *in AJ* n.º 13, & *in* www.dgsi.pt/jsta.nsf/.

Ac. do STA, de 15 de Maio de 1997, *in* www.dgsi.pt/jsta.nsf.

Ac. do STA, de 3 de Fevereiro de 1999, *in* www.dgsi.pt/jsta.nsf.

Acs. do STA, de 10 de Outubro de 1989, *in BJM*, n.º 390, 90-02-20.

ÍNDICE